建筑工程施工质量验收规范问答丛书

土建工程施工质量问答

弭尚正　主编

中国建筑工业出版社

图书在版编目(CIP)数据

土建工程施工质量问答/弭尚正主编. —北京：中国建筑工业出版社，2007

(建筑工程施工质量验收规范问答丛书)

ISBN 978-7-112-09562-9

Ⅰ. 土… Ⅱ. 弭… Ⅲ. 土木工程-工程施工-质量检验-问答 Ⅳ. TU712-44

中国版本图书馆 CIP 数据核字(2007)第 128489 号

建筑工程施工质量验收规范问答丛书

土建工程施工质量问答

弭尚正 主编

*

中国建筑工业出版社出版、发行(北京西郊百万庄)

各地新华书店、建筑书店经销

北京天成排版公司制版

世界知识印刷厂印刷

*

开本：850×1168 毫米 1/32 印张：12 字数：321 千字

2007 年 11月第一版 2007 年 11月第一次印刷

印数：1—4000 册 定价：**25.00** 元

ISBN 978-7-112-09562-9

(16226)

本书以规范、标准为依据，以一问一答的形式编写而成；内容全面，易于查找，方便记忆；涵盖了地基基础工程、地下防水工程、砌体工程、混凝土结构工程、钢结构工程、屋面工程、建设工程施工质量评价、节能工程、建筑工程验收标准等方面的质量验收规范及标准的主要内容。该书可成为建筑业的技术人员、技术工人在培训及工程施工中的参考教材和工具书；有利于大中专院校毕业生顺利走向工作岗位，起到院校人才通向企业的桥梁作用；也是工程监理人员、工程监督人员工作中的实用工具书。

* * *

责任编辑：郦锁林　岳建光
责任设计：赵明霞
责任校对：刘　钰　孟　楠

编写人员 弭尚正 弭 金 弭 毅

刘 健 张 辉 周 珊

乔国军 王琳珂

校　　对 周 珊 乔国军

前　言

建筑工程施工是一门较强的综合性技术。建筑工程质量的优劣关系到国家财产和人民的生命安全。近几年来，从全国建筑工程暴露出来的质量问题来看，有很大一部分是施工质量造成的。我国建筑工程技术管理人员、高素质的人才不足和操作工人未经正式培训就上岗的现象较为普遍。这种现象已经影响到建筑工程新技术的应用和质量的提高。

新技术、先进设备是可以引进的，但是数以万计的专业技术人员、技术工人是不可能引进的。发达国家的企业及政府部门非常注重职业培训，并将其视作经济发展的基础。

建筑工程是由多种材料、多种设备、多种产品、多种专业技术人员施工、高资金投入的组合体。它要求建筑工程技术人员必须具备多种专业知识和多种技术技能，才能产生最佳的建筑产品。

现在我国建筑工程参建人员的技术素质还远远跟不上建筑业高速发展的需要。为提高建筑工程施工质量和工程技术人员的技术素质，认真学习和执行国家标准、规范，我们整理编写了这本书。

本书以规范、标准为依据，以一问一答的形式编写而成。广大工程技术人员、工人、学生、建筑开发商、监理工程师、建筑设计师、工程监督人员在读本书时，认真学习以下相应标准、规范，将会收到更好的记忆效果，在工作中将起到更佳作用：

1.《建筑地基基础工程施工质量验收规范》GB 50202—2002

2.《地下防水工程施工质量验收规范》GB 50208—2002

3.《砌体工程施工质量验收规范》GB 50203—2002

4.《混凝土结构工程施工质量验收规范》GB 50204—2002

5.《钢结构工程施工质量验收规范》GB 50205—2001

6.《屋面工程质量验收规范》GB 50207—2002

7.《建设工程施工质量评价标准》GB/T 50375—2006

8.《建筑节能工程施工质量验收规范》GB 50411—2007

9.《建筑工程施工质量验收统一标准》GB 50300—2001

我国已加入了 WTO，这本书将对设计人员、建筑开发商、建筑施工企业进入国际建筑市场、国内外工程投标及工程施工起重要作用。该书可成为建筑业的技术人员、技术工人在培训及工程施工中的参考教材和工具书；有利于大中专院校毕业生顺利走向工作岗位，起到院校人才通向企业的桥梁作用；是工程监理人员、工程监督人员工作中的必备工具书；也可作为购房者选用的参考书。

编写中难免有不足之处，请读者多批评指正，促进编者水平的提高，谢谢！

目　录

1　地基基础工程

2 地下防水工程

3 砌体工程

4 混凝土结构工程

5 钢结构工程

6 屋面工程

7 建设工程施工质量评价

8 节能工程

9 建筑工程验收标准

1 地基基础工程

1.1 地　　基

1.1.1 地基基础施工勘察的要点有何规定？

答：(1) 所有建(构)筑物均应进行施工验槽。遇到下列情况之一时，应进行专门的施工勘察：

1) 工程地质条件复杂，详勘阶段难以查清时；

2) 开挖基槽发现土质、土层结构与勘察资料不符时；

3) 施工中边坡失稳，需查明原因，进行观察处理时；

4) 施工中，地基土受扰动，需查明其性状及工程性质时；

5) 为地基处理，需进一步提供勘察资料时；

6) 建(构)筑物有特殊要求，或在施工时出现新的岩土工程地质问题时。

(2) 施工勘察应针对需要解决的岩土工程问题布置工作量，勘察方法可根据具体情况选用施工验槽、钻探取样和原位测试等。

1.1.2 天然地基基础基槽检验要点有何规定？

答：(1) 基槽开挖后，应检验下列内容：

1) 核对基坑的位置、平面尺寸、坑底标高；

2) 核对基坑土质和地下水情况；

3) 空穴、古墓、古井、防空掩体及地下埋设物的位置、深度、性状。

(2) 在进行直接观察时，可用袖珍式贯入仪作为辅助手段。

(3) 遇到下列情况之一时，应在基坑底普遍进行轻型动力触探：

1) 持力层明显不均匀；

2) 浅部有软弱下卧层；

3) 有浅埋的坑穴、古墓、古井等，直接观察难以发现时；

4) 勘察报告或设计文件规定应进行轻型动力触探时。

(4) 采用轻型动力触探进行基槽检验时，检验深度及间距按表1-1执行：

轻型动力触探检验深度及间距表(m) **表 1-1**

排列方式	基槽宽度	检验深度	检验间距
中心一排	<0.8	1.2	1.0～1.5m，视地层复杂情况定
两排错开	0.8～2.0	1.5	
梅 花 型	>2.0	2.1	

(5) 遇下列情况之一时，可不进行轻型动力触探：

1) 基坑不深处有承压水层，触探可造成冒水涌砂时；

2) 持力层为砾石层或卵石层，且其厚度符合设计要求时。

(6) 基槽检验应填写验槽记录或检验报告。

1.1.3 深基础施工勘察要点有何规定?

答：(1) 当预制打入桩、静力压桩或锤击沉管灌注桩的入土深度与勘察资料不符或对桩端下卧层有怀疑时，应核查桩端下主要受力层范围内的标准贯入击数和岩土工程性质。

(2) 在单柱单桩的大直径桩施工中，如发现地层变化异常或怀疑持力层可能存在破碎带或溶洞等情况时，应对其分布、性质、程度进行核查，评价其对工程安全检查的影响程度。

(3) 人工挖孔混凝土注桩应逐孔进行持力层岩土性质的描述及鉴别，当发现与勘察资料不符时，应对异常之处进行施工勘察，重新评价，并提供处理的技术措施。

1.1.4 地基处理工程施工勘察要点有何规定?

答:(1) 根据地基处理方案,对勘察资料中场地工程地质及水文地质条件进行核查和补充;对详勘阶段遗留问题或地基处理设计中的特殊要求进行有针对性的勘察,提供地基处理所需的岩土工程设计参数,评价现场施工条件及施工对环境的影响。

(2) 当地基处理施工中发生异常情况时,进行施工勘察,查明原因,为调整、变更设计方案提供岩土工程设计参数,并提供处理的技术措施。

1.1.5 对地基的检验有何一般性规定?

答:(1) 对灰土地基、砂和砂石地基、土工合成材料地基、粉煤灰地基、强夯地基、注浆地基、预压地基,其竣工后的结果(地基强度或承载力)必须达到设计要求的标准。检验数量:每单位工程不应少于 3 点;1000m^2 以上工程,每 100m^2 至少应有 1 点;3000m^2 以上工程,每 300m^2 至少应有 1 点。每一独立基础下至少应有 1 点,基槽每 20 延米应有 1 点。

(2) 对水泥土搅拌桩复合地基、高压喷射注浆桩复合地基、砂桩地基、振冲桩复合地基、土和灰土挤密桩复合地基、水泥粉煤灰碎石桩复合地基及夯实水泥土桩复合地基,其承载力检验数量为总数的 0.5%～1%,但不应少于 3 处。有单桩强度检验要求其数量为总数的 0.5%～1%,但不应少于 3 根。

1.1.6 灰土地基的质量检验有何规定?

答:(1) 灰土土料、石灰或水泥(当水泥替代灰土中的石灰时)等材料及配合比应符合设计要求,灰土应搅拌均匀。

(2) 施工过程中应检查分层铺设的厚度、分段施工时上下两层的搭接长度、夯实时加水量、夯压遍数、压实系数。

(3) 施工结束后,应检验灰土地基的承载力。

(4) 灰土地基的质量检验标准应符合表 1-2 的规定。

灰土地基质量检验标准 **表 1-2**

项	序	检查项目	允许偏差或允许值		检查方法
			单位	数值	
主控项目	1	地基承载力	设计要求		按规定方法
	2	配合比	设计要求		按拌合时的体积比
	3	压实系数	设计要求		现场实测
一般项目	1	石灰粒径	mm	≤5	筛分法
	2	土料有机质含量	%	≤5	试验室焙烧法
	3	土颗粒粒径	mm	≤15	筛分法
	4	含水量(与要求的最优含水量比较)	%	±2	烘干法
	5	分层厚度偏差(与设计要求比较)	mm	±50	水准仪

1.1.7 砂和砂石地基的质量检验有何规定?

答:(1)砂、石等原材料质量、配合比应符合设计要求,砂、石应搅拌均匀。

(2)施工过程中必须检查分层厚度、分段施工时搭接部分的压实情况、加水量、压实遍数、压实系数。

(3)施工结束后,应检验砂石地基的承载力。

(4)砂和砂石地基的质量检验标准应符合表 1-3 的规定。

砂及砂石地基质量检验标准 **表 1-3**

项	序	检查项目	允许偏差或允许值		检查方法
			单位	数值	
主控项目	1	地基承载力	设计要求		按规定方法
	2	配合比	设计要求		检查拌合时的体积比或重量比
	3	压实系数	设计要求		现场实测

续表

项	序	检查项目	允许偏差或允许值		检查方法
			单位	数值	
一般项目	1	砂石料有机质含量	%	≤5	筛分法
	2	砂石料含泥量	%	≤5	试验室焙烧法
	3	石料粒径	mm	≤100	筛分法
	4	含水量(与最优含水量比较)	%	±2	烘干法
	5	分层厚度(与设计要求比较)	mm	±50	水准仪

1.1.8 土工合成材料地基的质量检验有何规定?

答:(1) 施工前应对土工合成材料的物理性能(单位面积的质量、厚度、相对密度)、强度、延伸率以及土、砂石料等做检验。土工合成材料以 100m^2 为一批,每批应抽查 5%。

(2) 施工过程中应检验清基、回填料铺设厚度及平整度、土工合成材料的铺设方向、接缝搭接长度或缝接状况、土工合成材料与结构的连接状况等。

(3) 施工结束后,应进行承载力检验。

(4) 土工合成材料地基质量检验标准应符合表 1-4 的规定。

土工合成材料地基质量检验标准 **表 1-4**

项	序	检查项目	允许偏差或允许值		检查方法
			单位	数值	
主控项目	1	土工合成材料强度	%	≤5	置于夹具上做拉伸试验(结果与设计标准相比)
	2	土工合成材料延伸率	%	≤3	置于夹具上做拉伸试验(结果与设计标准相比)
	3	地基承载力	设计要求		按规定方法
一般项目	1	土工合成材料搭接长度	mm	≥300	用钢尺量
	2	土石料有机质含量	%	≤5	焙烧法
	3	层面平整度	mm	≤20	用 2m 靠尺
	4	每层铺设厚度	mm	±25	水准仪

1.1.9 粉煤灰地基的质量检验有何规定?

答:(1) 施工前应检查粉煤灰材料,并对基槽清底状况、地质条件予以检验。

(2) 施工过程中应检查铺筑厚度、碾压遍数、施工含水量控制、搭接区碾压程度、压实系数等。

(3) 施工结束后,应检验地基的承载力。

(4) 粉煤灰地基质量检验标准应符合表 1-5 的规定。

粉煤灰地基质量检验标准 表 1-5

项	序	检查项目	允许偏差或允许值		检查方法
			单位	数值	
主控项目	1	压实系数	设计要求		现场实测
	2	地基承载力	设计要求		按规定方法
一般项目	1	粉煤灰粒径	mm	0.001~2.000	过筛
	2	氧化铝及二氧化硅含量	%	≥70	试验室化学分析
	3	烧失量	%	≤12	试验室烧结法
	4	每层铺筑厚度	mm	±50	水准仪
	5	含水量(与最优含水量比较)	%	±2	取样后试验室确定

1.1.10 强夯地基的质量检验有何规定?

答:(1) 施工前应检查夯锤重量、尺寸,落距控制手段,排水设施及被夯地基的土质。

(2) 施工中应检查落距、夯击遍数、夯点位置、夯击范围。

(3) 施工结束后,检查被夯地基的强度并进行承载力检验。

(4) 强夯地基质量检验标准应符合表 1-6 的规定。

强夯地基质量检验标准　　表 1-6

项	序	检查项目	允许偏差或允许值		检查方法
			单位	数值	
主控项目	1	地基强度	设计要求		按规定方法
	2	地基承载力	设计要求		按规定方法
一般项目	1	夯锤落距	mm	±300	钢索设标志
	2	锤重	kg	±100	称重
	3	夯击遍数及顺序	设计要求		计数法
	4	夯点间距	mm	±500	用钢尺量
	5	夯击范围(超出基础范围距离)	设计要求		用钢尺量
	6	前后两遍间歇时间	设计要求		

1.1.11　注浆地基的质量检验有何规定?

答：(1) 施工前应掌握有关技术文件(注浆点位置、浆液配比、注浆施工技术参数、检测要求等)。浆液组成材料的性能应符合设计要求，注浆设备应确保正常运转。

(2) 施工中应经常抽查浆液的配比及主要性能指标，注浆的顺序、注浆过程中的压力控制等。

(3) 施工结束后，应检查注浆体强度、承载力等。检查孔数为总量的2%～5%，不合格率大于或等于20%时，应进行二次注浆。检验应在注浆后15d(砂土、黄土)或60d(黏性土)进行。

(4) 注浆地基的质量检验标准应符合表1-7的规定。

1.1.12　预压地基的质量检验有何规定?

答：(1) 施工前应检查施工监测措施，沉降、孔隙水压力等原始数据，排水设施，砂井(包括袋装砂井)、塑料排水带等位置。

(2) 堆载施工应检查堆载高度、沉降速率。真空预压施工应检查密封膜的密封性能、真空表读数等。

注浆地基质量检验标准　　　　表 1-7

<table>
<tr><th rowspan="2">项</th><th rowspan="2">序</th><th rowspan="2" colspan="2">检查项目</th><th colspan="2">允许偏差或允许值</th><th rowspan="2">检查方法</th></tr>
<tr><th>单位</th><th>数值</th></tr>
<tr><td rowspan="9">主控项目</td><td rowspan="7">1</td><td rowspan="7">原材料检验</td><td>水泥</td><td colspan="2">设计要求</td><td>查产品合格证书或抽样送检</td></tr>
<tr><td>注浆用砂：粒径
细度模数
含泥量及有机物含量</td><td>mm

%</td><td>＜2.5
＜2.0
＜3</td><td>试验室试验</td></tr>
<tr><td>注浆用黏土：塑性指数
黏粒含量
含砂量
有机物含量</td><td>
%
%
%</td><td>＞14
＞25
＜5
＜3</td><td>试验室试验</td></tr>
<tr><td rowspan="2">粉煤灰：细度
烧失量</td><td colspan="2">不粗于同时使用的水泥</td><td rowspan="2">试验室试验</td></tr>
<tr><td>%</td><td>＜3</td></tr>
<tr><td>水玻璃：模数</td><td colspan="2">2.5～3.3</td><td>抽样送检</td></tr>
<tr><td>其他化学浆液</td><td colspan="2">设计要求</td><td>查产品合格证书或抽样送检</td></tr>
<tr><td>2</td><td colspan="2">注浆体强度</td><td colspan="2">设计要求</td><td>取样检验</td></tr>
<tr><td>3</td><td colspan="2">地基承载力</td><td colspan="2">设计要求</td><td>按规定方法</td></tr>
<tr><td rowspan="4">一般项目</td><td>1</td><td colspan="2">各种注浆材料称量误差</td><td>%</td><td>＜3</td><td>抽查</td></tr>
<tr><td>2</td><td colspan="2">注浆孔位</td><td>mm</td><td>±20</td><td>用钢尺量</td></tr>
<tr><td>3</td><td colspan="2">注浆孔深</td><td>mm</td><td>±100</td><td>量测注浆管长度</td></tr>
<tr><td>4</td><td colspan="2">注浆压力(与设计参数比)</td><td>%</td><td>±10</td><td>检查压力表读数</td></tr>
</table>

(3) 施工结束后，应检查地基土的强度及要求达到的其他物理力学指标，重要建筑物地基应做承载力检验。

(4) 预压地基和塑料排水带质量检验标准应符合表 1-8 的规定。

1.1.13　振冲地基的质量检验有何规定?

答：(1) 施工前应检查振冲器的性能，电流表、电压表的准确度及填料的性能。

预压地基和塑料排水带质量检验标准 表 1-8

项	序	检 查 项 目	允许偏差或允许值		检 查 方 法
			单位	数值	
主控项目	1	预压载荷	%	≤2	水准仪
	2	固结度(与设计要求比)	%	≤2	根据设计要求采用不同的方法
	3	承载力或其他性能指标	设计要求		按规定方法
一般项目	1	沉降速率(与控制值比)	%	±10	水准仪
	2	砂井或塑料排水带位置	mm	±100	用钢尺量
	3	砂井或塑料排水带插入深度	mm	±200	插入时用经纬仪检查
	4	插入塑料排水带时的回带长度	mm	≤500	用钢尺量
	5	塑料排水带或砂井高出砂垫层距离	mm	≥200	用钢尺量
	6	插入塑料排水带的回带根数	%	<5	目测

注：如真空预压，主控项目中预压载荷的检查为真空度降低值<2%。

(2) 施工中应检查密实电流、供水压力、供水量、填料量、孔底留振时间、振冲点位置、振冲器施工参数等(施工参数由振冲试验或设计确定)。

(3) 施工结束后，应在有代表性的地段做地基强度或地基承载力检验。

(4) 振冲地基质量检验标准应符合表 1-9 的规定。

振冲地基质量检验标准 表 1-9

项	序	检 查 项 目	允许偏差或允许值		检 查 方 法
			单位	数值	
主控项目	1	填料粒径	设计要求		抽样检查
	2	密实电流(黏性土) 密实电流(砂性土或粉土) (以上为功率 30kW 振冲器) 密实电流(其他类型振冲器)	A A A	50～55 40～50 $(1.5\sim2.0)A_0$	电流表读数 电流表读数，A_0 为真空振电流
	3	地基承载力	设计要求		按规定方法

续表

项	序	检查项目	允许偏差或允许值		检查方法
			单位	数值	
一般项目	1	填料含泥量	%	<5	抽样检查
	2	振冲器喷水中心与孔径中心偏差	mm	≤50	用钢尺量
	3	成孔中心与设计孔位中心偏差	mm	≤100	用钢尺量
	4	桩体直径	mm	<50	用钢尺量
	5	孔深	mm	±200	量钻杆或重锤测

1.1.14 高压喷射注浆地基的质量检验有何规定?

答:(1)施工前应检查水泥、外掺剂等的质量,桩位,压力表、流量表的精度和灵敏度,高压喷射设备的性能等。

(2)施工中应检查施工参数(压力、水泥浆量、提升速度、旋转速度等)及施工程序。

(3)施工结束后,应检验桩体强度、平均直径、桩身中心位置、桩体质量及承载力等。桩体质量及承载力检验应在施工结束后28d进行。

(4)高压喷射注浆地基质量检验标准应符合表1-10的规定。

高压喷射注浆地基质量检验标准　　表1-10

项	序	检查项目	允许偏差或允许值		检查方法
			单位	数值	
主控项目	1	水泥及外掺剂质量	符合出厂要求		查产品合格证书或抽样送检
	2	水泥用量	设计要求		查看流量表及水泥浆水灰比
	3	桩体强度或完整性检验	设计要求		按规定方法
	4	地基承载力	设计要求		按规定方法

续表

项	序	检查项目	允许偏差或允许值		检查方法
			单位	数值	
一般项目	1	钻孔位置	mm	≤50	用钢尺量
	2	钻孔垂直度	%	≤1.5	经纬仪测钻杆或实测
	3	孔深	mm	±200	用钢尺量
	4	注浆压力	按设定参数指标		查看压力表
	5	桩体搭接	mm	>200	用钢尺量
	6	桩体直径	mm	≤50	开挖后用钢尺量
	7	桩身中心允许偏差		≤0.2*D*	开挖后桩顶下500mm处用钢尺量，*D*为桩径

1.1.15 水泥土搅拌桩地基的质量检验有何规定?

答：(1) 施工前应检查水泥及外掺剂的质量、桩位、搅拌机工作性能及各种计量设备完好程度(主要是水泥浆流量计及其他计量装置)。

(2) 施工中应检查机头提升速度、水泥浆或水泥注入量、搅拌桩的长度及标高。

(3) 施工结束后，应检查桩体强度、桩体直径及地基承载力。

(4) 进行强度检验时，对承重水泥土搅拌桩应取90d后的试件；对支护水泥土搅拌桩应取28d后的试件。

(5) 水泥土搅拌桩地基质量检验标准应符合表1-11的规定。

水泥土搅拌桩地基质量检验标准　　表1-11

项	序	检查项目	允许偏差或允许值		检查方法
			单位	数值	
主控项目	1	水泥及外掺剂质量	设计要求		查产品合格证书或抽样送检
	2	水泥用量	参数指标		查看流量计
	3	桩体强度	设计要求		按规定方法
	4	地基承载力	设计要求		按规定方法

续表

项	序	检查项目	允许偏差或允许值		检查方法
			单位	数值	
一般项目	1	机头提升速度	m/min	≤0.5	量机头上升距离及时间
	2	桩底标高	mm	±200	测机头深度
	3	桩顶标高	mm	+100 −50	水准仪（最上部 500mm 不计入）
	4	桩位偏差	mm	＜50	用钢尺量
	5	桩径		＜0.04*D*	用钢尺量，*D* 为桩径
	6	垂直度	%	≤1.5	经纬仪
	7	搭接	mm	＞200	用钢尺量

1.1.16　土和灰土挤密桩复合地基的质量检验有何规定？

答：(1) 施工前应对土及灰土的质量、桩孔放样位置等做检查。

(2) 施工中应对桩孔直径、桩孔深度、夯击次数、填料的含水量等做检查。

(3) 施工结束后，应检验成桩的质量及地基承载力。

(4) 土和灰土挤密桩地基质量检验标准应符合表 1-12 的规定。

土和灰土挤密桩地基质量检验标准　　表 1-12

项	序	检查项目	允许偏差或允许值		检查方法
			单位	数值	
主控项目	1	桩体及桩间土干密度	设计要求		现场取样检查
	2	桩长	mm	+500	测桩管长度或垂球测孔深
	3	地基承载力	设计要求		按规定方法
	4	桩径	mm	−20	用钢尺量
一般项目	1	土料有机质含量	%	≤5	试验室焙烧法
	2	石灰粒径	mm	≤5	筛分法
	3	桩位偏差		满堂布桩≤0.40*D* 条基布桩≤0.25*D*	用钢尺量，*D* 为桩径
	4	垂直度	%	≤1.5	用经纬仪测桩管
	5	桩径	mm	−20	用钢尺量

注：桩径允许偏差负值是指个别断面。

1.1.17 水泥粉煤灰碎石桩复合地基的质量检验有何规定?

答：(1) 水泥、粉煤灰、砂及碎石等原材料应符合设计要求。

(2) 施工中应检查桩身混合料的配合比、坍落度和提拔钻杆速度(或提拔套管速度)、成孔深度、混合料灌入量等。

(3) 施工结束后，应对桩顶标高、桩位、桩体质量、地基承载力以及褥垫层的质量做检查。

(4) 水泥粉煤灰碎石桩复合地基的质量检验标准应符合表 1-13 的规定。

水泥粉煤灰碎石桩复合地基质量检验标准　　表 1-13

<table>
<tr><th rowspan="2">项</th><th rowspan="2">序</th><th rowspan="2">检查项目</th><th colspan="2">允许偏差或允许值</th><th rowspan="2">检查方法</th></tr>
<tr><th>单位</th><th>数值</th></tr>
<tr><td rowspan="4">主控项目</td><td>1</td><td>原材料</td><td colspan="2">设计要求</td><td>查产品合格证书或抽样送检</td></tr>
<tr><td>2</td><td>桩径</td><td>mm</td><td>－20</td><td>用钢尺量或计算填料量</td></tr>
<tr><td>3</td><td>桩身强度</td><td colspan="2">设计要求</td><td>查 28d 试块强度</td></tr>
<tr><td>4</td><td>地基承载力</td><td colspan="2">设计要求</td><td>按规定的办法</td></tr>
<tr><td rowspan="5">一般项目</td><td>1</td><td>桩身完整性</td><td colspan="2">按桩基检测技术规范</td><td>按桩基检测技术规范</td></tr>
<tr><td>2</td><td>桩位偏差</td><td></td><td>满堂布桩≤0.40D
条基布桩≤0.25D</td><td>用钢尺量，D 为桩径</td></tr>
<tr><td>3</td><td>桩垂直度</td><td>%</td><td>≤1.5</td><td>用经纬仪测桩管</td></tr>
<tr><td>4</td><td>桩长</td><td>mm</td><td>＋100</td><td>测桩管长度或垂球测孔深</td></tr>
<tr><td>5</td><td>褥垫层夯填度</td><td colspan="2">≤0.9</td><td>用钢尺量</td></tr>
</table>

注：1. 夯填度指夯实后的褥垫层厚度与虚体厚度的比值。

2. 桩径允许偏差负值是指个别断面。

1.1.18 夯实水泥土桩复合地基的质量检验有何规定?

答：(1) 水泥及夯实用土料的质量应符合设计要求。

(2) 施工中应检查孔位、孔深、孔径、水泥和土的配比、混合料含水量等。

(3) 施工结束后，应对桩体质量及复合地基承载力做检验，褥垫层应检查其夯填度。

(4) 夯实水泥土柱的质量检验标准应符合表 1-14 的规定。

(5) 夯扩桩的质量检验标准可按本条执行。

夯实水泥土桩复合地基质量检验标准　　表 1-14

项	序	检查项目	允许偏差或允许值		检查方法
			单位	数值	
主控项目	1	桩径	mm	−20	用钢尺量
	2	桩长	mm	+500	测桩孔深度
	3	桩体干密度	设计要求		现场取样检查
	4	地基承载力	设计要求		按规定的办法
一般项目	1	土料有机质含量	%	≤5	焙烧法
	2	含水量(与最优含水量比)	%	±2	烘干法
	3	土料粒径	mm	≤20	筛分法
	4	水泥质量	设计要求		查产品质量合格证书或抽样送检
	5	桩位偏差		满堂布桩≤0.40D 条基布桩≤0.25D	用钢尺量，D 为桩径
	6	桩孔垂直度	%	≤1.5	用经纬仪测桩管
	7	褥垫层夯填度	≤0.9		用钢尺量

1.1.19 砂桩地基的质量检验有何规定？

答：(1) 施工前应检查砂料的含泥量及有机质含量、样桩的位置等。

(2) 施工中检查每根砂桩的桩位、灌砂量、标高、垂直度等。

(3) 施工结束后，应检验被加固地基的强度或承载力。

(4) 砂桩地基的质量检验标准应符合表 1-15 的规定。

砂桩地基的质量检验标准 **表 1-15**

项	序	检查项目	允许偏差或允许值		检查方法
			单位	数值	
主控项目	1	灌砂量	%	≥95	实际用砂量与计算体积比
	2	地基强度	设计要求		按规定方法
	3	地基承载力	设计要求		按规定方法
一般项目	1	砂料的含泥量	%	≤3	试验室测定
	2	砂料的有机质含量	%	≤5	焙烧法
	3	桩位	mm	≤50	用钢尺量
	4	砂桩标高	mm	±150	水准仪
	5	垂直度	%	≤1.5	经纬仪检查桩管垂直度

1.2 桩 基 础

1.2.1 桩位验收有何规定?

答:(1) 桩位的放样允许偏差如下:群桩,20mm;单排桩,10mm。

(2) 桩基工程的桩位验收,除设计有规定外,应按下述要求进行:

1) 当桩顶设计标高与施工场地标高相同时,或桩基础施工结束后,有可能对桩位进行检查时,桩基工程的验收应在施工结束后进行。

2) 当桩顶设计标高低于施工场地标高,送桩后无法对桩位进行检查时,对打入桩可在每根桩桩顶沉至场地标高时,进行中间验收,待全部桩施工结束,承台或底板开挖到设计标高后,再做最终验收。对灌注桩可对护筒位置做中间验收。

1.2.2 打(压)入桩的桩位偏差有何规定?

答:打(压)入桩(预制混凝土方桩、先张法预应力管桩、钢桩)的桩位偏差，必须符合表 1-16 的规定。斜桩倾斜的偏差不得大于倾斜角正切值的 15%(倾斜角为桩的纵向中心线与铅垂线间夹角)。

预制桩(钢桩)桩位的允许偏差(mm)　　表 1-16

项	项　　目	允许偏差
1	盖有基础梁的桩： (1) 垂直基础梁的中心线 (2) 沿基础梁的中心线	 100+0.01H 150+0.01H
2	桩数为 1～3 根桩基中的桩	100
3	桩数为 4～16 根桩基中的桩	1/2 桩径或边长
4	桩数大于 16 根桩基中的桩： (1) 最外边的桩 (2) 中间桩	 1/3 桩径或边长 1/2 桩径或边长

注：H 为施工现场地面标高与桩顶设计标高的距离。

1.2.3 灌注桩的桩位偏差有何规定?

答：灌注桩的桩位偏差必须符合表 1-17 的规定，桩顶标高至少要比设计标高高出 0.5m，桩底清孔质量按不同的成桩工艺有不同的要求，应按本节各条要求执行。每浇注 50m^3 必须有 1 组试件，小于 50m^3 的桩，每根桩必须有 1 组试件。

灌注桩的平面位置和垂直度的允许偏差　　表 1-17

<table>
<tr><th rowspan="2">序号</th><th rowspan="2" colspan="2">成孔方法</th><th rowspan="2">桩径允许偏差(mm)</th><th rowspan="2">垂直度允许偏差(%)</th><th colspan="2">桩位允许偏差(mm)</th></tr>
<tr><th>1～3 根、单排桩基垂直于中心线方向和群桩基础的边桩</th><th>条形桩基沿中心线方向和群桩基础的中间桩</th></tr>
<tr><td rowspan="2">1</td><td rowspan="2">泥浆护壁灌注桩</td><td>$D \leqslant 1000$mm</td><td>±50</td><td rowspan="2"><1</td><td>$D/6$，且不大于 100</td><td>$D/4$，且不大于 150</td></tr>
<tr><td>$D > 1000$mm</td><td>±50</td><td>100+0.01H</td><td>150+0.01H</td></tr>
<tr><td rowspan="2">2</td><td rowspan="2">套管成孔灌注桩</td><td>$D \leqslant 500$mm</td><td rowspan="2">−20</td><td rowspan="2"><1</td><td>70</td><td>150</td></tr>
<tr><td>$D > 500$mm</td><td>100</td><td>150</td></tr>
</table>

续表

序号	成孔方法		桩径允许偏差（mm）	垂直度允许偏差（%）	桩位允许偏差（mm）	
					1～3根、单排桩基垂直于中心线方向和群桩基础的边桩	条形桩基沿中心线方向和群桩基础的中间桩
3	干成孔灌注桩		－20	<1	70	150
4	人工挖孔桩	混凝土护壁	＋50	<0.5	50	150
		钢套管护壁	＋50	<1	100	200

注：1. 桩径允许偏差的负值是指个别断面。

2. 采用复打、反插法施工的桩，其桩径允许偏差不受本表限制。

3. H 为施工现场地面标高与桩顶设计标高的距离，D 为设计桩径。

1.2.4 工程桩承载力检验有何规定？

答：(1) 工程桩应进行承载力检验。对于地基基础设计等级为甲级或地质条件复杂，成桩质量可靠性低的灌注桩，应采用静载荷试验的方法进行检验，检验桩数不应少于总数的1%，且不应少于3根，当总桩数少于50根时，不应少于2根。

(2) 桩身质量应进行检验。对设计等级为甲级或地质条件复杂、成桩质量可靠性低的灌注桩，抽检数量不应少于总数的30%，且不应少于20根；其他桩基工程的抽检数量不应少于总数的20%，且不应少于10根；对混凝土预制桩及地下水位以上且终孔后经过检验的灌注桩，检验数量不应少于桩数的10%，且不得少于10根。每个柱子承台下不得少于1根。

1.2.5 静力压桩的质量检验有何规定？

答：(1) 施工前应对成品桩(锚杆静压成品桩一般均由工厂制造，运至现场堆放)做外观及强度检验，接桩用焊条或半成品硫磺胶泥应有产品合格证书，或送有关部门检验，压桩用压力表、锚杆规格及质量也应进行检查。硫磺胶泥半成品应每100kg做一组试件(3件)。

(2) 压桩过程中应检查压力、桩垂直度、接桩间歇时间、桩的连接质量及压力深度。重要工程应对电焊接桩的接头做10%的探伤检查。对承受反力的结构应加强观测。

(3) 施工结束后，应做桩的承载力及桩体质量检验。

(4) 锚杆静压桩质量检验标准应符合表1-18的规定。

静力压桩质量检验标准　　　　表1-18

<table>
<tr><th rowspan="2">项</th><th rowspan="2">序</th><th rowspan="2" colspan="2">检查项目</th><th colspan="2">允许偏差或允许值</th><th rowspan="2">检查方法</th></tr>
<tr><th>单位</th><th>数值</th></tr>
<tr><td rowspan="3">主控项目</td><td>1</td><td colspan="2">桩体质量检验</td><td colspan="2">按基桩检测技术规范</td><td>按基桩检测技术规范</td></tr>
<tr><td>2</td><td colspan="2">桩位偏差</td><td colspan="2">见表1-16</td><td>用钢尺量</td></tr>
<tr><td>3</td><td colspan="2">承载力</td><td colspan="2">按基桩检测技术规范</td><td>按基桩检测技术规范</td></tr>
<tr><td rowspan="10">一般项目</td><td rowspan="2">1</td><td colspan="2">成品桩质量：外观
外形尺寸</td><td colspan="2">表面平整，颜色均匀
掉角深度<10mm，蜂窝面积小于总面积0.5%
见表1-21</td><td>直观
见表1-21</td></tr>
<tr><td colspan="2">强度</td><td colspan="2">满足设计要求</td><td>查产品合格证书或钻芯试压</td></tr>
<tr><td>2</td><td colspan="2">硫磺胶泥质量(半成品)</td><td colspan="2">设计要求</td><td>查产品合格证书或抽样送检</td></tr>
<tr><td rowspan="4">3</td><td rowspan="4">接桩</td><td>电焊接桩：焊缝质量</td><td colspan="2">见表1-23</td><td>见表1-23</td></tr>
<tr><td>电焊结束后停歇时间</td><td>min</td><td>>1.0</td><td>秒表测定</td></tr>
<tr><td>硫磺胶泥接桩：胶泥浇注时间</td><td>min</td><td><2</td><td>秒表测定</td></tr>
<tr><td>浇注后停歇时间</td><td>min</td><td>>7</td><td>秒表测定</td></tr>
<tr><td>4</td><td colspan="2">电焊条质量</td><td colspan="2">设计要求</td><td>查产品合格证书</td></tr>
<tr><td>5</td><td colspan="2">压桩压力(设计有要求时)</td><td>%</td><td>±5</td><td>查压力表读数</td></tr>
<tr><td>6</td><td colspan="2">接桩时上下节平面偏差
接桩时节点弯曲矢高</td><td>mm</td><td><10
<1/1000l</td><td>用钢尺量
用钢尺量，l为两节桩长</td></tr>
<tr><td></td><td>7</td><td colspan="2">桩顶标高</td><td>mm</td><td>±50</td><td>水准仪</td></tr>
</table>

1.2.6 先张法预应力管桩的质量检验有何规定？

答：(1) 施工前应检查进入现场的成品桩，接桩用电焊条等产品质量。

(2) 施工过程中应检查桩的贯入情况、桩顶完整状况、电焊接桩质量、桩体垂直度、电焊后的停歇时间。重要工程应对电焊接头做10%的焊缝探伤检查。

(3) 施工结束后，应做承载力检验及桩体质量检验。

(4) 先张法预应力管桩的质量检验应符合表1-19的规定。

先张法预应力管桩质量检验标准　　表1-19

<table>
<tr><th rowspan="2">项</th><th rowspan="2">序</th><th rowspan="2" colspan="2">检查项目</th><th colspan="2">允许偏差或允许值</th><th rowspan="2">检查方法</th></tr>
<tr><th>单位</th><th>数值</th></tr>
<tr><td rowspan="3">主控项目</td><td>1</td><td colspan="2">桩体质量检验</td><td colspan="2">按基桩检测技术规范</td><td>按基桩检测技术规范</td></tr>
<tr><td>2</td><td colspan="2">桩位偏差</td><td colspan="2">见表1-16</td><td>用钢尺量</td></tr>
<tr><td>3</td><td colspan="2">承载力</td><td colspan="2">按基桩检测技术规范</td><td>按基桩检测技术规范</td></tr>
<tr><td rowspan="6">一般项目</td><td rowspan="2">1</td><td rowspan="2">成品桩质量</td><td>外观</td><td colspan="2">无蜂窝、露筋、裂缝，色感均匀，桩顶处无孔隙</td><td>直观</td></tr>
<tr><td>桩径
管壁厚度
桩尖中心线
顶面平整度
桩体弯曲</td><td>mm
mm
mm
mm</td><td>±5
±5
<2
10
<1/100l</td><td>用钢尺量
用钢尺量
用钢尺量
用水平钢尺量
用钢尺量，l为两节桩长</td></tr>
<tr><td rowspan="2">2</td><td colspan="2">接桩：焊缝质量</td><td colspan="2">见表1-23</td><td>见表1-23</td></tr>
<tr><td colspan="2">电焊结束后停歇时间
上下节平面偏差
节点弯曲矢高</td><td>min
min</td><td>>1.0
<10
<1/1000l</td><td>秒表测定
用钢尺量
用钢尺量，l为两节桩长</td></tr>
<tr><td>3</td><td colspan="2">停锤标准</td><td colspan="2">设计要求</td><td>现场实测或查沉桩记录</td></tr>
<tr><td>4</td><td colspan="2">桩顶标高</td><td>mm</td><td>±50</td><td>水准仪</td></tr>
</table>

1.2.7 混凝土预制桩的质量检验有何规定？

答：(1) 桩在现场预制时，应对原材料、钢筋骨架(见表 1-20)、混凝土强度进行检查；采用工厂生产的成品桩时，桩进场后应进行外观及尺寸检查。

(2) 施工中应对桩体垂直度、沉桩情况、桩顶完整状况、接桩质量等进行检查，对电焊接桩，重要工程应做 10%的焊缝探伤检查。

(3) 施工结束后，应对承载力及桩体质量做检验。

(4) 对长桩或总锤击数超过 500 击的锤击桩，应符合桩体强度及 28d 龄期的两项条件才能锤击。

(5) 钢筋混凝土预制桩的质量检验标准应符合表 1-21 的规定。

预制桩钢筋骨架质量检验标准(mm)　　表 1-20

项	序	检查项目	允许偏差或允许值	检查方法
主控项目	1	主筋距桩顶距离	±5	用钢尺量
	2	多节桩锚固钢筋位置	5	用钢尺量
	3	多节桩预埋铁件	±3	用钢尺量
	4	主筋保护层厚度	±5	用钢尺量
一般项目	1	主筋间距	±5	用钢尺量
	2	桩尖中心线	10	用钢尺量
	3	箍筋间距	±20	用钢尺量
	4	桩顶钢筋网片	±10	用钢尺量
	5	多节桩锚固钢筋长度	±10	用钢尺量

钢筋混凝土预制桩的质量检验标准　　表 1-21

项	序	检查项目	允许偏差或允许值		检查方法
			单位	数值	
主控项目	1	桩体质量检验	按基桩检测技术规范		按基桩检测技术规范
	2	桩位偏差	见表 1-16		用钢尺量
	3	承载力	按基桩检测技术规范		按基桩检测技术规范

续表

项	序	检查项目	允许偏差或允许值		检查方法
			单位	数值	
一般项目	1	砂、石、水泥、钢材等原材料(现场预制时)	符合设计要求		查出厂质保文件或抽样送检
	2	混凝土配合比及强度(现场预制时)	符合设计要求		检查称量及查试块记录
	3	成品桩外形	表面平整，颜色均匀，掉角深度＜10mm，蜂窝面积小于总面积0.5%		直观
	4	成品桩裂缝(收缩裂缝或起吊、装运、堆放引起的裂缝)	深度＜20mm，宽度＜0.25mm，横向裂缝不超过边长的一半		裂缝测定仪，该项在地下水有侵蚀地区及锤击数超过500击的长桩不适用
	5	成品桩尺寸：横截面边长 桩顶对角线差 桩尖中心线 桩身弯曲矢高 桩顶平整度	mm mm mm mm	±5 ＜10 ＜10 ＜1/1000l ＜2	用钢尺量 用钢尺量 用钢尺量 用钢尺量，l为桩长 用水平尺量
	6	电焊接桩：焊缝质量	见表1-23		见表1-23
		电焊结束后停歇时间 上下节平面偏差 节点弯曲矢高	min mm	＞1.0 ＜10 ＜1/1000l	秒表测定 用钢尺量 用钢尺量，l为两节桩长
	7	硫磺胶泥接桩：胶泥浇注时间 浇注后停歇时间	min min	＜2 ＞7	秒表测定 秒表测定
	8	桩顶标高	mm	±50	水准仪
	9	停锤标准	设计要求		现场实测或查沉桩记录

1.2.8 钢桩的质量检验有何规定?

答：(1) 施工前应检查进入现场的成品钢桩，成品桩的质量标准应符合表1-22的规定。

(2) 施工中应检查钢桩的垂直度、沉入过程、电焊连接质量、电焊后的停歇时间、桩顶锤击后的完整状况。电焊质量除常规检查外，应做10%的焊缝探伤检查。

(3) 施工结束后应做承载力检验。

(4) 钢桩施工质量检验标准应符合表1-22及表1-23的规定。

成品钢桩质量检验标准　　表 1-22

项	序	检查项目	允许偏差或允许值		检查方法
			单位	数值	
主控项目	1	钢桩外径或断面尺寸：桩端 桩身		±0.5%D ±1D	用钢尺量，D为外径或边长
	2	矢高		<1/1000l	用钢尺量，l为桩长
一般项目	1	长度	mm	±10	用钢尺量
	2	端部平整度	mm	≤2	用水平尺量
	3	H为钢桩的方正度 $h>300$ $h>300$	mm mm	$T+T'\leqslant 8$ $T+T'\leqslant 6$	用钢尺量，h、T、T'见图示
	4	端部平面与桩中心线的倾斜值	mm	≤2	用水平尺量

钢桩施工质量检验标准　　表 1-23

项	序	检查项目	允许偏差或允许值		检查方法
			单位	数值	
主控项目	1	桩位偏差		见表1-16	用钢尺量，D为外径或边长
	2	承载力		<1/1000l	用钢尺量，l为桩长

续表

项	序	检查项目	允许偏差或允许值		检查方法
			单位	数值	
一般项目	1	电焊接桩焊缝： (1) 上下节端部错口 (外径 700≥mm) (外径<700mm) (2) 焊缝咬边深度 (3) 焊缝加强层高度 (4) 焊缝加强层宽度	 mm mm mm mm mm	 ≤3 ≤2 ≤0.5 2 2	 用钢尺量 用钢尺量 焊缝检查仪 焊缝检查仪 焊缝检查仪
		(5) 焊缝电焊质量外观	无气孔，无焊瘤，无裂缝		直观
		(6) 焊缝探伤检验	满足设计要求		按设计要求
	2	电焊结束后停歇时间	min	>1.0	秒表测定
	3	节点弯曲矢高		<1/1000l	用钢尺量，l 为桩长
	4	桩顶标高	mm	±50	水准仪
	5	停锤标准	设计要求		用钢尺量或沉桩记录

1.2.9 混凝土灌注桩的质量检验有何规定？

答：(1) 施工前应对水泥、砂、石子(如现场搅拌)、钢材等原材料进行检查，对施工组织设计中制定的施工顺序、监测手段(包括仪器、方法)也应检查。

(2) 施工中应对成孔、清渣、放置钢筋笼、灌注混凝土等进行全过程检查，人工挖孔桩尚应复验孔底持力层土(岩)性。嵌岩桩必须有桩端持力层的岩性报告。

(3) 施工结束后，应检查混凝土强度，并应做桩体质量及承载力的检验。

(4) 混凝土灌注桩的质量检验标准应符合表 1-24、表 1-25 的规定。

混凝土灌注桩钢筋笼质量检验标准(mm)　　表 1-24

项	序	检查项目	允许偏差或允许值	检查方法
主控项目	1	主筋间距	±10	用钢尺量
	2	长度	±100	用钢尺量
一般项目	1	钢筋材质检验	设计要求	抽样送检
	2	箍筋间距	±20	用钢尺量
	3	直径	±10	用钢尺量

混凝土灌注桩质量检验标准　　表 1-25

项	序	检查项目	允许偏差或允许值		检查方法
			单位	数值	
主控项目	1	桩位	见表 1-17		基坑开挖前量护筒，开挖后量桩中心
	2	孔深	mm	+300	只深不浅，用重锤测，或测钻杆、套管长度，嵌岩桩应确保进入设计要求的嵌岩深度
	3	桩体质量检验	按基桩检测技术规范。如钻芯取样，大直径嵌岩桩应钻至桩尖下 50cm		按基桩检测技术规范
	4	混凝土强度	设计要求		试件报告或钻芯取样送检
	5	承载力	按基桩检测技术规范		按基桩检测技术规范
一般项目	1	垂直度	见表 1-17		测套管或钻杆，或用超声波探测，干施工时吊垂球
	2	桩径	见表 1-17		井径仪或超声波检测，干施工时用钢尺量，人工挖孔桩不包括内衬厚度
	3	泥浆相对密度(黏土或砂性土中)	1.15～1.20		用比重计测，清孔后在距孔底 50cm 处取样
	4	泥浆面标高(高于地下水位)	m	0.5～1.0	目测

续表

项	序	检查项目	允许偏差或允许值		检查方法
			单位	数值	
一般项目	5	沉渣厚度：端承桩 摩擦桩	mm mm	≤50 ≤150	用沉渣仪或重锤测量
	6	混凝土坍落度：水下灌注 干施工	mm mm	160～220 70～100	坍落度仪
	7	钢筋笼安装深度	mm	±100	用钢尺量
	8	混凝土充盈系数	>1		检查每根桩的实际灌注量
	9	桩顶标高	mm	+30 −50	水准仪，需扣除桩顶浮浆层及劣质桩体

1.3 土方工程

1.3.1 临时性挖方的边坡值应符合什么规定?

答：临时性挖方的边坡值应符合表 1-26 的规定。

临时性挖方边坡值 **表 1-26**

土的类别		边坡值(高∶宽)
砂土(不包括细砂、粉砂)		1∶1.25～1∶1.50
一般性黏土	硬	1∶0.75～1∶1.00
	硬、塑	1∶1.00～1∶1.25
	软	1∶1.50 或更缓
碎石类土	充填坚硬、硬塑黏性土	1∶0.50～1∶1.00
	充填砂土	1∶1.00～1∶1.50

注：1. 设计有要求时，应符合设计标准。

2. 如采用降水或其他加固措施，可不受本表限制，但应计算复核。

3. 开挖深度，对软土不应超过 4m，对硬土不应超过 8m。

1.3.2 土方开挖工程的质量检验有何规定？

答：土方开挖工程的质量检验标准应符合表 1-27 的规定。

土方开挖工程质量检验标准（mm） **表 1-27**

项	序	项目	允许偏差或允许值					检验方法
			柱基基坑基槽	挖方场地平整		管沟	地（路）面基层	
				人工	机械			
主控项目	1	标高	−50	±30	±50	−50	−50	水准仪
	2	长度、宽度（由设计中心线向两边量）	+200 −50	+300 −100	+500 −150	+100	—	经纬仪，用钢尺量
	3	边坡	设计要求					观察或用坡度尺检查
一般项目	1	表面平整度	20	20	50	20	20	用 2m 靠尺和楔形塞尺检查
	2	基底土性	设计要求					观察或土样分析

注：地（路）面基层的偏差只适用于直接在挖、填方上做地（路）面的基层。

1.3.3 填土施工时的分层厚度及压实遍数有何规定？

答：填方施工过程中应检查排水措施，每层填筑厚度、含水量控制、压实程度。填筑厚度及压实遍数应根据土质，压实系数及所用机具确定。如无试验依据，应符合表 1-28 的规定。

填土施工时的分层厚度及压实遍数 **表 1-28**

压实机具	分层厚度（mm）	每层压实遍数
平碾	250～300	6～8
振动压实机	250～350	3～4
柴油打夯机	200～250	3～4
人工打夯	<200	3～4

1.3.4 填土工程的质量检验有何规定?

答：填方施工结束后，应检查标高、边坡坡度、压实程度等，检验标准应符合表1-29的规定。

填土工程质量检验标准(mm) 表1-29

<table>
<tr><th rowspan="3">项</th><th rowspan="3">序</th><th rowspan="3">项　目</th><th colspan="5">允许偏差或允许值</th><th rowspan="3">检验方法</th></tr>
<tr><th rowspan="2">柱基基坑基槽</th><th colspan="2">挖方场地平整</th><th rowspan="2">管沟</th><th rowspan="2">地(路)面基层</th></tr>
<tr><th>人工</th><th>机械</th></tr>
<tr><td rowspan="2">主控项目</td><td>1</td><td>标高</td><td>－50</td><td>±30</td><td>±50</td><td>－50</td><td>－50</td><td>水准仪</td></tr>
<tr><td>2</td><td>分层压实系数</td><td colspan="5">设计要求</td><td>按规定方法</td></tr>
<tr><td rowspan="3">一般项目</td><td>1</td><td>回填土料</td><td colspan="5">设计要求</td><td>取样检查或直观鉴别</td></tr>
<tr><td>2</td><td>分层厚度及含水量</td><td colspan="5">设计要求</td><td>水准仪及抽样检查</td></tr>
<tr><td>3</td><td>表面平整度</td><td>20</td><td>20</td><td>30</td><td>20</td><td>20</td><td>用靠尺或水准仪</td></tr>
</table>

1.4 基 坑 工 程

1.4.1 排桩墙支护工程的质量检验有何规定?

答：(1) 排桩墙支护结构包括灌注桩、预制桩、板桩等类型桩构成的支护结构。

(2) 灌注桩、预制桩的检验标准应符合桩基础的规定。钢板桩均为工厂成品，新桩可按出厂标准检验，重复使用的钢板桩应符合表1-30的规定，混凝土板桩应符合表1-31的规定。

重复使用的钢板桩检验标准 **表 1-30**

序	检查项目	允许偏差或允许值		检查方法
		单位	数值	
1	桩垂直度	%	<1	用钢尺量
2	桩身弯曲度		<2%l	用钢尺量，l为桩长
3	齿槽平直度及光滑度	无电焊渣或毛刺		用1m长的桩段做通过试验
4	桩长度	不小于设计长度		用钢尺量

混凝土板桩制作标准 **表 1-31**

项	序	检查项目	允许偏差或允许值		检查方法
			单位	数值	
主控项目	1	桩长度	mm	+10 0	用钢尺量
主控项目	2	桩身弯曲度		<0.1%l	用钢尺量 l为桩长
一般项目	1	保护层厚度	mm	±5	用钢尺量
一般项目	2	模截面相对两面之差	mm	5	用钢尺量
一般项目	3	桩尖对桩轴线的位移	mm	10	用钢尺量
一般项目	4	桩厚度	mm	+10 0	用钢尺量
一般项目	5	凹凸槽尺寸	mm	±3	用钢尺量

1.4.2 加筋水泥土桩的质量检验有何规定？

答：加筋水泥土桩应符合表1-32的规定。

加筋水泥土桩质量检验标准 **表 1-32**

序	检查项目	允许偏差或允许值		检查方法
		单位	数值	
1	型钢长度	mm	±10	用钢尺量
2	型钢垂直度	%	<1	经纬仪
3	型钢插入标高	mm	±30	水准仪
4	型钢插入平面位置	mm	10	用钢尺量

1.4.3 锚杆及土钉墙支护工程的质量检验有何规定?

答：(1) 锚杆及土钉墙支护工程施工前应熟悉地质资料、设计图纸及周围环境，降水系统应确保正常工作，必须的施工设备如挖掘机、钻机、压浆泵、搅拌机等应能正常运转。

(2) 一般情况下，应遵循分段开挖、分段支护的原则，不宜按一次挖就再行支护的方式施工。

(3) 施工中应对锚杆或土钉位置，钻孔直径、深度及角度，锚杆或土钉插入长度，注浆配比、压力及注浆量，喷锚墙面厚度及强度、锚杆或土钉应力等进行检查。

(4) 每段支护体施工完后，应检查坡顶或坡面位移，坡顶沉降及周围环境变化，如有异常情况应采取措施，恢复正常后方可继续施工。

(5) 锚杆及土钉墙支护工程质量检验应符合表 1-33 的规定。

锚杆及土钉墙支护工程质量检验标准　　　　表 1-33

项	序	检查项目	允许偏差或允许值		检查方法
			单位	数值	
主控项目	1	锚杆土钉长度	mm	±30	用钢尺量
	2	锚杆锁定力	设计要求		现场实测
一般项目	1	锚杆或土钉位置	mm	±100	用钢尺量
	2	钻孔倾斜度	°	±1	测钻机倾角
	3	浆体强度	设计要求		试样送检
	4	注浆量	大于理论计算浆量		检查计量数据
	5	土钉墙面厚度	mm	±10	用钢尺量
	6	墙体强度	设计要求		试样送检

1.4.4 钢或混凝土支撑系统施工有何规定?

答：(1) 支撑系统包括围图及支撑，当支撑较长时(一般超过

15m)，还包括支撑下的立柱及相应的立柱桩。

(2) 施工前应熟悉支撑系统的图纸及各种计算工况，掌握开挖及支撑设置的方式、预顶力及周围环境保护的要求。

(3) 施工过程中应严格控制开挖和支撑的程序及时间，对支撑的位置(包括立桩及立柱桩的位置)、每层开挖深度、预加顶力(如需要时)、钢围图与围护体或支撑与围图的密贴度应做周密检查。

(4) 全部支撑安装结束后，仍应维持整个系统的正常运转直至支撑全部拆除。

(5) 作为永久性结构的支撑系统尚应符合现行国家标准《混凝土结构工程施工质量验收规范》GB 50204 的要求。

(6) 钢或混凝土支撑系统工程质量检验标准应符合表 1-34 的规定。

钢及混凝土支撑系统工程质量检验标准　　表 1-34

项	序	检查项目	允许偏差或允许值		检查方法
			单位	数值	
主控项目	1	支撑位置：标高 平面	mm mm	30 100	水准仪 用钢尺量
	2	预加顶力	kN	±50	油泵读数或传感器
一般项目	1	围图标高	mm	30	水准仪
	2	立柱桩	参见第 1.2 节		参见第 1.2 节
	3	立柱位置：标高 平面	mm mm	30 50	水准仪 用钢尺量
	4	开挖超深(开槽放支撑不在此范围)	mm	＜200	水准仪
	5	支撑安装时间	设计要求		用钟表估测

1.4.5 地下连续墙的施工有何规定？

答：(1) 地下连续墙均应设置导墙，导墙形式有预制及现浇两种，现浇导墙形状有“L”形或倒“L”形，可根据不同土质选用。

(2) 地下墙施工前宜先试成槽，以检验泥浆的配比、成槽机的选型并可复核地质资料。

(3) 作为永久结构的地下连续墙，其抗渗质量标准可按现行国家标准《地下防水工程施工质量验收规范》GB 50208 执行。

(4) 地下墙槽段间的连接接头形式，应根据地下墙的使用要求选用，且应考虑施工单位的经验，无论选用何种接头，在浇注混凝土前，接头处必须刷洗干净，不留任何泥砂或污物。

(5) 地下墙与地下室结构顶板、楼板、底板及梁之间连接可预埋钢筋或接驳器(锥螺纹或直螺纹)，对接驳器也应按原材料检验要求，抽样复验。数量每 500 套为检验批，每批应抽查 3 件，复验内容为外观、尺寸、抗拉试验等。

1.4.6 地下连续墙施工前对材料有何要求?

答：施工前应检验进场的钢材、电焊条。已完工的导墙应检查其净空尺寸，墙面平整度与垂直度。检查泥浆用的仪器、泥浆循环系统应完好。地下连续墙应用商品混凝土。

1.4.7 地下连续墙施工中的检查及验收有何规定?

答：(1) 施工中应检查成槽的垂直度、槽底的淤积物厚度、泥浆比重、钢筋笼尺寸、浇注导管位置、混凝土上升速度、浇注面标高、地下墙连接面的清洗程度、商品混凝土的坍落度、锁口管或接头箱的拔出时间及速度等。

(2) 成槽结束后应对成槽的宽度、深度及倾斜度进行检验，重要结构每段槽段都应检查，一般结构可抽查总槽段数的 20%，每槽段应抽查 1 个段面。

(3) 永久性结构的地下墙，在钢筋笼沉放后，应做二次清孔，沉渣厚度应符合要求。

(4) 每 $50m^3$ 地下墙应做 1 组试件，每幅槽段不得少于 1 组，在强度满足设计要求后方可开挖土方。

(5) 作为永久性结构的地下连续墙，土方开挖后应进行逐段检查，钢筋混凝土底板也应符合现行国家标准《混凝土结构工程施工质量验收规范》GB 50204 的规定。

(6) 地下墙的钢筋检验应符合表 1-35 的规定。

地下墙质量检验标准 **表 1-35**

项	序	检查项目		允许偏差或允许值		检查方法
				单位	数值	
主控项目	1	墙体强度		设计要求		查试件记录或取芯试压
	2	垂直度：永久结构 临时结构			1/300 1/150	测声波测槽仪或成槽机上的监测系统
一般项目	1	导墙尺寸	宽度	mm	W＋40	用钢尺量，W 为地下墙设计厚度
			墙面平整度	mm	＜5	用钢尺量
			导墙平面位置	mm	±10	用钢尺量
	2	沉渣厚度：永久结构 临时结构		mm mm	≤100 ≤200	重锤测或沉积物测定仪测
	3	槽深		mm	＋100	重锤测
	4	混凝土坍落度		mm	180～220	坍落度测定器
	5	钢筋笼尺寸		见表 1-24		见表 1-24
	6	地下墙表面平整度	永久结构 临时结构 插入式结构	mm mm mm	＜100 ＜150 ＜20	此为均匀黏土层，松散及易坍土层由设计决定
	7	永久结构时的预埋件位置	水平向 垂直向	mm mm	≤10 ≤20	用钢尺量 水准仪

1.4.8 沉井与沉箱的质量检验有何规定？

答：沉井（箱）的质量检验标准应符合表 1-36 的要求。

沉井（箱）的质量检验标准　　表 1-36

项	序	检查项目	允许偏差或允许值 单位	允许偏差或允许值 数值	检查方法
主控项目	1	混凝土强度	满足设计要求（下沉前必须达到70%设计强度）		查试件记录或取芯试压
主控项目	2	封底前，沉井（箱）的下沉稳定	mm/8h	<10	水准仪
主控项目	3	封底结束后的位置： 刃脚平均标高（与设计标高比）	mm	<100	水准仪
		刃脚平面中心线位移		<1%H	经纬仪，H 为下沉总深度，H<10m 时，控制在案 100mm 之内
		四角中任何两角的底面高差		<1%l	水准仪，为两角的距离，但不超过场 300mm，l<10m 时，控制在 100mm 之内
一般项目	1	钢材、对接钢筋、水泥、骨料等原材料检查	符合设计要求		查出厂质保书或抽样送检
一般项目	2	结构体外观	无裂缝，无蜂窝、空洞、不露筋		直观
一般项目	3	平面尺寸：长与宽	%	±0.5	用钢尺量，最大控制在 100mm 之内
		曲线部分半径	%	±0.5	用钢尺量，最大控制在 50mm 之内
		两对角线差	%	1.0	用钢尺量
		预埋件	mm	20	用钢尺量
一般项目	4	下沉过程中的偏差：高差	%	1.5～2.0	经纬仪，H 为下沉深度，最大应控制在 300mm 之内，此数值不包括高差引起的中线位移
		下沉过程中的偏差：平面轴线		<1.5%H	
一般项目	5	封底混凝土坍落度	cm	18～22	坍落度测定器

注：主控项目 3 的三项偏差可同时存在，下沉总深度，系指下沉前后刃脚之高差。

1.4.9 降水与排水施工的质量检验有何规定？

答：降水与排水施工的质量检验标准应符合表 1-37 的规定。

降水与排水施工质量检验标准　　表 1-37

序	检查项目	允许偏差或允许值		检查方法
		单位	数值	
1	排水沟坡度	%	1～2	目测：坑内不积水，沟内排水畅通
2	井管(点)垂直度	%	1	插管时目测
3	井管(点)间距(与设计相比)	%	≤150	用钢尺量
4	井管(点)插入深度(与设计相比)	mm	≤200	水准仪
5	过滤砂砾料填灌(与计算值相比)	mm	≤5	检查回填料用量
6	井点真空度：轻型井点 喷射井点	kPa kPa	>60 >93	真空度表 真空度表
7	电渗井点阴阳极距离：轻型井点 喷射井点	mm mm	80～100 120～150	用钢尺量 用钢尺量

2 地下防水工程

2.1 基本规定

2.1.1 地下防水工程等级怎样划分?

答：地下工程的防水等级分为4级，各级标准应符合表2-1的规定。

地下工程防水等级标准 表2-1

防水等级	标准
1级	不允许渗水，结构表面无湿渍
2级	不允许漏水，结构表面可有少量湿渍 工业与民用建筑：湿渍总面积不大于总防水面积的1‰，单个湿渍面积不大于0.1m²，任意100m² 防水面积不超过1处 其他地下工程：湿渍总面积不大于总防水面积的6‰，单个湿渍面积不大于0.2m²，任意100m² 防水面积不超过4处
3级	有少量漏水点，不得有线流和漏泥砂 单个湿渍面积不大于0.3m²，单个漏水点的漏水量不大于2.5L/d，任意100m² 防水面积不超过7处
4级	有漏水点，不得有线流和漏泥砂 整个工程平均漏水量不大于2L/m²·d，任意防水面积的平均漏水量不大于4L/m²·d

2.1.2 地下工程防水的设防有何要求?

答：地下工程的防水设防要求，应按表2-2和表2-3选用。

明挖法地下工程防水设防　表 2-2

工程部位		主体						施工缝					后浇带				变形缝、诱导缝						
防水措施		防水混凝土	防水砂浆	防水卷材	防水涂料	塑料防水板	金属板	遇水膨胀止水条	中埋式止水带	外贴式止水带	外抹防水砂浆	外涂防水涂料	膨胀混凝土	遇水膨胀止水条	外贴式止水带	防水嵌缝材料	中埋式止水带	外贴式止水带	可卸式止水带	防水嵌缝材料	外贴防水卷材	外涂防水涂料	遇水膨胀止水条
防水等级	1级	应选	应选一至二种					应选二种					应选	应选二种			应选	应选二种					
	2级	应选	应选一种					应选一至二种					应选	应选一至二种			应选	应选一至二种					
	3级	应选	宜选一种					宜选一至二种					应选	宜选一至二种			应选	宜选一至二种					
	4级	应选	—					宜选一种					应选	宜选一种			应选	宜选一种					

暗挖法地下工程防水设防　表 2-3

工程部位		主体				内衬砌施工缝					内衬砌变形缝、诱导缝				
防水措施		复合式衬砌	离壁式衬砌、衬套	贴壁式衬砌	喷射混凝土	外贴式止水带	遇水膨胀止水条	防水嵌缝材料	中埋式止水带	外涂防水涂料	中埋式止水带	外贴式止水带	可卸式止水带	防水嵌缝材料	遇水膨胀止水条
防水等级	1级	应选一种			—	应选二种					应选	应选二种			
	2级	应选一种			—	应选一至二种					应选	应选一至二种			
	3级	—	应选一种			宜选一至二种					应选	宜选一种			
	4级	—	应选一种			宜选一种					应选	宜选一种			

2.1.3 地下防水层施工环境气温有何规定？

答：地下防水工程的防水层，严禁在雨天、雪天和五级风及其以上时施工，其施工环境气温条件宜符合表 2-4 的规定。

防水层施工环境气温条件 **表 2-4**

防水层材料	施工环境气温
高聚物改性沥青防水卷材	冷粘法不低于5℃，热熔法不低于－10℃
合成高分子防水卷材	冷粘法不低于5℃，热风焊接法不低于－10℃
有机防水涂料	溶剂型－5～35℃，水溶性5～35℃
有机防水涂料	5～35℃
防水混凝土、水泥砂浆	5～35℃

2.2 地下建筑防水工程

2.2.1 防水混凝土所用材料有何规定？

答：防水混凝土所用的材料应符合下列规定：

(1) 水泥品种应按设计要求选用，其强度等级不应低于32.5级，不得使用过期或受潮结块水泥；

(2) 碎石或卵石的粒径宜为5～40mm，含泥量不得大于1.0%，泥块含量不得大于0.5%；

(3) 砂宜用中砂，含泥量不得大于3.0%，泥块含量不得大于1.0%；

(4) 拌制混凝土所用的水，应采用不含有害物质的洁净水；

(5) 外加剂的技术性能，应符合国家或行业标准一等品及以上的质量要求；

(6) 粉煤灰的级别不应低于二级，掺量不宜大于20%；硅粉掺量不应大于3%，其他掺合料的掺量应通过试验确定。

2.2.2 防水混凝土的配合比有何规定？

答：防水混凝土的配合比应符合下列规定：

(1) 试配要求的抗渗水压值应比设计值提高0.2MPa；

(2) 水泥用量不得少于300kg/m^3；掺有活性掺合料时，水泥用量不得少于280kg/m³；

(3) 砂率宜为35%～45%，灰砂比宜为1∶2～1∶2.5；

(4) 水灰比不得大于0.55；

(5) 普通防水混凝土坍落度不宜大于50mm，泵送时入泵坍落度宜为100～140mm。

2.2.3 混凝土拌制和浇筑过程控制有何规定?

答：混凝土拌制和浇筑过程控制应符合下列规定：

(1) 拌制混凝土所用材料的品种、规格和用量，每工作班检查不应少于两次。每盘混凝土各组成材料计量结果的偏差应符合表2-5的规定。

混凝土组成材料计量结果的允许偏差(%)　　表2-5

混凝土组成材料	每盘计量	累计计量
水泥、掺合料	±2	±1
粗、细骨料	±3	±2
水、外加剂	±2	±1

(2) 混凝土在浇筑地点的坍落度，每工作班至少检查两次。混凝土的坍落度试验应符合现行《普通混凝土拌合物性能试验方法》GBJ 80的有关规定。

混凝土实测的坍落度与要求坍落度之间的偏差应符合表2-6的规定。

混凝土坍落度允许偏差　　表2-6

要求坍落度(mm)	允许偏差(mm)	要求坍落度(mm)	允许偏差(mm)
≤40	±10	≥100	±20
50～90	±15		

2.2.4 防水混凝土抗渗性能施工有何要求?

答：防水混凝土抗渗性能，应采用标准条件下养护混凝土抗渗试件的试验结果评定。试件应在浇筑地点制作。

连续浇筑混凝土每 500m^3 应留置一组抗渗试件(一组为 6 个抗渗试件)，且每项工程不得少于两组。采用预拌混凝土的抗渗试件，留置组数应视结构的规模和要求而定。

抗渗性能试验符合现行《普通混凝土长期性能和耐久性能试验方法》GBJ 82 的有关规定。

2.2.5 防水混凝土质量检验的主控项目有哪些?

答：(1) 防水混凝土的原材料、配合比及坍落度必须符合设计要求。

检验方法：检查出厂合格证、质量检验报告、计量措施和现场抽样试验报告。

(2) 防水混凝土的抗压强度和渗压力必须符合设计要求。

检验方法：检查混凝土抗压、抗渗试验报告。

(3) 防水混凝土的变形缝、施工缝、后浇带、穿墙管道、埋设件等设置和构造，均须符合设计要求，严禁有渗漏。

检验方法：观察检查和检查隐蔽工程验收记录。

2.2.6 防水混凝土质量检验的一般项目有哪些?

答：(1) 防水混凝土结构表面应坚实、平整，不得有露筋、蜂窝等缺陷；埋设件位置应正确。

检验方法：观察和尺量检查。

(2) 防水混凝土结构表面的裂缝宽度不应大于 0.2mm，并不得贯通。

检验方法：用刻度放大镜检查。

(3) 防水混凝土结构厚度不应小于 250mm，其允许偏差为 +15mm、-10mm；迎水面钢筋保护层厚度不应小于 50mm，其允许偏差为±10mm。

检验方法：尺量检查和检查隐蔽工程验收记录。

2.2.7 水泥砂浆防水层的施工有何要求？

答：水泥砂浆防水层施工应符合下列要求：

(1) 分层铺抹或喷涂，铺抹时应压实、抹平和表面压光；

(2) 防水层各层应坚实贴合，每层宜连续施工，必须留施工缝时应采用阶梯坡形槎，但离开阴阳角处不得小于200mm；

(3) 防水层的阴阳角处应做成圆弧形；

(4) 水泥砂浆终凝后应及时进行养护，养护温度不宜低于5℃并保持湿润，养护时间不得少于14d。

2.2.8 水泥砂浆防水层质量检验的主控项目有哪些？

答：(1) 水泥砂浆防水层的原材料及配合比必须符合设计要求。

检验方法：检查出厂合格证、质量检验报告、计量措施和现场抽样试验报告。

(2) 水泥砂浆防水层各层之间必须结合牢固，无空鼓现象。

检验方法：观察和用小锤轻击检查。

2.2.9 水泥砂浆防水层质量检验的一般项目有哪些？

答：(1) 水泥砂浆防水层表面应密实、平整，不得有裂纹、起砂、麻面等缺陷；阴阳角处应做成圆弧形。

检验方法：观察检查。

(2) 水泥砂浆防水层施工缝留槎位置应正确，接槎应按层次顺序操作，层层搭接紧密。

检验方法：观察检查和检查隐蔽工程验收记录。

(3) 水泥砂浆防水层的平均厚度应符合设计要求，最小厚度不得小于设计值的85%。

检验方法：观察和尺量检查。

2.2.10 防水卷材厚度及搭接宽度有何规定？

答：防水卷材厚度选用应符合表2-7的规定。

防水卷材厚度 **表 2-7**

防水等级	设防道数	合成高分子防水卷材	
1级	三道或三道以上设防	单层：不应小于1.5mm；双层：每层不应小于1.2mm	单层：不应小于4mm；双层：每层不应小于3mm
2级	二道设防		
3级	一道设防	不应小于1.5mm	不应小于4mm
	复合设防	不应小于1.2mm	不应小于3mm

两幅卷材短边和长边的搭接宽度均不应小于100mm。采用多层卷材时，上下两层和相邻两幅卷材的接缝应错开1/3幅宽，且两层卷材不得相互垂直铺贴。

2.2.11 冷粘法铺贴卷材有何规定？

答：冷粘法铺贴卷材应符合下列规定：

(1) 胶粘剂涂刷应均匀，不露底，不堆积；

(2) 铺贴卷材时应控制胶粘剂涂刷与卷材铺贴的间隔时间，排除卷材下面的空气，并辊压粘结牢固，不得有空鼓；

(3) 铺贴卷材应平整、顺直，搭接尺寸正确，不得有扭曲、皱折；

(4) 接缝口应用密封材料封严，其宽度不应小于10mm。

2.2.12 热熔铺贴卷材有何规定？

答：热熔法铺贴卷材应符合下列规定：

(1) 火焰加热器加热卷材应均匀，不得过分加热或烧穿卷材；厚度小于3mm的高聚物改性沥青防水卷材，严禁采用热熔法施工；

(2) 卷材表面热熔后应立即滚铺卷材，排除卷材下面的空气，并辊压粘结牢固，不得有空鼓、皱折；

(3) 滚铺卷材时接缝部位必须溢出沥青热熔胶，并应随即刮封接口使接缝粘结严密；

(4) 铺贴后的卷材应平整、顺直，搭接尺寸正确，不得有扭曲。

2.2.13 卷材防水层的保护层有何规定?

答：卷材防水层完工并经验收合格后应及时做保护层。保护层应符合下列规定：

(1) 顶板的细石混凝土保护层与防水层之间宜设置隔离层；

(2) 底板的细石混凝土保护层厚度应大于50mm；

(3) 侧墙宜采用聚苯乙烯泡沫塑料保护层，或砌砖保护墙(边砌边填实)和铺抹30mm厚水泥砂浆。

2.2.14 卷材防水层质量检验的主控项目有哪些?

答：(1) 卷材防水层所用卷材及主要配套材料必须符合设计要求。

检验方法：检查出厂合格证、质量检验报告和现场抽样试验报告。

(2) 卷材防水层及其转角处、变形缝、穿墙管道等细部做法均须符合设计要求。

检验方法：观察检查和检查隐蔽工程验收记录。

2.2.15 卷材防水层质量检验的一般项目有哪些?

答：(1) 卷材防水层的基层应牢固，基面应洁净、平整，不得有空鼓、松动、起砂和脱皮现象；基层阴阳角处应做成圆弧形。

检验方法：观察检查和检查隐蔽工程验收记录。

(2) 卷材防水层的搭接缝应粘(焊)结牢固，密封严密，不得有皱折、翘边和鼓泡等缺陷。

检验方法：观察检查。

(3) 侧墙卷材防水层的保护层与防水层应粘结牢固，结合紧密、厚度均匀一致。

检验方法：观察检查。

(4) 卷材搭接宽度的允许偏差为－10mm。

检验方法：观察和尺量检查。

2.2.16 防水涂料厚度的选用有何规定？

答：防水涂料厚度选用应符合表2-8的规定。

防水涂料厚度(mm)　　表2-8

防水等级	设防道数	有机涂料			无机涂料	
		反应型	水乳型	聚合物水泥	水泥基	水泥基渗透结晶型
1	三道或三道以上设防	1.2～2.0	1.2～1.5	1.5～2.0	1.5～2.0	≥0.8
2	二道设防	1.2～2.0	1.2～1.5	1.5～2.0	1.5～2.0	≥0.8
3	一道设防	—	—	≥2.0	≥2.0	—
	复合设防	—	—	≥1.5	≥1.5	—

2.2.17 涂料防水层的施工有何规定？

答：涂料防水层的施工应符合下列规定：

(1) 涂料涂刷前应先在基面上涂一层与涂料相容的基层处理剂；

(2) 涂膜应多遍完成，涂刷应待前遍涂层干燥成膜后进行；

(3) 每遍涂刷时应交替改变涂层的涂刷方向，同层涂膜的先后搭茬宽度宜为30～50mm；

(4) 涂料防水层的施工缝(甩茬)应注意保护，搭接缝宽度应大于100mm，接涂前应将其甩茬表面处理干净；

(5) 涂刷程序应先做转角处、穿墙管道、变形缝等部位的涂料加强层，后进行大面积涂刷；

(6) 涂料防水层中铺贴的胎体增强材料，同层相邻的搭接宽度应大于100mm，上下层接缝应错开1/3幅宽。

2.2.18 涂料防水层质量检验的主控项目有哪些?

答：(1) 涂料防水层所用材料及配合比必须符合设计要求。

检验方法：检查出厂合格证、质量检验报告、计量措施和现场抽样试验报告。

(2) 涂料防水层及其转角处、变形缝、穿墙管道等细部做法均须符合设计要求。

检验方法：观察检查和检查隐蔽工程验收记录。

2.2.19 涂料防水层质量检验的一般项目有哪些?

答：(1) 涂料防水层的基层应牢固，基面应洁净、平整，不得有空鼓、松动、起砂和脱皮现象；基层阴阳角处应做成圆弧形。

检验方法：观察检查和检查隐蔽工程验收记录。

(2) 涂料防水层应与基层粘结牢固，表面平整、涂刷均匀，不得有流淌、皱折、鼓泡、露胎体和翘边等缺陷。

检验方法：观察检查

(3) 涂料防水层的平均厚度应符合设计要求，最小厚度不得小于设计厚度的 80%。

检验方法：针测法或割取 20mm×20mm 实样用卡尺测量。

(4) 侧墙涂料防水层的保护层与防水层粘结牢固，结合紧密，厚度均匀一致。

检验方法：观察检查

2.2.20 塑料板防水层铺设有何规定?

答：塑料板防水层的铺设应符合下列规定：

(1) 塑料板的缓冲衬垫应用暗钉圈固定在基层上，塑料板边铺边将其与暗钉圈焊接牢固；

(2) 两幅塑料板的搭接宽度应为 100mm，下部塑料板应压住上部塑料板；

（3）搭接缝宜采用双条焊缝焊接，单条焊缝的有效焊接宽度不应小于10mm；

（4）复合式衬砌的塑料板铺设与内衬混凝土的施工距离不应小于5m。

2.2.21 塑料板防水层质量检验的主控项目有哪些？

答：（1）防水层所用塑料板及配套材料必须符合设计要求。

检验方法：检查出厂合格证、质量检验报告和现场抽样试验报告。

（2）塑料板的搭接缝必须采用热风焊接，不得有渗漏。

检验方法：双焊缝间空腔内充气检查。

2.2.22 塑料板防水层质量检验的一般项目有哪些？

答：（1）塑料板防水层的基面应坚实、平整、圆顺，无漏水现象；阴阳角处应做成圆弧形。

检验方法：观察和尺量检查。

（2）塑料板的铺设应平顺并与基层固定牢固，不得有下垂、绷紧和破损现象。

检验方法：观察检查。

（3）塑料板搭接宽度的允许偏差为－10mm。

检验方法：尺量检查。

2.2.23 混凝土结构的变形缝、施工缝、后浇带防水有何规定？

答：（1）防水混凝土结构的变形缝、施工缝、后浇带等细部构造，应采用止水带、遇水膨胀橡胶腻子止水条等高分子防水材料和接缝密封材料。

（2）变形缝的防水施工符合下列规定：

1）止水带宽度和材质的物理性能均应符合设计要求，且无裂缝和气泡；接头应采用热接，不得叠接，接缝平整、牢固，不得有裂口和脱胶现象；

2）中埋式止水带中心线应和变形缝中心线重合，止水带不得穿孔或用铁钉固定；

3）变形缝设置中埋式止水带时，混凝土浇筑前应校正止水带位置，表面清理干净，止水带损坏处应修补；顶、底板止水带的下侧混凝土应振捣密实，边墙止水带内外侧混凝土应均匀，保持止水带位置正确、平直，无卷曲现象；

4）变形缝处增设的卷材或涂料防水层，应按设计要求施工。

（3）施工缝的防水施工应符合下列规定：

1）水平施工缝浇筑混凝土前，应将其表面浮浆和杂物清除，铺水泥砂浆或涂刷混凝土界面处理剂并及时浇筑混凝土；

2）垂直施工缝浇筑混凝土前，应将其表面清理干净，涂刷混凝土界面处理剂并及时浇筑混凝土；

3）施工缝采用遇水膨胀橡胶腻子止水条时，应将止水条牢固地安装在缝表面预留槽内；

4）后施工缝采用中埋止水带时，应确保止水带位置准确、固定牢靠。

（4）后浇带的防水施工应符合下列规定：

1）后浇带应在其两侧混凝土龄期达到42d后再施工；

2）后浇带的接缝处理应符合第（3）条的规定；

3）后浇带应采用补偿收缩混凝土，其强度等级不得低于两侧混凝土；

4）后浇带混凝土养护时间不得少于28d。

2.2.24　穿墙管道的防水施工有何规定？

答：穿墙管道的防水施工应符合下列规定：

（1）穿墙管止水环与主管或翼环与套管应连续满焊，并做好防腐处理；

（2）穿墙管处防水层施工前，应将套管内表面清理干净；

（3）套管内的管道安装完毕后，应在两管间嵌入内衬填料，端部用密封材料填缝。柔性穿墙时，穿墙内侧应用法兰压紧；

(4) 穿墙管外侧防水层应铺设严密，不留接茬；增铺附加层时，应按设计要求施工。

2.2.25 埋设件的防水施工有何规定?

答：埋设件的防水施工应符合下列规定：

(1) 埋设件端部或预留孔(槽)底部的混凝土厚度不得小于250mm；当厚度小于250mm时，必须局部加厚或采取其他防水措施；

(2) 预留地坑、孔洞、沟槽内的防水层，应与孔(槽)外的结构防水层保持连续；

(3) 固定模板用的螺栓必须穿过混凝土结构时，螺栓或套管应满焊止水环或翼环；采用工具式螺栓或螺栓加堵头做法，拆模后应采取加强防水措施将留下的凹槽封堵密实。

2.2.26 密封材料的防水施工有何规定?

答：密封材料的防水施工应符合下列规定：

(1) 检查粘结基层的干燥程度以及接缝的尺寸，接缝内部的杂物应清除干净；

(2) 热灌法施工应自下向上进行并尽量减少接头，接头应采用斜槎；密封材料熬制及浇灌温度应按有关材料要求严格控制；

(3) 冷嵌法施工应分次将密封材料嵌填在缝内，压嵌密实并与缝壁粘结牢固，防止裹入空气。接头应采用斜槎；

(4) 接缝处的密封材料底部应嵌填背衬材料，外露密封材料上应设置保护层，其宽度不得小于100mm。

2.2.27 细部构造防水工程质量检验的主控项目有哪些?

答：(1) 防水混凝土结构细部构造的施工质量检验应按全数检查。

(2) 细部构造所用止水带、遇水膨胀橡胶腻子止水条和接缝密封材料必须符合设计要求。

检验方法：检查出厂合格证、质量检验报告和进场抽样试验报告。

（3）变形缝、施工缝、后浇带、穿墙管道、埋设件等细部构造作法，均须符合设计要求，严禁有渗漏。

检验方法：观察检查和检查隐蔽工程验收记录。

2.2.28 细部构造防水工程质量检验的一般项目有哪些？

答：（1）中埋式止水带中心线应与变形缝中心线重合，止水带应固定牢靠、平直，不得有扭曲现象。

检验方法：观察检查和检查隐蔽工程验收记录。

（2）穿墙管止水环与主管或翼环与套管应连续满焊，并做防腐处理。

检验方法：观察检查和检查隐蔽工程验收记录。

（3）接缝处混凝土表面应密实、洁净、干燥；密封材料应嵌填严密、粘结牢固，不得有开裂、鼓泡和下塌现象。

检验方法：观察检查。

2.3 子分部工程验收

2.3.1 地下防水工程验收技术资料的要求有何规定？

答：地下防水工程验收文件和记录应按表 2-9 的要求进行。

地下防水工程验收的文件和记录 **表 2-9**

序号	项目	文件和记录
1	防水设计	设计图及会审记录、设计变更通知单和材料代用核定单
2	施工方案	施工方法、技术措施、质量保证措施
3	技术交底	施工操作要求及注意事项
4	材料质量证明文件	出厂合格证、产品质量检验报告、试验报告

续表

序号	项　目	文件和记录
5	中间检查记录	分项工程质量验收记录，隐蔽工程检查验收记录、施工检验记录
6	施工日志	逐日施工情况
7	混凝土、砂浆	试配及施工配合比，混凝土抗压、抗渗试验报告
8	施工单位资质证明	资质复印证件
9	工程检验记录	抽样质量检验及观察检查
10	其他技术资料	事故处理报告、技术总结

2.3.2 地下建筑防水工程的质量有何要求?

答：地下建筑防水工程的质量要求为：

(1) 防水混凝土的抗压强度和抗渗压力必须符合设计要求；

(2) 防水混凝土应密实，表面应平整，不得有露筋、蜂窝等缺陷；裂缝宽度应符合设计要求；

(3) 水泥砂浆防水层应密实、平整、粘结牢固，不得有空鼓、裂纹、起砂、麻面等缺陷；防水层厚度应符合设计要求；

(4) 卷材接缝应粘结牢固、封闭严密，防水层不得有损伤、空鼓、皱折等缺陷；

(5) 涂层应粘结牢固，不得有脱皮、流淌、鼓泡、露胎、皱折等缺陷；涂层厚度应符合设计要求；

(6) 塑料板防水层应铺设牢固、平整，搭接焊缝严密，不得有焊穿、下垂、绷紧现象；

(7) 金属板防水层焊缝不得有裂纹、未熔合、夹渣、焊瘤、咬边、烧穿、弧坑、针状气孔等缺陷；保护涂层应符合设计要求；

(8) 变形缝、施工缝、后浇带、穿墙管道等防水构造应符合设计要求。

2.3.3 特殊施工法防水工程的质量有何要求？

答：特殊施工法防水工程的质量要求：

(1) 内衬混凝土表面应平整，不得有孔洞、露筋、蜂窝等缺陷；

(2) 盾构法隧道衬砌自防水、衬砌外防水涂层、衬砌接缝防水和内衬结构防水应符合设计要求；

(3) 锚喷支护、地下连续墙、复合式衬砌等防水构造应符合设计要求。

2.3.4 排水工程的质量有何要求？

答：排水工程的质量要求：

(1) 排水系统不淤积、不堵塞，确保排水畅通；

(2) 反滤层的砂、石粒径、含泥量和层次排列应符合设计要求；

(3) 排水沟断面和坡度应符合设计要求。

2.3.5 注浆工程的质量有何要求？

答：注浆工程的质量要求：

(1) 注浆孔的间距、深度及数量应符合设计要求；

(2) 注浆效果应符合设计要求；

(3) 地表沉降控制应符合设计要求。

3 砌体工程

3.1 基本规定

3.1.1 砌体放线尺寸有何规定?

答：砌筑基础前，应校核放线尺寸，允许偏差应符合表 3-1 的规定。

放线尺寸的允许偏差　　表 3-1

长度 L、宽度 B(m)	允许偏差(mm)	长度 L、宽度 B(m)	允许偏差(mm)
L(或 B)≤20	±5	60<L(或 B)≤90	±15
30<L(或 B)≤60	±10	L(或 B)>90	±20

3.1.2 砌筑顺序有何规定?

答：砌筑顺序应符合下列规定：

(1) 基底标高不同时，应从低处砌起，并应由高处向低处搭砌。当设计无要求时，搭接长度不应小于基础扩大部分的高度。

(2) 砌体的转角处和交接处应同时砌筑。当不能同时砌筑时，应按规定留槎、接槎。

3.1.3 施工洞口的留置有何规定?

答：(1) 在墙上留置临时施工洞口，其侧边离交接处墙面不应小于 500mm，洞口净宽度不应超过 1m。

(2) 抗震设防烈度为 9 度的地区建筑物的临时施工洞口位置，应会同设计单位确定。

(3) 临时施工洞口应做好补砌。

3.1.4 脚手架眼设置有何规定?

答：不得在下列墙体或部位设置脚手眼：

(1) 120mm 厚墙、料石清水墙和独立柱；

(2) 过梁上与过梁成 60°角的三角形范围及过梁净跨度 1/2 的高度范围内；

(3) 宽度小于 1m 的窗间墙；

(4) 砌体门窗洞口两侧 200mm(石砌体为 300mm)和转角处 450mm(石砌体为 600mm)范围内；

(5) 梁或梁垫下及其左右 500mm 范围内；

(6) 设计不允许设置脚手眼的部位。

3.1.5 墙体上留置洞口沟槽有何规定?

答：设计要求的洞口、管道、沟槽应于砌筑时正确留出或预埋，未经设计同意，不得打凿墙体和在墙体上开凿水平沟槽。宽度超过 300mm 的洞口上部，应设置过梁。

3.1.6 施工中的墙和柱有何规定?

答：尚未施工楼板或屋面的墙或柱，当可能遇到大风时，其允许自由高度不得超过表 3-2 的规定。如超过表 3-2 中限值时，必须采用临时支撑等有效措施。

3.1.7 预制梁、板安装座浆有何规定?

答：搁置预制梁、板的砌体顶面应找平，安装时应座浆。当设计无具体要求时，应采用 1：2.5 的水泥砂浆。

3.1.8 砌体施工质量等级怎样划分?

答：砌体施工质量控制等级应分为三级，并应符合表 3-3 的规定。

墙和柱的允许自由高度(m)　　表 3-2

墙(柱)厚(mm)	砌体密度＞1600(kg/m³)			砌体密度 1300～1600(kg/m³)		
	风载(kN/m²)			风载(kN/m²)		
	0.3(约 7 级风)	0.4(约 8 级风)	0.5(约 9 级风)	0.3(约 8 级风)	0.4(约 8 级风)	0.5(约 9 级风)
190	—	—	—	1.4	1.1	0.7
240	2.8	2.1	1.4	2.2	1.7	1.1
370	5.2	3.9	2.6	4.2	3.2	2.1
490	8.6	6.5	4.3	7.0	5.2	3.5
620	14.0	10.5	7.0	11.4	8.6	5.7

注：1. 本表适用于施工处相对标高(H)在 10m 范围内的情况。如 10m＜H≤15m，15m＜H≤20m 时，表中的允许自由高度应分别乘以 0.9、0.8 的系数；如 H＞20m 时，应通过抗倾覆验算确定其允许自由高度。

2. 当所砌筑的墙有横墙或其他结构与其连接，而且间距小于表列限值的 2 倍时，砌筑高度可不受本表的限制。

砌体施工质量控制等级　　表 3-3

项目	施工质量控制等级		
	A	B	C
现场质量管理	制度健全，并严格执行；非施工方质量监督人员经常到现场，或现场设有常驻代表；施工方有在岗专业技术管理人员，人员齐全，并持证上岗	制度基本健全，并能执行；非施工方质量监督人员间断地到现场进行质量控制；施工方有在岗专业技术管理人员，并持证上岗	有制度；非施工方质量监督人员很少作现场质量控制；施工方有在岗专业技术管理人员
砂浆、混凝土强度	试块按规定制作，强度满足验收规定，离散性小	试块按规定制作，强度满足验收规定，离散性较小	试块强度满足验收规定，离散性大
砂浆拌合方式	机械拌合；配合比计量控制严格	机械拌合；配合比计量控制一般	机械或人工拌合；配合比计量控制较差
砌筑工人	中级工以上，其中高级工不少于 20％	高、中级工不少于 70％	初级工以上

3.1.9 砌体灰缝内钢筋设置有何规定?

答：设置在潮湿环境或有化学侵蚀性介质的环境中的砌体灰缝内的钢筋应采取防腐措施。

3.1.10 砌体工程的验收有何规定?

答：(1) 分项工程的验收应在检验批验收合格的基础上进行。检验批的确定可根据施工段划分。

(2) 砌体工程检验批验收时，其主控项目应全部符合规范的规定；一般项目应有80%及以上的抽检处符合规范的规定，或偏差值在允许偏差范围以内。

3.2 砌筑砂浆

3.2.1 水泥进现场使用前有何规定?

答：水泥进场使用前，应分批对其强度、安定性进行复验。检验批应以同一生产厂家、同一编号为一批。当在使用中对水泥质量有怀疑或水泥出厂超过三个月(快硬硅酸盐水泥超过一个月)时，应复查试验，并按其结果使用。不同品种的水泥，不得混合使用。

3.2.2 砂浆用砂有何规定?

答：砂浆用砂不得含有有害杂物。砂浆用砂的含泥量应满足下列要求：

(1) 对水泥砂浆和强度等级不小于M5的水泥混合砂浆，不应超过5%；

(2) 对强度等级小于M5的水泥混合砂浆，不应超过10%；

(3) 人工砂、山砂及特细砂，应经试配能满足砌筑砂浆技术条件要求。

3.2.3 配制石灰砂浆有何规定?

答：配制水泥石灰砂浆时，不得采用脱水硬化的石灰膏。消石灰粉不得直接使用于砌筑砂浆中。

3.2.4 拌制砂浆的用水有何规定？

答：拌制砂浆用水，水质应符合国家现行标准《混凝土用水标准》JGJ 63—2006 的规定。

3.2.5 砂浆的配合比有何规定？

答：（1）砌筑砂浆应通过试配确定配合比。当砌筑砂浆的组成材料有变更时，其配合比应重新确定。

（2）施工中采用水泥砂浆代替水泥混合砂浆时，应重新确定砂浆强度等级。

（3）砂浆现场拌制时，各组分材料应采用重量计量。

3.2.6 砂浆掺外加剂有何规定？

答：凡在砂浆中掺入有机塑化剂、早强剂、缓凝剂、防冻剂等，应经检验和试配符合要求后，方可使用。有机塑化剂应有砌体强度的型式检验报告。

3.2.7 砂浆搅拌和使用时间有何规定？

答：（1）砌筑砂浆应采用机械搅拌，自投料完算起，搅拌时间应符合下列规定：

1）水泥砂浆和水泥混合砂浆不得少于 2min；

2）水泥粉煤灰砂浆和掺用外加剂的砂浆不得少于 3min；

3）掺用有机塑化剂的砂浆，应为 3～5min。

（2）砂浆应随拌随用，水泥砂浆和水泥混合砂浆应分别在 3h 和 4h 内使用完毕；当施工期间最高气温超过 30℃时，应分别在拌成后 2h 和 3h 内使用完毕。

注：对掺用缓凝剂的砂浆，其使用时间可根据具体情况延长。

3.2.8 砌筑砂浆试块强度试验有何规定？

答：（1）砌筑砂浆试块强度验收时其强度合格标准必须符合以

下规定：

同一验收批砂浆试块抗压强度平均值必须大于或等于设计强度等级所对应的立方体抗压强度；同一验收批砂浆试块抗压强度的最小一组平均值必须大于或等于设计强度等级所对应的立方体抗压强度的0.75。

注：1. 砌筑砂浆的验收批，同一类型、强度等级的砂浆试块应不少于3组。当同一验收批只有一组试块时，该组试块抗压强度的平均值必须大于或等于设计强度等级所对应的立方体抗压强度。

2. 砂浆强度应以标准养护，龄期为28d的试块抗压试验结果为准。

抽检数量：每一检验批且不超过250m³砌体的各种类型及强度等级的砌筑砂浆，每台搅拌机应至少抽检一次。

检验方法：在砂浆搅拌机出料口随机取样制作砂浆试块(同盘砂浆只应制作一组试块)，最后检查试块强度试验报告单。

(2) 当施工中或验收时出现下列情况，可采用现场检验方法对砂浆和砌体强度进行原位检测或取样检测，并判定其强度：

1) 砂浆试块缺乏代表性或试块数量不足；

2) 对砂浆试块的试验结果有怀疑或有争议；

3) 砂浆试块的试验结果，不能满足设计要求。

3.3 砖砌体工程

3.3.1 砖砌体工程有何一般规定？

答：(1) 本条适用于烧结普通砖、烧结多孔砖、蒸压灰砂砖、粉煤灰砖等砌体工程。

(2) 用于清水墙、柱表面的砖应边角整齐，色泽均匀。

(3) 有冻胀环境和条件的地区，地面以下或防潮层以下的砌体，不宜采用多孔砖。

(4) 砌筑砖砌体时，砖应提前1～2d浇水湿润。

(5) 砌砖工程当采用铺浆法砌筑时，铺浆长度不得超过750mm；施工期间气温超过30℃时，铺浆长度不得超过500mm。

(6) 240mm厚承重墙的每层墙的最上一皮砖，砖砌体的阶台水平面上及挑出层，应整砖丁砌。

(7) 砖砌平拱过梁的灰缝应砌成楔形缝。灰缝的宽度，在过梁的底面不应小于5mm；在过梁的顶面不应大于15mm。

拱脚下面应伸入墙内不小于20mm，拱底应有1%的起拱。

(8) 砖过梁底部的模板，应在灰缝砂浆强度不低于设计强度的50%时，方可拆除。

(9) 多孔砖的孔洞应垂直于受压面砌筑。

(10) 施工时施砌的蒸压(养)砖的产品龄期不应小28d。

(11) 竖向灰缝不得出现透明缝、瞎缝和假缝。

(12) 砖砌体施工临时间断处补砌时，必须将接槎处表面清理干净，浇水湿润，并填实砂浆，保持灰缝平直。

3.3.2 砖和砂浆的强度等级有何规定?

答：砖和砂浆的强度等级必须符合设计要求。

抽检数量：每一生产厂家的砖到现场后，按烧结砖15万块、多孔砖5万块、灰砂砖及粉煤灰砖10万块各为一验收批，抽检数量为1组。砂浆试块的抽检数量执行第3.2.8条的有关规定。

检验方法：查砖和砂浆试块试验报告。

3.3.3 砌体灰缝有何规定?

答：(1) 砌体水平灰缝的砂浆饱满度不得小于80%。

抽检数量：每检验批抽查不应少于5处。

检验方法：用百格网检验砖底面与砂浆的粘结痕迹面积。每处检测3块砖，取其平均值。

(2) 砖砌体组砌方法应正确，上、下错缝，内外搭砌，砖柱不得采用包心砌法。

抽检数量：外墙每20m抽查一处，每处3～5m，且不应少于3处；内墙按有代表性的自然间抽10%，且不应少于3间。

检验方法：观察检查

合格标准：除符合本条要求外，清水墙、窗间墙无通缝；混水墙中长度小于或等于300mm的通缝每间不超过3处，且不得位于同一面墙体上。

（3）砖砌体的灰缝应横平竖直，厚薄均匀。水平灰缝厚度宜为10mm，但不应小于8mm，也不应大于12mm。

抽检数量：每步脚手架施工的砌体，每20m抽查1处。

检验方法：用尺量10皮砖砌体高度折算。

3.3.4 砌筑转角处有何规定？

答：砌体的转角处和交接处应同时砌筑，严禁无可靠措施的内外墙分砌施工。对不能同时砌筑而又必须留置的临时间断处应砌成斜槎，斜槎水平投影长度不应小于高度的2/3。

抽检数量：每检验批抽20％接槎，且不应少于5处。

检验方法：观察检查。

3.3.5 砖砌体抗震设防有何规定？

答：非抗震设防及抗震设防烈度为6度、7度地区的临时间断处，当不能留斜槎时，除转角处外，可留直槎，但直槎必须做成凸槎。留直槎处应加设拉结钢筋，拉结钢筋的数量为每120mm墙厚放置1ϕ6拉结钢筋（120mm厚墙必须放置2ϕ6拉结钢筋），间距沿墙高不应超过500mm；埋入长度从留槎处算起每边均不应小500mm，对抗震设防烈度6度、7度的地区，不应小于1000mm；末端应有90弯钩（图3-1）。

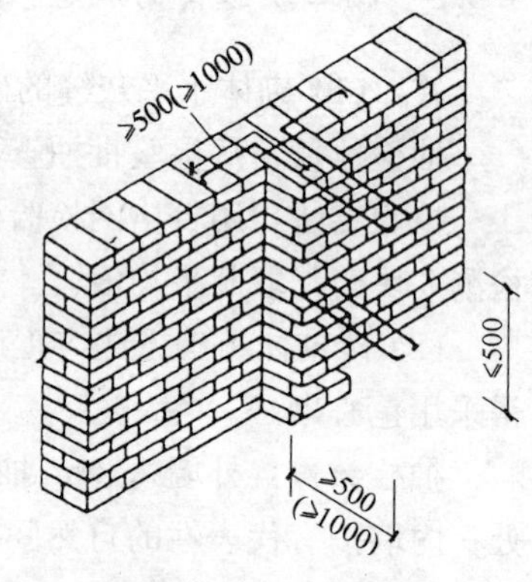

图3-1 拉结钢筋

抽检数量：每检验批抽20％接槎，且不应少于5处。

检验方法：观察和尺量检查。

合格标准：留槎正确，拉结钢筋设置数量、直径正确，竖向间距偏差不超过100mm，留置长度基本符合规定。

3.3.6 砌体的允许偏差有何规定?

答：(1) 砖砌体的位置及垂直度允许偏差应符合表 3-4 的规定。

砖砌体的位置及垂直度允许偏差 **表 3-4**

<table>
<tr><th>项次</th><th colspan="3">项目</th><th>允许偏差(mm)</th><th>检验方法</th></tr>
<tr><td>1</td><td colspan="3">轴线位置偏移</td><td>10</td><td>用经纬仪和尺检查或用其他测量仪器检查</td></tr>
<tr><td rowspan="3">2</td><td rowspan="3">垂直度</td><td colspan="2">每层</td><td>5</td><td>用 2m 托线板检查</td></tr>
<tr><td rowspan="2">全高</td><td>≤10m</td><td>10</td><td rowspan="2">用经纬仪、吊线和尺检查，或用其他测量仪器检查</td></tr>
<tr><td>>10m</td><td>20</td></tr>
</table>

抽检数量：轴线查全部承重墙柱；外墙垂直度全高查阳角，不应少于 4 处，每层每 20m 查一处；内墙按有代表性的自然间抽 10%，但不应少于 3 间，每间不应少于 2 处，柱不少于 5 根。

(2) 砖砌体的一般尺寸允许偏差应符合表 3-5 的规定。

砖砌体一般尺寸允许偏差 **表 3-5**

<table>
<tr><th>项次</th><th colspan="2">项目</th><th>允许偏差(mm)</th><th>检验方法</th><th>抽检数量</th></tr>
<tr><td>1</td><td colspan="2">基础顶面和楼面标高</td><td>±15</td><td>用水准仪和尺检查</td><td>不应少于 5 处</td></tr>
<tr><td rowspan="2">2</td><td rowspan="2">表面平整度</td><td>清水墙、柱</td><td>5</td><td rowspan="2">用 2m 靠尺和楔形塞尺检查</td><td rowspan="2">有代表性自然间 10%，但不应少于 3 间，每间不应少于 2 处</td></tr>
<tr><td>混水墙、柱</td><td>8</td></tr>
<tr><td>3</td><td colspan="2">门窗洞口高、宽（后塞口）</td><td>±5</td><td>用尺检查</td><td>检验批洞口的 10%，且不应少于 5 处</td></tr>
<tr><td>4</td><td colspan="2">外墙上下窗口偏移</td><td>20</td><td>以底层窗口为准，用经纬仪或吊线检查</td><td>检验批的 10%，且不应少于 5 处</td></tr>
<tr><td rowspan="2">5</td><td rowspan="2">水平灰缝平直度</td><td>清水墙</td><td>7</td><td rowspan="2">拉 10m 线和尺检查</td><td rowspan="2">有代表性自然间 10%，但不应少于 3 间，每间不应少于 2 处</td></tr>
<tr><td>混水墙</td><td>10</td></tr>
<tr><td>6</td><td colspan="2">清水墙游丁走缝</td><td>20</td><td>吊线和尺检查，以每层第一皮砖为准</td><td>有代表性自然间 10%，但不应少于 3 间，每间不应少于 2 处</td></tr>
</table>

3.4 混凝土小型空心砌块砌体工程

3.4.1 混凝土小型空心砌块砌体工程的施工有何一般规定?

答:(1) 施工时所用的小砌块的产品龄期不应小于28d。

(2) 砌筑小砌块时,应清除表面污物和芯柱用小砌块孔洞底部的毛边,剔除外观质量不合格的小砌块。

(3) 施工时所用的砂浆,宜选用专用的小砌块砌筑砂浆。

(4) 底层室内地面以下或防潮层以下的砌体,应采用强度等级不低于C20的混凝土灌实小砌块的孔洞。

(5) 小砌块砌筑时,在天气干燥炎热的情况下,可提前洒水湿润小砌块;对轻骨料混凝土小砌块,可提前浇水湿润。小砌块表面有浮水时,不得施工。

(6) 承重墙体严禁使用断裂小砌块。

(7) 小砌块墙体应对孔错缝搭砌,搭接长度不应小于90mm。墙体的个别部位不能满足上述要求时,应在灰缝中设置拉结钢筋或钢筋网片,但竖向通缝仍不得超过两皮小砌块。

(8) 小砌块应底面朝上反砌于墙上。

(9) 浇灌芯柱的混凝土,宜选用专用的小砌块灌孔混凝土,当采用普通混凝土时,其坍落度不应小于90mm。

(10) 浇灌芯柱混凝土,应遵守下列规定:

1) 清除孔洞内的砂浆等杂物,并用水冲洗;

2) 砌筑砂浆强度大于1MPa时,方可浇灌芯柱混凝土;

3) 在浇灌芯柱混凝土前应先注入适量与芯柱混凝土相同的去石水泥砂浆,再浇灌混凝土。

(11) 需要移动砌体中的小砌块或小砌块被撞动时,应重新铺砌。

(12) 墙体的水平灰缝厚度和竖向灰缝宽度宜为10mm,但不应大于12mm,也不应小于8mm。

抽检数量：每层楼的检测点不应少于3处。

抽检方法：用尺量5皮小砌块的高度和2m砌体长度折算。

3.4.2 小砌块和砂浆的强度等级有何规定?

答：小砌块和砂浆的强度等级必须符合设计要求。

抽检数量：每一生产厂家，每1万块小砌块至少应抽检一组。用于多层以上建筑基础和底层的小砌块抽检数量不应少于2组。砂浆试块的抽检数量执行有关规定。

检验方法：查小砌块和砂浆试块试验报告。

3.4.3 小砌块灰缝有何规定?

答：砌体水平灰缝的砂浆饱满度，应按净面积计算不得低于90%；竖向灰缝饱满度不得小于80%，竖缝凹槽部位应用砌筑砂浆填实；不得出现瞎缝、透明缝。

抽检数量：每检验批不应少于3处。

检验方法：用专用百格网检测砌块与砂浆粘结痕迹，每处检测3块小砌块，取其平均值。

3.4.4 小砌块转角处砌筑有何规定?

答：墙体转角处和纵横墙交接处应同时砌筑。临时间断处应砌成斜槎，斜槎水平投影长度不应小于高度的2/3。

抽检数量：每检验批抽20%接槎，且不应少于5处。

检验方法：观察检查。

3.5 石砌体工程

3.5.1 砌体用石材有何要求?

答：(1) 石砌体采用的石材应质地坚实，无风化剥落和裂纹。用于清水墙、柱表面的石材，尚应色泽均匀。

（2）石材表面的泥垢、水锈等杂质，砌筑前应清除干净。

（3）石砌体的灰缝厚度：毛料石和粗料石砌体不宜大于20mm；细料石砌体不宜大于5mm。

3.5.2 毛石砌筑有何规定？

答：（1）砂浆初凝后，如移动已砌筑的石块，应将原砂浆清理干净，重新铺浆砌筑。

（2）砌筑毛石基础的第一皮石块应座浆，并将大面向下；砌筑料石基础的第一皮石块应用丁砌层座浆砌筑。

（3）毛石砌体的第一皮及转角处、交接处和洞口处，应用较大的平毛石砌筑。每个楼层（包括基础）砌体的最上一皮，宜选用较大的毛石砌筑。

3.5.3 砌筑毛石挡土墙有何规定？

答：（1）砌筑毛石挡土墙应符合下列规定：

1）每砌3～4皮为一个分层高度，每个分层高度应找平一次；

2）外露面的灰缝厚度不得大于40mm，两个分层高度间分层处的错缝不得小于80mm。

（2）料石挡土墙，当中间部分用毛石砌时，丁砌料石伸入毛石部分的长度不应小于200mm。

（3）挡土墙的泄水孔当设计无规定时，施工应符合下列规定：

1）泄水孔应均匀设置，在每米高度上间隔2m左右设置一个泄水孔；

2）泄水孔与土体间铺设长宽各为300mm、厚200mm的卵石或碎石作疏水层。

（4）挡土墙内侧回填土必须分层夯填，分层松土厚度应为300mm。墙顶土面应有适当坡度使流水流向挡土墙外侧面。

3.5.4 石砌体的偏差及组砌形式有何规定？

答：（1）石砌体的一般尺寸允许偏差应符合表3-6的规定。

抽检数量：外墙，按楼层(4m 高以内)每 20m 抽查 1 处，每处 3 延长米，但不应少于 3 处；内墙，按有代表性的自然间抽查 10%，但不应少于 3 间，每间不应少于 2 处，柱子不应少于 5 根。

石砌体的一般尺寸允许偏差　　表 3-6

<table>
<tr><th rowspan="3">项次</th><th rowspan="3" colspan="2">项　目</th><th colspan="7">允许偏差(mm)</th><th rowspan="3">检验方法</th></tr>
<tr><th colspan="2">毛石砌体</th><th colspan="5">料石砌体</th></tr>
<tr><th>基础</th><th>墙</th><th>基础</th><th>墙</th><th>基础</th><th>墙</th><th>墙、柱</th></tr>
<tr><td>1</td><td colspan="2">基础和墙砌体顶面标高</td><td>±25</td><td>±15</td><td>±25</td><td>±15</td><td>±15</td><td>±15</td><td>±10</td><td>用水准仪和尺检查</td></tr>
<tr><td>2</td><td colspan="2">砌体厚度</td><td>+30</td><td>+20
10</td><td>+30</td><td>+20
−10</td><td>+15</td><td>+10
−5</td><td>+10
−5</td><td>用尺检查</td></tr>
<tr><td rowspan="2">3</td><td rowspan="2">表面平整度</td><td>清水墙、柱</td><td>—</td><td>20</td><td>—</td><td>20</td><td>—</td><td>10</td><td>5</td><td rowspan="2">细料石用 2m 靠尺和楔形塞尺检查，其他用两直尺垂直于灰缝拉 2m 线和尺检查</td></tr>
<tr><td>混水墙、柱</td><td>—</td><td>20</td><td>—</td><td>20</td><td>—</td><td>15</td><td>—</td></tr>
<tr><td>4</td><td colspan="2">清水墙水平灰缝平直度</td><td>—</td><td>—</td><td>—</td><td>—</td><td>—</td><td>10</td><td>5</td><td>拉 10m 线和尺检查</td></tr>
</table>

(2) 石砌体的组砌形式应符合下列规定：

1) 内外搭砌，上下错缝，拉结石、丁砌石交错设置；

2) 毛石墙拉结石每 0.7m^2 墙面不应少于 1 块。

检查数量：外墙，按楼层(或 4m 高以内)每 20m 抽查 1 处，每处 3 延长米，但不应少于 3 处；内墙，按有代表性的自然间抽查 10%，但不应少于 3 间。

检验方法：观察检查。

3.5.5　石材和砂浆有何规定？

答：(1) 石材及砂浆强度等级必须符合设计要求。

抽检数量：同一产地的石材至少应抽检一组。砂浆试块的抽检数量执行第二节第 2.9 条的有关规定。

检验方法：料石检查产品质量证明书，石材、砂浆检查试块试验报告。

(2) 砂浆饱满度不应小于80%。

抽检数量：每步架抽查不应少于1处。

检验方法：观察检查。

3.5.6 石砌体允许偏差有何规定？

答：石砌体的轴线位置及垂直度允许偏差应符合表3-7的规定。

石砌体的轴线位置及垂直度允许偏差 **表3-7**

<table>
<tr><th rowspan="4">项次</th><th rowspan="4" colspan="2">项目</th><th colspan="7">允许偏差(mm)</th><th rowspan="4">检验方法</th></tr>
<tr><th colspan="2">毛石砌体</th><th colspan="5">料石砌体</th></tr>
<tr><th rowspan="2">基础</th><th rowspan="2">墙</th><th colspan="2">毛料石</th><th colspan="2">粗料石</th><th>细料石</th></tr>
<tr><th>基础</th><th>墙</th><th>基础</th><th>墙</th><th>墙、柱</th></tr>
<tr><td>1</td><td colspan="2">轴线位置</td><td>20</td><td>15</td><td>20</td><td>15</td><td>15</td><td>10</td><td>10</td><td>用经纬仪和尺检查，或用其他测量仪器检查</td></tr>
<tr><td rowspan="2">2</td><td rowspan="2">墙面垂直度</td><td>每层</td><td>—</td><td>20</td><td>—</td><td>20</td><td>—</td><td>10</td><td>7</td><td rowspan="2">用经纬仪、吊线和尺检查或用其他测量仪器检查</td></tr>
<tr><td>全高</td><td>—</td><td>30</td><td>—</td><td>20</td><td>—</td><td>25</td><td>20</td></tr>
</table>

抽查数量：外墙，按楼层(或4m高以内)每20m抽查1处，每处3延长米，但不应少于3处；内墙，按有代表性的自然间抽查10%，但不应少于3间，每间不应少于2处，柱子不应少于5根。

3.6 配筋砌体工程

3.6.1 配筋砌体工程有何一般规定？

答：(1) 配筋砌体工程除应满足本节要求外，尚应符合规范的规定。

(2) 构造柱浇灌混凝土前，必须将砌体留槎部位和模板浇水湿润，将模板内的落地灰、砖渣和其他杂物清理干净，并在结合面处注入适量与构造柱混凝土相同的去石水泥砂浆。振捣时，应避免触碰墙体，严禁通过墙体传振。

(3) 设置在砌体水平灰缝中钢筋的锚固长度不宜小于 $50d$，且其水平或垂直弯折段的长度不宜小于 $20d$ 和 150mm；钢筋的搭接长度不应小于 $55d$。

(4) 配筋砌块砌体剪力墙，应采用专用的小砌块砌筑砂浆和专用的小砌块灌孔混凝土。

(5) 钢筋的品种、规格和数量应符合设计要求。

检验方法：检查钢筋的合格证书、钢筋性能试验报告、隐蔽工程记录。

(6) 构造柱、芯柱、组合砌体构件、配筋砌体剪力墙构件的混凝土或砂浆的强度等级应符合设计要求。

抽检数量：各类构件每一检验批砌体至少应做一组试块。

检验方法：检查混凝土或砂浆试块试验报告。

(7) 构造柱与墙体的连接处应砌成马牙槎，马牙槎应先退后进，预留的拉结钢筋应位置正确，施工中不得任意弯折。

抽检数量：每检验批抽 20%构造柱，且不少于 3 处。

检验方法：观察检查。

合格标准：钢筋竖向移位不应超过 100mm，每一马牙槎沿高度方向尺寸不应超过 300mm。钢筋竖向位移和马牙槎尺寸偏差每一构造柱不应超过 2 处。

3.6.2 构造柱允许偏差有何规定?

答：(1) 构造柱位置及垂直度的允许偏差应符合表 3-8 的规定。

构造柱尺寸允许偏差 **表 3-8**

<table>
<tr><th>项次</th><th colspan="3">项　目</th><th>允许偏差(mm)</th><th>抽 检 方 法</th></tr>
<tr><td>1</td><td colspan="3">柱中心线位置</td><td>10</td><td>用经纬仪和尺检查或用其他测量仪器检查</td></tr>
<tr><td>2</td><td colspan="3">柱层间错位</td><td>8</td><td>用经纬仪和尺检查或用其他测量仪器检查</td></tr>
<tr><td rowspan="3">3</td><td rowspan="3">柱垂直度</td><td colspan="2">每层</td><td>10</td><td>用 2m 托线板检查</td></tr>
<tr><td rowspan="2">全高</td><td>≤10m</td><td>15</td><td rowspan="2">用经纬仪、吊线和尺检查，或用其他测量仪器检查</td></tr>
<tr><td>>10m</td><td>20</td></tr>
</table>

抽检数量：每检验批抽 10%，且不应少于 5 处。

(2) 对配筋混凝土小型空心砌块砌体，芯柱混凝土应在装配式楼盖处贯通，不得削弱芯柱截面尺寸。

抽检数量：每检验批抽 10%，且不应少于 5 处。

检验方法：观察检查。

3.6.3 砌体中的钢筋设置有何规定？

答：(1) 设置在砌体水平灰缝内的钢筋，应居中置于灰缝中。水平灰缝厚度应大于钢筋直径 4mm 以上。砌体外露面砂浆保护层的厚度不应小于 15mm。

抽检数量：每检验批抽检 3 个构件，每个构件检查 3 处。

检验方法：观察检查，辅以钢尺检测。

合格标准：防腐涂料无漏刷(喷浸)，无起皮脱落现象。

(2) 设置在砌体灰缝内的钢筋防腐应符合第 3.1.9 条的规定。

抽检数量：每检验批抽查 10%的钢筋。

检验方法：观察检查。

(3) 网状配筋砌体中，钢筋网及放置间距应符合设计规定。

抽检数量：每检验批抽 10%，且不应少于 5 处。

检验方法：钢筋规格检查钢筋网成品，钢筋网放置间距局部剔缝观察，或用探针刺入灰缝内检查，或用钢筋位置测定仪测定。

合格标准：钢筋网沿砌体高度位置超过设计规定一皮砖厚不得

多于1处。

(4) 组合砖砌体构件，竖向受力钢筋保护层应符合设计要求，距砖砌体表面距离不应小于5mm；拉结筋两端应设弯钩，拉结筋及箍筋的位置应正确。

抽检数量：每检验批抽检10%，且不应少于5处。

检验方法：支模前观察与尺量检查。

合格标准：钢筋保护层符合设计要求；拉结筋位置及弯钩设置80%及以上符合要求，箍筋间距超过规定者，每件不得多于2处，且每处不得超过一皮砖。

(5) 配筋砌块砌体剪力墙中，采用搭接接头的受力钢筋搭接长度不应小于35*d*，且不应少于300mm。

抽检数量：每检验批每类构件抽20%(墙、柱、连梁)，且不应少于3件。

检验方法：尺量检查。

3.7 填充墙砌体工程

3.7.1 填充墙砌体工程有何一般规定?

答：(1) 蒸压加气混凝土砌块、轻骨料混凝土小型空心砌块砌筑时，其产品龄期应超过28d。

(2) 空心砖、蒸压加气混凝土砌块、轻骨料混凝土小型空心砌块等的运输、装卸过程中，严禁抛掷和倾倒。进场后应按品种、规格分别堆放整齐，堆置高度不宜超过2m。加气混凝土砌块应防止雨淋。

(3) 填充墙砌体砌筑前块材应提前2d浇水湿润。蒸压加气混凝土砌块砌筑时，应向砌筑面适量浇水。

(4) 用轻骨料混凝土小型空心砌块或蒸压加气混凝土砌块砌筑墙体时，墙底部应砌烧结普通砖或多孔砖，或普通混凝土小型空心砌块，或现浇混凝土坎台等，其高度不宜小于200mm。

(5) 砖、砌块和砌筑砂浆的强度等级应符合设计要求。

检验方法：检查砖或砌块的产品合格证书、产品性能检测报告和砂浆试块试验报告。

(6) 蒸压加气混凝土砌块砌体和轻骨料混凝土小型空心砌块、砌体不应与其他块材混砌。

抽检数量：在检验批中抽检 20%，且不应少于 5 处。

检验方法：外观检查。

3.7.2 填充墙允许偏差有何规定？

答：填充墙砌体一般尺寸的允许偏差应符合表 3-9 的规定。

抽检数量：

(1) 对表中 1、2 项，在检验批的标准间中随机抽查 10%，但不应少于 3 间；大面积房间和楼道按两个轴线或每 10 延长米按一标准间计数。每间检验不应少于 3 处。

(2) 对表中 3、4 项，在检验批中抽检 10%，且不应少于 5 处。

填充墙砌体一般尺寸允许偏差 **表 3-9**

<table>
<tr><th>项次</th><th colspan="2">项　目</th><th>允许偏差(mm)</th><th>检验方法</th></tr>
<tr><td rowspan="3">1</td><td colspan="2">轴线位移</td><td>10</td><td>用尺检查</td></tr>
<tr><td rowspan="2">垂直度</td><td>小于或等于 3m</td><td>5</td><td rowspan="2">用 2m 托线板或吊线、尺检查</td></tr>
<tr><td>大于 3m</td><td>10</td></tr>
<tr><td>2</td><td colspan="2">表面平整度</td><td>8</td><td>用 2m 靠尺和楔形塞尺检查</td></tr>
<tr><td>3</td><td colspan="2">门窗洞口高、宽(后塞口)</td><td>±5</td><td>用尺检查</td></tr>
<tr><td>4</td><td colspan="2">外墙上、下窗口偏移</td><td>20</td><td>用经纬仪或吊线检查</td></tr>
</table>

3.7.3 填充墙砌体的砂浆饱满度有何规定？

答：填充墙砌体的砂浆饱满度及检验方法应符合表 3-10 的规定。

抽检数量：每步架子不少于 3 处，且每处不应少于 3 块。

填充墙砌体的砂浆饱满度及检验方法　　表 3-10

砌体分类	灰缝	饱满度及要求	检验方法
空心砖砌体	水平	≥80%	采用百格网检查块材底面砂浆的粘结痕迹面积
	垂直	填满砂浆，不得有透明缝、瞎缝、假缝	
加气混凝土砌块和轻骨料混凝土小砌块砌体	水平	≥80%	
	垂直	≥80%	

3.7.4　填充墙砌体留置的拉结筋或网片有何规定?

答：填充墙砌体留置的拉结钢筋或网片的位置应与块体皮数相符合。拉结钢筋或网片应置于灰缝中，埋置长度应符合设计要求，竖向位置偏差不应超过一皮高度。

抽检数量：在检验批中抽检 20%，且不应少于 5 处。

检验方法：观察和用尺量检查。

3.7.5　填充墙砌筑错缝搭砌有何规定?

答：填充墙砌筑应错缝搭砌，蒸压加气混凝土砌块搭砌长度不应小于砌块长度 1/3；轻骨料混凝土小型空心砌块搭砌长度不应小于 90mm；竖向通缝不应大于 2 皮。

抽检数量：在检验批的标准间中抽查 10%，且不应少于 3 间。

检查方法：观察和用尺检查。

3.7.6　填充墙砌体的灰缝有何规定?

答：填充墙砌体的灰缝厚度和宽度应正确。空心砖、轻骨料混凝土小型空心砌块的砌体灰缝应为 8～12mm。蒸压加气混凝土砌块砌体的水平灰缝厚度及竖向灰缝宽度分别宜为 15mm 和 20mm。

抽检数量：在检验批的标准间中抽查 10%，且不应少于 3 间。

检查方法：用尺量 5 皮空心砖或小砌块的高度和 2m 砌体长度折算。

3.7.7 填充墙砌至接近梁、板底时有何规定？

答：填充墙砌至接近梁、板底时，应留一定空隙，待填充墙砌筑完并应至少间隔 7d 后，再将其补砌挤紧。

抽检数量：每验收批抽 10%填充墙片(每两柱间的填充墙为一墙片)，且不应少于 3 片墙。

检验方法：观察检查。

3.8 冬期施工

3.8.1 室外气温几度应采取冬期施工措施？

答：当室外日平均气温连续 5d 稳定低于 5℃时，砌体工程应采取冬期施工措施。

注：1. 气温根据当地气象资料确定。

2. 冬期施工期限以外，当日最低气温低于 0℃时，也应按本节的规定执行。砌体工程冬期施工应有完整的冬期施工方案。

3.8.2 冬期施工所用材料有何规定？

答：冬期施工所用材料应符合下列规定：

(1) 石灰膏、电石膏等应防止受冻，如遭冻结，应经融化后使用；

(2) 拌制砂浆用砂，不得含有冰块和大于 10 有冻结块；

(3) 砌体用砖或其他块材不得遭水浸冻。

3.8.3 冬期施工砂浆试块的留置有何规定？

答：冬期施工砂浆试块的留置，除应按常温规定要求外，尚应增留不少于 1 组与砌体同条件养护的试块，测试检验 28d 强度。

3.8.4　暖棚法施工有何规定?

答：采用暖棚法施工，块材在砌筑时的温度不应低于＋5℃，距离所砌的结构底面0.5m处的棚内温度也不低于＋5℃。

在暖棚内的砌体养护时间，应根据暖棚内温度按表3-11确定。

暖棚法砌体的养护时间(d)　　**表3-11**

暖棚的温度(℃)	5	10	15	20
养护时间(d)	≥6	≥5	≥4	≥3

3.8.5　掺盐砂浆法施工有何规定?

答：在冻结法施工的解冻期间，应经常对砌体进行观测和检查，如发生裂缝、不均匀下沉等情况，应立即采取加固措施。

配筋砌体不得采用掺盐砂浆法施工。

3.8.6　冬期施工砂浆使用温度有何规定?

答：砂浆使用温度应符合下列规定。

(1)采用掺外加剂法时，不应低于＋5℃；

(2) 采用氯盐砂浆法时，不应低于＋5℃；

(3) 采用暖棚法时，不应低于＋5℃；

(4) 采用冻结法当室外空气温度分别为0～－10℃、－11～－25℃、－25℃以下时，砂浆使用最低温度分别为10℃、15℃、20℃。

4 混凝土结构工程

4.1 基本规定

4.1.1 混凝土结构子分部怎样划分?

答：混凝土结构子分部工程可根据结构的施工方法分为两类：现浇混凝土结构子分部工程和装配式混凝土结构子分部工程；根据结构的分类，还可分为钢筋混凝土子分部工程和预应力混凝土结构子分部工程等。

混凝土结构子分部工程可划分为模板、钢筋、预应力、混凝土、现浇结构和装配式结构等分项工程。

各分项工程可根据与施工方式相一致且便于控制施工质量的原则，按工作班、楼层、结构缝或施工段划分为若干检验批。

4.1.2 分部、分项工程的质量验收有何规定?

答：(1) 对混凝土结构子分部工程的质量验收，应在钢筋、预应力、混凝土、现浇结构或装配式结构等相关分项工程验收合格的基础上，进行质量控制资料检查及观感质量验收，并应对涉及结构安全的材料、试件、施工工艺和结构的重要部位进行见证检测或结构实体检验。

(2) 分项工程的质量验收应在所含检验批验收合格的基础上进行质量验收记录检查。

4.1.3 检验批的质量验收有哪些内容?

答：检验批的质量验收应包括如下内容：

(1) 实物检查，按下列方式进行：

1) 对原材料、构配件和器具等产品的进场复验，应按进场的批次和产品的抽样检验方案执行；

2) 对混凝土强度、预制构件结构性能等，应按国家现行有关标准和规范规定抽样检验方案执行；

3) 对规范中采用计数检验的项目，应按抽查总点数的合格点率进行检查。

(2) 资料检查，包括原材料、构配件和器具等的产品合格证(中文质量合格证明文件、规格、型号及性能检测报告等)及进场复验报告、施工过程中重要工序的自检和交接检记录、抽样检验报告、见证检测报告、隐蔽工程验收记录等。

4.1.4 检验批合格质量应符合什么规定?

答：检验批合格质量应符合下列规定：

(1) 主控项目的质量经抽样检验合格；

(2) 一般项目的质量经抽样检验合格；当采用计数检验时，除有专门要求外，一般项目的合格点率应达到80%及以上，且不得有严重缺陷；

(3) 具有完整的施工操作依据和质量验收记录。

对验收合格的检验批，宜作出合格标志。

4.2 模板工程

4.2.1 模板工程有何一般规定?

答：(1) 模板及其支架应根据工程结构形式、荷载大小、地基土类别、施工设备和材料供应等条件进行设计。模板及其支架应具有足够的承载能力、刚度和稳定性，能可靠地承受浇筑混凝土的重量、侧压力以及施工荷载。

(2) 在浇筑混凝土之前，应对模板工程进行验收。

模板安装和浇筑混凝土时，应对模板及其支架进行观察和维护。发生异常情况时，应按施工技术方案及时进行处理。

(3) 模板及其支架拆除的顺序及安全措施应按施工技术方案执行。

4.2.2 模板的安装有何规定?

答：(1) 安装现浇结构的上层模板及其支架时，下层楼板应具有承受上层荷载的承载能力，或加设支架；上、下层支架的立柱应对准，并铺设垫板。

检查数量：全数检查。

检查方法：对照模板设计文件和施工技术方案观察。

(2) 在涂刷模板隔离剂时，不得沾污钢筋和混凝土接槎处。

检查数量：全数检查。

检查方法：观察。

4.2.3 模板安装有何要求?

答：模板安装应满足下列要求：

(1) 模板的接缝不应漏浆；在浇筑混凝土前，木模板应浇水湿润，但模板内不应有积水。

(2) 模板与混凝土的接触面应清理干净并涂刷隔离剂，但不得采用影响结构性能或妨碍装饰工程施工的隔离剂。

(3) 浇筑混凝土前，模板内的杂物应清理干净。

(4) 对清水混凝土工程及装饰混凝土工程，应使用能达到设计效果的模板。

检查数量：全数检查。

检查方法：观察。

(5) 用作模板的地坪、胎模等应平整光洁，不得产生影响构件质量的下沉、裂缝、起砂或起鼓。

检查数量：全数检查。

检查方法：观察。

（6）对跨度不小于 4m 的现浇钢筋混凝土梁、板，其模板应按设计要求起拱；当设计无具体要求时，起拱高度宜为跨度的 1/1000～3/1000。

检查数量：在同一检验批内，对梁，应抽查构件数量的 10%，且不少于 3 件；对板，应按有代表性的自然间抽查 10%，且不少于 3 间；对大空间结构，板可按纵、横轴线划分检查面，抽查 10%，且不少于 3 面。

检验方法：水准仪或拉线、钢尺检查。

4.2.4 固定在模板上的预埋件、预留孔洞的位置偏差有何规定？

答：固定在模板上的预埋件、预留孔和预留洞均不得遗漏，且应安装牢固，其偏差应符合表 4-1 的规定。

检查数：在同一检验批内，对梁、柱和独立基础，应抽查构件数量的 10%，且不少于 3 件；对墙和板，应按有代表性的自然间抽查 10%，且不少于 3 间；对大空间结构，墙可按相邻轴线间高度 5m 左右划分检查面，板可按纵横轴线划分检查面，抽查 10%，且不少于 3 面。

预埋件和预留孔洞的允许偏差　　表 4-1

项　目		允许偏差(mm)
预埋钢板中心线位置		3
预埋管、预留孔中心线位置		3
插　筋	中心线位置	5
	外露长度	+10，0
预埋螺栓	中心线位置	2
	外露长度	+10，0
预 留 洞	中心线位置	10
	尺　寸	+10，0

注：检查中心线位置时，应沿纵、横两个方向量测，并取其中的较大值。

4.2.5 现浇结构模板安装偏差有何规定?

答：现浇结构模板安装的偏差应符合表 4-2 的规定。

检查数：在同一检验批内，对梁、柱和独立基础，应抽查构件数量的 10%，且不少于 3 件；对墙和板，应按有代表性的自然间抽查 10%，且不少于 3 间；对大空间结构，墙可按相邻轴线间高度 5m 左右划分检查面，板可按纵横轴线划分检查面，抽查 10%，且不少于 3 面。

现浇结构模板安装的允许偏差及检验方法　　表 4-2

项　目		允许偏差(mm)	检验方法
轴线位置		5	钢尺检查
底模上表面标高		±5	水准仪或拉线、钢尺检查
截面内部尺寸	基础	±10	钢尺检查
	柱、墙、梁	+4，−5	钢尺检查
层高垂直度	不大于 5m	6	经纬仪或吊线、钢尺检查
	大于 5m	8	经纬仪或吊线、钢尺检查
相邻两板表面高低差		2	钢尺检查
表面平整度		5	2m 靠尺和塞尺检查

注：检查中心线位置时，应沿纵、横两个方向量测，并取其中的较大值。

4.2.6 预制构件模板安装偏差有何规定?

答：预制构件模板安装的偏差应符合表 4-3 的规定。

预制构件模板安装的允许偏差及检验方法　　表 4-3

项　目		允许偏差(mm)	检验方法
长度	板、梁	±5	钢尺量两角边，取其中较大值
	薄腹梁、桁架	±10	
	柱	0，−10	
	墙板	0，−5	

续表

项　　目		允许偏差(mm)	检验方法
宽度	板、墙板	0，－5	钢尺量一端及中部，取其中较大值
	梁、薄腹梁、桁架、柱	＋2，－5	
高(厚)度	板	＋2，－3	钢尺量一端及中部，取其中较大值
	墙板	0，－5	
	梁、薄腹梁、桁架、柱	＋2，－5	
侧向弯曲	梁、板、柱	l/1000 且≤15	拉线、钢尺量最大弯曲处
	墙板、薄腹梁、桁架	l/1500 且≤15	
板的表面平整度		3	2m 靠尺和塞尺检查
相邻两板表面高低差		1	钢尺检查
对角线差	板	7	钢尺量两个对角线
	墙板	5	
翘曲	板、墙板	l/1500	调平尺在两端量测
设计起拱	薄腹梁、桁架、梁	±3	拉线、钢尺量跨中

注：l 为构件长度(mm)。

检查数量：首次使用及大修后的模板应全数检查；使用中的模板应定期检查，并根据使用情况不定期抽查。

4.2.7　模板拆除有何规定?

答：(1) 底模及其支架拆除时的混凝土强度应符合设计要求；当设计无具体要求时，混凝土强度应符合表 4-4 的规定。

底模拆除时的混凝土强度要求　　表 4-4

构件类型	构件跨度(m)	达到设计的混凝土立方体抗压强度标准值的百分率(%)
板	≤2	≥50
	＞2，≤8	≥75
	＞8	≥100
梁、拱、壳	≤8	≥75
	＞8	≥100
悬臂构件	—	≥100

检查数量：全数检查。

检验方法：检验同条件养护试件强度试验报告。

(2) 对后张法预应力混凝土结构构件，侧模宜在预应力张拉前拆除；底模支架的拆除应按施工技术方案执行，当无具体要求时，不应在结构构件建立预应力前拆除。

(3) 后浇带模板的拆除和支顶应按施工技术方案执行。

(4) 侧模拆除时的混凝土强度应能保证其表面及棱角不受损伤。

(5) 模板拆除时，不应对楼层形成冲击荷载。拆除的模板和支架宜分散堆放并及时清运。

检查数量：全数检查。

检验方法：观察。

4.3 钢筋工程

4.3.1 钢筋进入现场有何规定？

答：(1) 钢筋进场时，应按现行国家标准《钢筋混凝土用热轧带肋钢筋》GB 1499 等的规定抽取试件作力学性能检验，其质量必须符合有关标准的规定。

检查数量：按进场批次和产品的抽样检验方案确定。

检验方法：检查产品合格证、出厂检验报告和进场复验报告。

(2) 对有抗震设防要求的框架结构，其纵向受力钢筋的强度应满足设计要求；当设计无具体要求时，对一、二级抗震等级，检验所得的强度实测值应符合下列规定：

1) 钢筋的抗拉强度实测值与屈服强度标准值的比值不应小于 1.25；

2) 钢筋的屈服强度实测值与强度标准值的比值不应大于 1.3。

检查数量：按进场的批次和产品的抽样检验方案确定。

检验方法：检查进场复验报告。

(3) 当发现钢筋脆断、焊接性能不良或力学性能显著不正常等现象时，应对该批钢筋进行化学成分检验或其他专项检验。

检验方法：检查化学成分等专项检验报告。

(4) 钢筋应平直、无损伤，表面不得有裂纹、油污、颗粒状或片状老锈。

检查数量：进场时和使用前全数检查。

(5) 当钢筋的品种、级别或规格需作变更时，应办理设计变更文件。

4.3.2 钢筋的弯钩有何规定？

答：(1) 受力钢筋的弯钩和弯折应符合下列规定：

1) HPB235级钢筋末端应作180°弯钩，其弯弧内直径不应小于钢筋直径的2.5倍，弯钩的弯后平直部分长度不应小于钢筋直径的3倍；

2) 当设计要求钢筋末端需作135°弯钩时，HRB335级、HRB400级钢筋的弯弧内直径不应小于钢筋直径的4倍，弯钩的弯后平直部分长度应符合设计要求；

3) 钢筋作不大于90°的弯折时，弯折处的弯弧内直径不应小于钢筋直径的5倍。

检查数量：按每工作班同一类型钢筋、同一加工设备抽查不应少于3件。

检验方法：钢尺检查。

(2) 除焊接封闭环式箍筋外，箍筋的末端应作弯钩，弯钩形式应符合设计要求；当设计无具体要求时，应符合下列规定：

1) 箍筋弯钩的弯弧内直径除应满足本条的规定外，尚应不小于受力钢筋直径；

2) 箍筋弯后平直部分长度：对一般结构，不应小于90°；对有抗震等要求的结构，应为135°；

3) 箍筋弯钩的弯折角度：对一般结构，不宜小于箍筋直径的5倍；对有抗震等要求的结构，不应小于箍筋直径的10倍。

检查数量：按每工作班同一类型钢筋、同一加工设备抽查不应少于 3 件。

检验方法：钢尺检查。

4.3.3 钢筋的调直加工有何规定？

答：(1) 钢筋调直宜采用机械方法，也可采用冷拉方法。当采用冷拉方法调直钢筋时，HPB235 级钢筋的冷拉率不宜大于 4%，HRB335 级、HRB400 级钢筋的冷拉率不宜大于 1%。

(2) 钢筋加工的形状、尺寸应符合设计要求，其偏差应符合表 4-5 的规定。

检查数量：按每工作班同一类型钢筋、同一加工设备抽查不应少于 3 件。

检验方法：观察、钢尺检查。

钢筋加工的允许偏差　　表 4-5

项　目	允许偏差(mm)
受力钢筋顺长度方向全长的净尺寸	±10
弯起钢筋的弯折位置	±20
箍筋内净尺寸	±5

4.3.4 钢筋的连接有何规定？

答：(1) 纵向受力钢筋的连接方式应符合设计要求。

检查数量：全数检查。

检查方法：观察。

(2) 在施工现场，应按国家现行标准《钢筋机械连接通用技术规程》JGJ 107、《钢筋焊接及验收规程》JGJ 18 的规定抽取钢筋机械连接接头、焊接头试件作力学性能检验，其质量应符合有关规程的规定。

检查数量：按有关规程确定。

检验方法：检查产品合格证、接头力学性能试验报告。

(3) 钢筋的接头宜设置在受力较小处。同一纵向受力钢筋不宜设置两个以上接头。接头末端至钢筋弯起点的距离不应小于钢筋直径的 10 倍。

检查数量：全数检查。

检验方法：观察，钢尺检查。

（4）在施工现场，应按国家现行标准《钢筋机械连接通用技术规程》JGJ 107、《钢筋焊接及验收规程》JGJ 18 的规定对钢筋机械连接接头、焊接接头的外观进行检查，其质量应符合有关规程的规定。

检查数量：全数检查。

检验方法：观察。

（5）当受力钢筋采用机械连接接头或焊接接头时，设置在同一构件内的接头宜相互错开。

纵向受力钢筋机械连接接头及焊接接头连接区段的长度为 35 倍 d（d 为纵向受力钢筋的较大直径）且不小于 500mm，凡接头中点位于该连接区段长度内的接头均属于同一连接区段。同一连接区段内，纵向受力钢筋机械连接及焊接的接头面积百分率为该区段内有接头的纵向受力钢筋截面面积与全部纵向受力钢筋截面面积的比值。

同一连接区段内，纵向受力钢筋的接头面积百分率应符合设计要求；当设计无具体要求时，应符合下列规定：

1）在受拉区不宜大于 50%；

2）接头不宜设置在有抗震设防要求的框架梁端、柱端的箍筋加密区；当无法避开时，对等强度高质量机械连接接头，不应大于 50%；

3）直接承受动力荷载的结构构件中，不宜采用焊接接头；当采用机械连接接头时，不应大于 50%。

检查数量：在同一检验批内，对梁、柱和独立基础，应抽查构件数量的 10%，且不少于 3 件；对墙和板，应按有代表性的自然间抽查 10%，且不少于 3 间；对大空间结构，墙可按相邻轴线间高度 5m 左右划分检查面，板可按纵横轴线划分检查面，抽查 10%，且均不少于 3 面。

检验方法：观察，钢尺检查。

（6）同一构件中相邻纵向受力钢筋的绑扎搭接接头宜相互错开。绑扎搭接接头中钢筋的横向净距不应小于钢筋直径，且不应小于 25mm。

钢筋绑扎搭接接头连接区段的长度为 $1.3l_l$（l_l 为搭接长度），凡搭接接头中点位于该连接区段长度内的搭接接头均属于同一连接区段。同一连接区段内，纵向钢筋搭接接头面积百分率为该区段内有搭接接头的纵向受力钢筋截面面积与全部纵向受力钢筋截面面积的比值(图 4-1)。

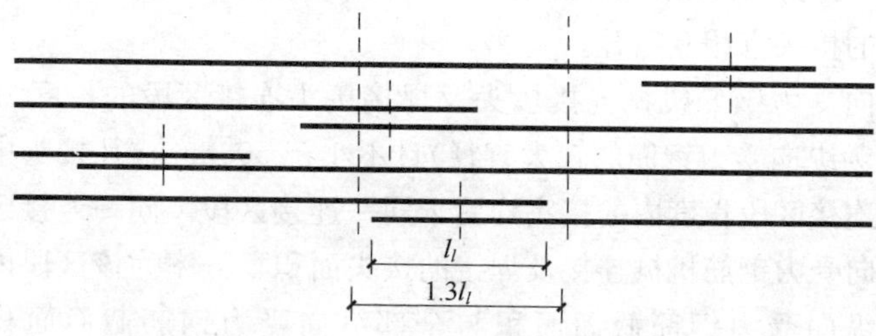

图 4-1　钢筋绑扎搭接接头连接区段及接头面积百分率

注：图中所示搭接接头同一连接区段内的搭接钢筋为两根，当各钢筋直径相同时，接头面积百分率为 50％。

同一连接区段内，纵向受拉钢筋搭接接头面积百分率应符合设计要求；当设计无具体要求时，应符合下列规定：

1）对梁类、板类及墙类构件，不宜大于 25％；

2）对柱类构件，不宜大于 50％；

3）当工程中确有必要增大接头面积百分率时，对梁类构件，不应大于 50％；对其他构件，可根据实际情况放宽。

纵向受力钢筋绑扎搭接接头的最小搭接长度应符合第九节的规定。

检查数量：在同一检验批内，对梁、柱和独立基础，应抽查构件数量的10%，且不少于3件；对墙和板，应按有代表性的自然间抽查10%，且不少于3间；对大空间结构，墙可按相邻轴线间高度5m左右划分检查面，板可按纵横线划分检查面，抽查10%，且均不少于3面。

检验方法：观察，钢尺检查。

4.3.5 在梁、柱类构件纵向受力钢筋搭接长度范围内有何规定?

答：在梁、柱类构件的纵向受力钢筋搭接长度范围内，应按设计要求配置箍筋。当设计无具体要求时，应符合下列规定：

(1) 箍筋直径不应小于搭接钢筋较大直径的0.25倍；

(2) 受拉搭接区段的箍筋间距不应大于搭接钢筋较小直径的5倍，且不应大于100mm；

(3) 受压搭接区段的箍筋间距不应大于搭接钢筋较小直径的10倍，且不应大于200mm；

(4) 当柱中纵向受力钢筋直径大于25mm时，应在搭接接头两个端面外100mm范围内各设置两个箍筋，其间距宜为50mm。

检查数量：在同一检验批内，对梁、柱和独立基础，应抽查构件数量的10%，且不少于3件；对墙和板，应按有代表性的自然间抽查10%，且不少于3间；对大空间结构，墙可按相邻轴线间高度5m左右划分检查面，板可按纵横线划分检查面，抽查10%，且均不少于3面。

检验方法：观察，钢尺检查。

4.3.6 钢筋安装有何规定?

答：(1) 钢筋安装时，受力钢筋的品种、级别、规格和数量必须符合设计要求。

检查数量：全数检查。

检验方法：观察，钢尺检查。

(2) 钢筋安装位置的偏差应符合表4-6的规定。

检查数量：在同一检验批内，对梁、柱和独立基础，应抽查构件数量的10%，且不少于3件；对墙和板，应按有代表性的自然间抽查10%，且不少于3间；对大空间结构，墙可按相邻轴线间高度5m左右划分检查面，板可按纵横线划分检查面，抽查10%，且均不少于3面。

钢筋安装位置允许偏差和检验方法 **表4-6**

项目			允许偏差(mm)	检验方法
绑扎钢筋网	长、宽		±10	钢尺检查
	网眼尺寸		±20	钢尺量连续三档，取最大值
绑扎钢筋骨架	长		±10	钢尺检查
	宽、高		±5	钢尺检查
受力钢筋	间距		±10	钢尺量两端、中间各一点，取最大值
	排距		±5	
	保护层厚度	基础	±10	钢尺检查
		柱、梁	±5	钢尺检查
		板、墙、壳	±3	钢尺检查
绑扎箍筋、横向钢筋间距			±20	钢尺量连续三档，取最大值
钢筋弯起点位置			20	钢尺检查
预埋件	中心线位置		5	钢尺检查
	水平高差		+3，0	钢尺和塞尺检查

注：1. 检查预埋件中心线位置时，应沿纵、横两个方向量测，并取其中的较大值；

2. 表中梁类、板类构件上部纵向受力钢筋保护层厚度的合格点率应达到90%及以上，且不得有超过表中数值1.5倍的尺寸偏差。

4.3.7 浇筑混凝土之前有何规定?

答：在浇筑混凝土之前，应进行钢筋隐蔽工程验收，其内容包括：

(1) 纵向受力钢筋的品种、规格、数量、位置等；

(2) 钢筋的连接方式、接头位置、接头数量、接头面积百分率等；

（3）箍筋、横向钢筋的品种、规格、数量、间距等；

（4）预埋件的规格、数量、位置等。

4.4 预应力工程

4.4.1 预应力工程的施工有何规定？

答：（1）后张法预应力工程的施工应由具有相应资质等级的预应力专业施工单位承担。

（2）预应力筋张拉机具设备及仪表，应定期维护和校验。张拉设备应配套标定，并配套使用。张拉设备的标定期限不应超过半年。当在使用过程中出现反常现象时或在千斤顶检修后，应重新标定。

注：1. 张拉设备标定时，千斤顶活塞的运行方向与实际张拉工作状态一致；

2. 压力表的精度不应低于1.5级，标定张拉设备用的试验机或测力精度不应低于±2%。

（3）在浇筑混凝土之前，应进行预应力隐蔽工程验收，其内容包括：

1）预应力筋的品种、规格、数量、位置等；

2）预应力筋锚具和连接器的品种、规格、数量、位置等；

3）预留孔道的规格、数量、位置、形状及灌浆孔、排气兼泌水管等；

4）锚固区局部加强构造等。

4.4.2 预应力材料进入现场有何规定？

答：（1）预应力筋进场时，应按现行国家标准《预应力混凝土用钢绞线》GB/T 5224等的规定抽取试件作力学性能检验，其质量必须符合有关标准的规定。

检查数量：按进场的批次和产品的抽样检验方案确定。

检验方法：检查产品合格证、出厂检验报告和进场复验报告。

(2) 无粘结预应力筋的涂包质量应符合无粘结预应力钢绞线标准的规定。

检查数量：每 60t 为一批，每批抽取一组试件。

检验方法：观察，检查产品合格证、出厂检验报告和进场复验报告。

注：当有工程经验，并经观察认为质量有保证时，可不作油脂用量和护套厚度的进场复验。

(3) 预应力筋锚具、夹具和连接器应按设计要求采用，其性能应符合现行国家标准《预应力筋用锚具、夹具和连接器》GB/T 14370 等的规定。

检查数量：按进场批次和产品的抽样检验方案确定。

检验方法：检查产品合格证、出厂检验报告和进场复验报告。

注：对锚具用量较少的一般工程，如供货方提供有效的试验报告，可不作静载锚固性能试验。

(4) 孔道灌浆用水泥应采用普通硅酸盐水泥，其质量应符合第 4.5.2 条的规定。孔道灌浆用外加剂的质量应符合第 4.5.2 条的规定。

检查数量：按进场批次和产品的抽样检验方案确定。

检验方法：检查产品合格证、出厂检验报告和进场复验报告。

注：对孔道灌浆用水泥和外加剂用量较少的一般工程，当有可靠依据时，可不作材料性能的进场复验。

4.4.3 预应力筋使用前有哪些检查？

答：(1) 预应力筋使用前应进行外观检查，其质量应符合下列要求：

1) 有粘结预应力筋展开后应平顺，不得有弯折，表面不应有裂纹、小刺、机械损伤、氧化铁皮和油污等；

2) 无粘结预应力筋护套应光滑、无裂缝，无明显褶皱。

检查数量：全数检查。

检验方法：观察。

注：无粘结预应力筋护套轻微破损者应外包防水塑料胶带修补，严重破损者不得使用。

(2) 预应力筋用锚具、夹具和连接器使用前应进行外观检查，其表面应无污物、锈蚀、损伤和裂纹。

检查数量：全数检查。

检验方法：观察。

(3) 预应力混凝土用金属螺旋管的尺寸和性能应符合国家现行标准《预应力混凝土用金属螺旋管》JG/T 3013 的规定。

检查数量：按进场批次和产品的抽样检验方案确定。

检验方法：检查产品合格证、出厂检验报告和进场复验报告。

注：对金属螺旋管用量较少的一般工程，当有可靠依据时，可不作径向刚度、抗渗漏性能的进场复验。

(4) 预应力混凝土用金属螺旋管在使用前应进行外观检查，其内外表面应清洁，无锈蚀，不应有油污、孔洞和不规则的褶皱，咬口不应有开裂或脱扣。

检查数量：全数检查。

4.4.4 预应力筋下料有何要求?

答：预应力筋下料应符合下列要求：

(1) 预应力筋应采用砂轮锯或切断机切断，不得采用电弧切割；

(2) 当钢丝束两端采用镦头锚具时，同一束中各根钢丝长度的极差不应大于钢丝长度的 1/5000，且不应大于 5mm。当成组张拉长度不大于 10m 的钢丝时，同组钢丝长度的极差不得大于 2mm。

检查数量：每工作班抽查预应力筋总数的 3%，且不少于 3 束。

检验方法：观察，钢尺检查。

4.4.5 预应力筋安装有何要求?

答：(1) 预应力筋安装时，其品种、级别、规格、数量必须符合设计要求。

检查数量：全数检查。

检验方法：观察，钢尺检查。

(2) 先张法预应力施工时应选用非油质类模板隔离剂，并应避免沾污预应力筋。

检查数量：全数检查。

检验方法：观察，钢尺检查。

(3) 施工过程中应避免电火花损伤预应力筋；受损伤的预应力筋应予以更换。

检查数量：全数检查。

检验方法：观察。

(4) 浇筑混凝土前穿入孔道的后张法有粘结预应力筋，宜采取防止锈蚀的措施。

检查数量：全数检查。

检验方法：观察。

4.4.6 预应力筋端锚制作有何要求?

答：预应力筋端部锚具的制作质量应符合下列要求：

(1) 挤压锚具制作时压力表油压应符合操作说明书规定，挤压后预应力筋外端应露出挤压套筒 1～5mm;

(2) 钢绞线压花锚成形时，表面应清洁、无油污，梨形头尺寸和直线段长度应符合设计要求；

(3) 钢丝镦头的强度不得低于钢丝强度标准值的 98%。

检查数量：对挤压锚，每工作班抽查 5%，且不应少于 5 件；对压花锚，每工作班抽查 3 件；对钢丝镦头强度，每批钢丝检查 6 个镦头试件。

检验方法：观察、钢尺检查，检查镦头强度试验报告。

4.4.7 后张法有粘结预应力筋施工有何规定?

答：后张法有粘结预应力筋预留孔道的规格、数量、位置和形状除应符合设计要求外，尚应符合下列规定：

(1) 预留孔道的定位应牢固，浇筑混凝土时不应出现移位和变形；

(2) 孔道应平顺，端部的预埋锚垫板应垂直于孔道中心线；

(3) 成孔用管道应密封良好，接头应严密且不得漏浆；

(4) 灌浆孔的间距：对预埋金属螺旋管不宜大于 30m；对抽芯成形孔道不宜大于 12m；

(5) 在曲线孔道的曲线波峰部位应设置排气兼泌水管，必要时可在最低点设置排水孔；

(6) 灌浆孔及泌水管的孔径应能保证浆液畅通。

检查数量：全数检查。

检验方法：观察，钢尺检查。

4.4.8 预应力筋束形控制点偏差有何规定?

答：预应力筋束形控制点的竖向位置偏差应符合表 4-7 的规定。

束形控制点的竖向位置允许偏差 **表 4-7**

截面高(厚)度(mm)	$h \leqslant 300$	$300 < h \leqslant 1500$	$h > 1500$
允许偏差(mm)	±5	±10	±15

检查数量：在同一检验批内，抽查各类型构件中预应力筋总数的 5%，且对各类型构件均不少于 5 束，每束不应少于 5 处。

检验方法：钢尺检查。

注：束形控制点的竖向位置偏差合格点率应达到 90%及以上，且不得有超过表中数值 1.5 倍的尺寸偏差。

4.4.9 无粘结预应力筋的铺设有何规定?

答：无粘结预应力筋的铺设除应符合第 4.4.8 条的规定外，尚应符合下列要求：

(1) 无粘结预应力筋的定位应牢固，浇筑混凝土时不应出现移位和变形；

(2) 端部的预埋锚垫板应垂直于预应力筋；

(3) 内埋式固定端垫板不应重叠，锚具与垫板应贴紧；

(4) 无粘结预应力筋成束布置时应能保证混凝土密实并能裹住预应力筋；

(5) 无粘结预应力筋的护套应完整，局部破损处应采用防水胶带缠绕紧密。

检查数量：全数检查。

检验方法：观察。

4.4.10 预应力张拉或放张有何要求?

答：(1) 预应力筋张拉或放张时，混凝土强度应符合设计要求；当设计无具体要求时，不应低于设计的混凝土立方体抗压强度标准值的75%。

检查数量：全数检查。

检验方法：检查同条件养护试件试验报告。

(2) 预应力筋的张拉力、张拉或放张顺序及张拉工艺应符合设计及施工技术方案的要求，并应符合下列规定：

1) 当施工需要超张拉时，最大张拉应力不应大于国家现行标准《混凝土结构设计规范》GB 50010 的规定；

2) 张拉工艺应能保证同一束中各根预应力筋的应力均匀一致；

3) 后张法施工中，当预应力筋是逐根或逐束张拉时，应保证各阶段不出现对结构不利的应力状态；同时宜考虑后批张拉预应力筋所产生的结构构件的弹性压缩对先批张拉预应力筋的影响，确定张拉力；

4) 先张法预应力筋放张时，宜缓慢放松锚固装置，使各根预应力筋同时缓慢放松；

5) 当采用应力控制方法张拉时，应校核预应力筋的伸长值。实际伸长值与设计计算理论伸长值的相对允许偏差为±6%。

检查数量：全数检查。

检验方法：检查张拉记录。

(3) 预应力筋张拉锚固后实际建立的预应力值与工程设计规定检验值的相对允许偏差为±5%。

检查数量：对先张法施工，每工作班抽查预应力筋总数的1%，且不少于3根；对后张法施工，在同一检验批内，抽查预应力筋总数的3%，且不少于5束。

检验方法：对先张法施工，检查预应力筋应力检测记录；对后张法施工，检查见证张拉记录。

4.4.11 张拉过程中预应力筋当发生断裂时有何规定？

答：张拉过程中应避免预应力筋断裂或滑脱；当发生断裂或滑脱时，必须符合下列规定：

(1) 对后张法预应力结构构件，断裂或滑脱的数量严禁超过同一截面预应力筋总根数的3%，且每束钢丝不得超过一根；对多跨双向连续板，其同一截面应按每跨计算；

(2) 对先张法预应力构件，在浇筑混凝土前发生断裂或滑脱的预应力筋必须予以更换。

检查数量：全数检查。

检验方法：观察，检查张拉记录。

4.4.12 锚固阶段张拉端预应力的内缩量有何要求？

答：锚固阶段张拉端预应力筋的内缩量应符合设计要求；当设计无具体要求时，应符合表4-8的规定。

检查数量：每工作抽查预应力筋总数的3%，且不少于3束。

检验方法：钢尺检查。

张拉端预应力筋的内缩量限值 **表4-8**

锚具类别		内缩量限值(mm)
支承式锚具(镦头锚具等)	螺帽缝隙	1
	每块后加垫板的缝隙	1
锥塞式锚具		5
夹片式锚具	有顶压	5
	无顶压	6~8

4.4.13 先张法张拉后的偏差有何规定?

答：先张法预应力筋张拉后与设计位置的偏差不得大于 5mm，且不得大于构件截面短边边长的 4%。

检查数量：每工作班抽查预应力筋总数的 3%，且不少于 3 束。

检验方法：钢尺检查。

4.4.14 后张法有何规定?

答：后张法有粘结预应力筋张拉后应尽早进行孔道灌浆，孔道内水泥浆应饱满、密实。

检查数量：全数检查。

检验方法：观察，检查灌浆记录。

4.4.15 锚具的封闭有何规定?

答：锚具的封闭保护应符合设计要求；当设计无具体要求时应符合下列规定：

(1) 应采取防止锚具腐蚀和遭受机械损伤的有效措施；

(2) 凸出式锚固端锚具的保护层厚度不应小于 50mm；

(3) 外露预应力筋的保护层厚度：处于正常环境时，不应小于 20mm；处于易受腐蚀的环境时，不应小于 50mm。

检查数量：在同一检验批内，抽查预应力筋总数的 5%，且不少于 5 处。

检验方法：观察，钢尺检查。

4.4.16 后张法预应力筋锚固有何规定?

答：后张法预应力筋锚固后的外露部分宜采用机械方法切割，其外露长度不宜小于预应力筋直径的 1.5 倍，且不宜小于 30mm。

检查数量：在同一检验批内，抽查预应力筋总数的 3%，且不少于 5 束。

检验方法：观察，钢尺检查。

4.4.17 灌浆用水泥浆的水灰比有何规定?

答：灌浆用水泥浆的水灰比不应大于0.45，搅拌后3h泌水率不宜大于2%，且不应大于3%。泌水应能在24h内全部重新被水泥浆吸收。

检查数量：同一配合比检查一次。

检验方法：检查水泥浆性能试验报告。

4.4.18 灌浆用水泥浆抗压强度有何规定?

答：灌浆用水泥浆的抗压强度不应小于30N/mm^2。

检查数量：每工作班留置一组边长为70.7mm的立方体试件。

检验方法：检查水泥浆试件强度试验报告。

注：1. 一组试件由6个试件组成，试件应标准养护28d；

2. 抗压强度为一组试件的平均值，当一组试件中抗压强度最大值或最小值与平均值相差超过20%时，应取中间4个试件强度的平均值。

4.5 混凝土工程

4.5.1 混凝土工程施工一般有何规定?

答：(1) 结构构件的混凝土强度应按现行国家标准《混凝土强度检验评定标准》GBJ 107的规定分批检验评定。

对采用蒸汽法养护的混凝土结构构件，其混凝土试件应先随同结构构件同条件蒸汽养护，再转入标准条件养护共28d。

当混凝土中掺用矿物掺合料时，确定混凝土强度时的龄期可按现行国家标准《粉煤灰混凝土应用技术规范》GBJ 146等的规范取值。

(2) 检验评定混凝土强度用的混凝土试件的尺寸及强度的尺寸换算系数应按表4-9取用；其标准成型方法、标准养护条件及强度试验方法应符合普通混凝土力学性能试验方法标准的规定。

混凝土试件尺寸及强度尺寸换算系数　　表 4-9

骨料最大粒径(mm)	试件尺寸(mm)	强度的尺寸换算系数
≤31.5	100×100×100	0.95
≤40	150×150×150	1.00
≤63	200×200×200	1.05

注：对强度等级 C60 及以上的混凝土试件，其强度的尺寸换算系数可通过试验确定。

(3) 结构构件拆模、出池、出厂、吊装、张拉、放张及施工期间临时负荷时的混凝土强度，应根据同条件养护的标准尺寸试件的混凝土强度确定。

(4) 当混凝土试件强度评定不合格时，可采用非破损或局部破损的检测方法，按国家现行有关标准的规定对结构构件中的混凝土强度进行推定，并作为处理的依据。

(5) 混凝土的冬期施工应符合国家现行标准《建筑工程冬期施工规程》JGJ 104 和施工技术方案的规定。

4.5.2　材料进入现场有何规定?

答：(1) 水泥进场时应对其品种、级别、包装或散装仓号、出厂日期等进行检查，并应对其强度、安定性及其他必要的性能指标进行复验，其质量必须符合现行国家标准《硅酸盐水泥、普通硅酸盐水泥》GB 175 等的规定。

当在使用中对水泥质量有怀疑或水泥出厂超过三个月(快硬硅酸盐水泥超过一个月)时，应进行复验，并按复验结果使用。

钢筋混凝土结构、预应力混凝土结构中，严禁使用含氯化物的水泥。

检查数量：按同一生产厂家、同一等级、同一品种、同一批号且连续进场的水泥，袋装不超过 200t 为一批，散装不超过 500t 为一批，每批抽样不少于一次。

检验方法：检查产品合格证、出厂检验报告和进场复验报告。

(2) 混凝土中掺用外加剂的质量及应用技术应符合现行国家标

准《混凝土外加剂》GB 8076、《混凝土外加剂应用技术规范》GB 50119 等和有关环境保护的规定。

预应力混凝土结构中，严禁使用含氯化物的外加剂。钢筋混凝土结构中，当使用含氯化物的外加剂时，混凝土中氯化物的总含量应符合现行国家标准《混凝土质量控制标准》GB 50164 的规定。

检查数量：按进场的批次和产品的抽样检验方案确定。

检验方法：检查产品合格证、出厂检验报告和进场复验报告。

(3) 混凝土中氯化物和碱的总含量应符合现行国家标准《混凝土结构设计规范》GB 50010 和设计的要求。

检验方法：检查原材料试验报告和氯化物、碱的总含量计算书。

4.5.3 混凝土掺用掺合料有何规定?

答：(1) 混凝土中掺用矿物掺合料的质量应符合现行国家标准《用于水泥和混凝土中的粉煤灰》GB 1596 等的规定。矿物掺合料的掺量应通过试验确定。

检查数量：按进场的批次和产品的抽样检验方案确定。

检验方法：检查出厂合格证和进场复验报告。

(2) 普通混凝土所用的粗、细骨料的质量应符合国家现行标准《普通混凝土用砂、石质量及检验方法标准》JGJ 52—2006。

检查数量：按进场的批次和产品的抽样检验方案确定。

检验方法：检查进场复验报告。

注：1. 混凝土用的粗骨料，其最大颗粒粒径不得超过构件截面最小尺寸的 1/4，且不得超过钢筋最小净间距的 3/4。

2. 对混凝土实心板，骨料的最大粒径不宜超过板厚的 1/3，且不得超过 40mm。

(3) 拌制混凝土宜采用饮用水；当采用其他水源时，水质应符合国家现行标准《混凝土用水标准》JGJ 63—2006 的规定。

检查数量：同一水源检查不应少于一次。

检验方法：检查水质试验报告。

4.5.4 混凝土的配合比有何规定?

答：(1) 混凝土应按国家现行标准《普通混凝土配合比设计规程》JGJ 55 的有关规定，根据混凝土强度等级、耐久性和工作性等要求进行配合比设计。

对有特殊要求的混凝土，其配合比设计尚应符合国家现行有关标准的专门规定。

检验方法：检查配合比设计资料。

(2) 首次使用的混凝土配合比应进行开盘鉴定，其工作性应满足设计配合比的要求。开始生产时应至少留置一组标准养护试件，作为验证配合比的依据。

检验方法：检查开盘鉴定资料和试件强度试验报告。

(3) 混凝土拌制前，应测定砂、石含水率并根据测试结果调整材料用量，提出施工配合比。

检查数量：每班工作检查一次。

检验方法：检查含水率测试结果和施工配合比通知单。

4.5.5 结构混凝土的强度等级有何规定?

答：结构混凝土的强度等级必须符合设计要求。用于检查结构构件混凝土强度的试件，应在混凝土的浇筑地点随机抽取。取样与试件留置应符合下列规定：

(1) 每拌制 100 盘且不超过 100m^3 的同配合比的混凝土，取样不得少于一次；

(2) 每工作班拌制的同一配合比的混凝土不足 100 盘时，取样不得少于一次；

(3) 当一次连续浇筑超过 1000m^3 时，同一配合比的混凝土每 200m^3 取样不得少于一次；

(4) 每一楼层、同一配合比的混凝土，取样不得少于一次；

(5) 每次取样应至少留置一组标准养护试件，同条件养护试件的留置组数应根据实际需要确定。

检验方法：检查施工记录及试件强度试验报告。

4.5.6 有抗渗要求的混凝土试件有何规定?

答：对有抗渗要求的混凝土结构，其混凝土试件应在浇筑地点随机取样。同一工程、同一配合比的混凝土，取样不应少于一次，留置组数可根据实际需要确定。

检验方法：检查试件抗渗试验报告。

4.5.7 混凝土原材料的偏差有何规定?

答：混凝土原材料每盘称量的偏差应符合表 4-10 的规定。

原材料每盘称量的允许偏差 **表 4-10**

材料名称	允许偏差
水泥、掺合料	±2%
粗、细骨料	±3%
水、外加剂	±2%

注：1. 各种衡器应定期校验，每次使用前应进行零点校核，保持计量准确；
2. 当遇雨天或含水率有显著变化时，应增加含水率检测次数，并及时调整水和骨料的用量。

检查数量：每工作班抽查不应少于一次。

检验方法：复称。

4.5.8 混凝土运输、浇筑时间有何规定?

答：混凝土运输、浇筑及间歇的全部时间不应超过混凝土的初凝时间。同一施工段的混凝土应连续浇筑，并应在底层混凝土初凝之前将上一层混凝土浇筑完毕。

当底层混凝土初凝后浇筑上一层混凝土时，应按施工技术方案中对施工缝的要求进行处理。

检查数量：全数检查。

检验方法：观察，检查施工记录。

4.5.9 施工缝及后浇带的留置有何规定?

答：(1) 施工缝的位置应在混凝土浇筑前按设计要求和施工技术方案确定。施工缝的处理应按施工技术方案执行。

检查数量：全数检查。

检验方法：观察，检查施工记录。

(2) 后浇带的留置位置应按设计要求和施工技术方案确定。后浇带混凝土浇筑应按施工技术方案进行。

检查数量：全数检查。

检验方法：观察，检查施工记录。

4.5.10 混凝土浇筑完毕后有何规定?

答：混凝土浇筑完毕后，应按施工技术方案及时采取有效的养护措施，并应符合下列规定：

(1) 应在浇筑完毕后的12h以内对混凝土加以覆盖并保湿养护；

(2) 混凝土浇水养护的时间：对采用硅酸盐水泥、普通硅酸盐水泥或矿渣硅酸盐水泥拌制的混凝土，不得少于7d；对掺用缓凝型外加剂或有抗渗要求的混凝土，不得少于14d；

(3) 浇水次数应能保持混凝土处于湿润状态；混凝土养护用水应与拌制用水相同；

(4) 采用塑料布覆盖养护的混凝土，其敞露的全部表面应覆盖严密，并应保持塑料布内有凝结水；

(5) 混凝土强度达到1.2N/mm^{2}前，不得在其上踩踏或安装模板及支架。

检查数量：全数检查。

检验方法：观察，检查施工记录。

注：1. 当日平均气温低于5℃时，不得浇水；

2. 当采用其他品种水泥时，混凝土的养护时间应根据所采用水泥的技术性能确定；

3. 混凝土表面不便浇水或使用塑料布时，宜涂刷养护剂；

4. 对大体积混凝土的养护，应根据气候条件按施工技术方案采取控温措施。

4.6 现浇结构工程

4.6.1 现浇混凝土外观质量有何规定?

答：(1) 现浇结构的外观质量不宜有一般缺陷。

对已经出现的一般缺陷，应由施工单位按技术处理方案进行处理，并重新检查验收。

检查数量：全数检查。

检验方法：观察，检查技术处理方案。

(2) 现浇结构的外观质量不应有严重缺陷。

对已经出现的严重缺陷，应由施工单位提出技术处理方案，并经监理(建设)单位认可后进行处理。对经处理的部位，应重新检查验收。

检查数量：全数检查。

检验方法：观察，检查技术处理方案。

(3) 现浇结构的外观质量缺陷，应由监理(建设)单位、施工单位等各方根据其对结构性能和使用功能影响的严重程度，按表4-11确定。

现浇结构外观质量缺陷 **表4-11**

名称	现　　象	严重缺陷	一般缺陷
露筋	构件内钢筋未被混凝土包裹而外露	纵向受力钢筋有露筋	其他钢筋有少量露筋
蜂窝	混凝土表面缺少水泥砂浆而形成石子外露	构件主要受力部位有蜂窝	其他部位有少量蜂窝
孔洞	混凝土中孔穴深度和长度均超过保护层厚度	构件主要受力部位有孔洞	其他部位有少量孔洞

续表

名称	现　象	严重缺陷	一般缺陷
夹渣	混凝土中夹有杂物且深度超过保护层厚度	构件主要受力部位有夹渣	其他部位有少量夹渣
疏松	混凝土中局部不密实	构件主要受力部位有疏松	其他部位有少量疏松
裂缝	缝隙从混凝土表面延伸至混凝土内部	构件主要受力部位有影响结构性能或使用功能的裂缝	其他部位有少量不影响结构性能或使用功能的裂缝
连接部位缺陷	构件连接处混凝土缺陷及连接钢筋、连接件松动	连接部位有影响结构传力性能的缺陷	连接部位有基本不影响结构传力性能的缺陷
外形缺陷	缺棱掉角、棱角不直、翘曲不平、飞边凸肋等	清水混凝土构件有影响使用功能或装饰效果的外形缺陷	其他混凝土构件有不影响使用功能的外形缺陷
外表缺陷	构件表面麻面、掉皮、起砂、沾污等	具有重要装饰效果的清水混凝土构件有外表缺陷	其他混凝土构件有不影响使用功能的外表缺陷

4.6.2　现浇结构的尺寸偏差有何规定？

答：(1) 现浇结构拆模后，应由监理(建设)单位、施工单位对外观质量和尺寸偏差进行检查，作出记录，并应及时按施工技术方案对缺陷进行处理。

(2) 现浇结构和混凝土设备基础拆模后的尺寸偏差应符合表4-12、表4-13的规定。

检查数量：按楼层、结构缝或施工段划分检验批。在同一检验批内，对梁、柱和独立基础，应抽查构件数量的10%，且不少于3件；对墙和板，应按有代表性的自然间抽查10%，且不少于3间；对大空间结构，墙可按相邻轴线间高度5m左右划分检查面，板可按纵、横轴线划分检查面，抽查10%，且均不少于3面；对电梯井，应全数检查。对设备基础，应全数检查。

现浇结构尺寸允许偏差和检验方法　　表 4-12

项目			允许偏差(mm)	检验方法
轴线位置	基础		15	钢尺检查
	独立基础		10	
	墙、柱、梁		8	
	剪力墙		5	
垂直度	层高	≤5m	8	经纬仪或吊线、钢尺检查
		>5m	10	经纬仪或吊线、钢尺检查
	全高(H)		H/1000 且≤30	经纬仪、钢尺检查
标高	层高		±10	水准仪或拉线、钢尺检查
	全高		±30	
截面尺寸			+8，−5	钢尺检查
电梯井	井筒长、宽对定位中心线		+25，0	钢尺检查
	井筒全高(H)垂直度		H/1000 且≤30	经纬仪、钢尺检查
表面平整度			8	2m 靠尺和塞尺检查
预埋设施中心线位置	预埋件		10	钢尺检查
	预埋螺栓		5	
	预埋管		5	
预留洞中心线位置			15	钢尺检查

注：检查轴线、中心线位置时，应沿纵、横两个方向量测，并取其中的较大值。

混凝土设备基础尺寸允许偏差和检验方法　　表 4-13

项目		允许偏差(mm)	检验方法
坐标位置		20	钢尺检查
不同平面的标高		0，−20	水准仪或拉线、钢尺检查
平面外形尺寸		±20	钢尺检查
凸台上平面外形尺寸		0，−20	钢尺检查
凹穴尺寸		+20，0	钢尺检查
平面水平度	每米	5	水平尺、塞尺检查
	全长	10	水准仪或拉线、钢尺检查

续表

项目		允许偏差(mm)	检验方法
垂直度	每米	5	经纬仪或吊线、钢尺检查
	全高	10	
预埋地脚螺栓	标高(顶部)	＋20，0	水准仪或拉线、钢尺检查
	中心距	±2	钢尺检查
预埋地脚螺栓孔	中心线位置	10	钢尺检查
	深度	＋20，0	钢尺检查
	孔垂直度	10	吊线、钢尺检查
预埋活动地脚螺栓锚板	标高	＋20，0	水准仪或拉线、钢尺检查
	中心线位置	5	钢尺检查
	带槽锚板平整度	5	钢尺、塞尺检查
	带螺纹孔锚板平整度	2	钢尺、塞尺检查

注：检查坐标、中心线位置时，应沿纵、横两个方向量测，并取其中的较大值。

4.6.3 现浇结构不应有哪些偏差？

答：现浇结构不应有影响结构性能和使用功能的尺寸偏差。混凝土设备基础不应有影响结构性能和设备安装的尺寸偏差。

对超过尺寸允许偏差结构性能和安装、使用功能的部位，应由施工单位提出技术处理方案，并经监理(建设)单位认可后进行处理。对经处理的部位，应重新检查验收。

检查数量：全数检查。

检验方法：量测，检查技术处理方案。

4.7 装配式结构工程

4.7.1 装配式结构工程施工有哪些规定？

答：(1) 预制构件应进行结构性能检验。结构性能检验不合格的预制构件不得用于混凝土结构。

(2) 叠合结构中预制构件的叠合面应符合设计要求。

(3) 装配式结构外观质量、尺寸偏差的验收及对缺陷的处理应按第 4.6 节的相应规定执行。

(4) 预制构件应在明显部位标明生产单位、构件型号、生产日期和质量验收标志。构件上的预埋件，插筋和预留孔洞的规格、位置和数量应符合标准图或设计的要求。

检查数量：全数检查。

检验方法：观察。

(5) 预制构件的外观质量不应有严重缺陷。对已经出现的严重缺陷，应按技术处理方案进行处理，并重新检查验收。

检查数量：全数检查。

检验方法：观察，检查技术处理方案。

(6) 预制构件不应有影响结构性能和安装、使用功能的尺寸偏差。对超过尺寸允许偏差且影响结构性能和安装、使用功能的部位，应按技术处理方案进行处理，并重新检查验收。

检查数量：全数检查。

检验方法：观察，检查技术处理方案。

4.7.2 预制构件的缺陷及偏差有何规定?

答：(1) 预制构件的外观质量不宜有一般缺陷。对已经出现的一般缺陷，应按技术处理方案进行处理，并重新检查验收。

检查数量：全数检查。

检验方法：观察，检查技术处理方案。

(2) 预制构件的尺寸偏差应符合表 4-14 的规定。

检查数量：同一工作班生产的同类型构件，抽查 5%且不少于 3 件。

预制构件尺寸的允许偏差及检验方法　　表 4-14

项目		允许偏差(mm)	检验方法
长度	板、梁	+10，-5	钢尺检查
	柱	+5，-10	
	墙板	±5	
	薄腹梁、桁架	+15，-10	
宽度、高(厚)度	板、梁、柱、墙板、薄腹梁、桁架	±5	钢尺量一端及中部，取其中较大值
侧向弯曲	梁、板、柱	l/750 且≤20	拉线、钢尺量最大弯曲处
	墙板、薄腹梁、桁架	l/1000 且≤20	
预埋件	中心线位置	10	钢尺检查
	螺栓位置	5	
	螺栓外露长度	+10，-5	
预留孔	中心线位置	5	钢尺检查
预留洞	中心线位置	15	钢尺检查
主筋保护层厚度	板	+5，-3	钢尺或保护层厚度测定仪量测
	梁、柱、墙板、薄腹梁、桁架	+10，-5	
对角线差	板、墙板	10	钢尺量两个对角线
表面平整度	板、墙板、柱、梁	5	2m 靠尺和塞尺检查
预应力构件预留孔道位置	梁、墙板、薄腹梁、桁架	3	钢尺检查
翘曲	板	l/750	调平尺在两端量测
	墙板	l/1000	

注：1. l 为构件长度(mm)；

2. 检查中心线、螺栓和孔道位置时，应沿纵、横两个方向量测，并取其中的较大值；

3. 对形状复杂或有特殊要求的构件，其尺寸偏差应符合标准图或设计要求。

4.7.3 结构性能检验有何规定?

答：预制构件按标准图或设计要求的试验参数及检验指标进行结构性能检验。

检验内容：钢筋混凝土构件和允许出现裂缝的预应力混凝土构件进行承载力、挠度和裂缝宽度检验；不允许出现裂缝的预应力混凝土构件进行承载力、挠度和抗裂检验；预应力混凝土构件中的非预应力杆件按钢筋混凝土构件的要求进行检验。对设计成熟、生产数量较少的大型构件，当采取加强材料和制作质量检验的措施时，可仅作挠度、抗裂或裂缝宽度检验；当采取上述措施并有可靠的实践经验时，可不作结构性能检验。

检验数量：对成批生产的构件，应按同一工艺正常生产的不超过1000件且不超过3个月的同类型产品为一批。当连续检验10批且每批的结构性能检验结果均符合规范规定的要求时，对同一工艺正常生产的构件，可改为不超过2000件且不超过3个月的同类型产品为一批。在每批中应随机抽取一个构件作为试件进行检验。

检验方法：采用短期静力加载检验。

注：1.“加强材料和制作质量检验的措施”包括下列内容：

(1) 钢筋进场检验合格后，在使用前再对用作构件受力主筋的同批钢筋按不超过5t抽取一组试件，并经检验合格；对经逐盘检验的预应力钢丝，可不再抽样检查；

(2) 受力主筋焊接接头的力学性能，应按国家现行标准《钢筋焊接及验收规程》JGJ 18检验合格后，再抽取一组试件，并经检验合格；

(3) 混凝土按$5m^3$且不超过半个工作班生产的相同配合比的混凝土，留置一组试件，并经检验合格；

(4) 受主筋焊接接头的外观质量、入模后的主筋保护层厚度、张拉预应力总值和构件的截面尺寸等，应逐件检验合格。

2.“同类型产品”是指同一钢种、同一混凝土强度等级、同一生产工艺和同一结构形式的构件。对同类型产品进行抽样检验时，试件宜从设计荷载最大、受力最不利或生产数量最多的构件中抽取。对同类型的其他产品，也应定期进行抽样检验。

4.7.4 预制构件的运输、吊装有何规定？

答：(1) 预制构件码放和运输时的支承位置和方法应符合标准图或设计的要求。

检查数量：全数检查。

检查方法：观察检查。

(2) 进入现场的预制构件，其外观质量、尺寸偏差及结构性能应符合标准图或设计的要求。

检查数量：按批检查。

检查方法：检查构件合格证。

(3) 预制构件吊装前，应按设计要求在构件和相应的支承结构上标志中心线、标高等控制尺寸，按标准图或设计文件校核预埋件及连接钢筋等，并作出标志。

检查数量：全数检查。

检查方法：观察、钢尺检查。

(4) 预制构件按标准图或设计的要求吊装。起吊时绳索与构件水平面的夹角不宜小于45°，否则应采用吊架或经验算确定。

检查数量：全数检查。

检查方法：观察检查。

(5) 预制构件安装就位后，应采取保证构件稳定的临时固定措施，并应根据水准点和轴线校正位置。

检查数量：全数检查。

检查方法：观察、钢尺检查。

4.7.5 装配式结构的接头和拼缝有何规定？

答：装配式结构中的接头和拼缝应符合设计要求；当设计无具体要求时，应符合下列规定：

(1) 对承受内力的接头和拼缝应采用混凝土浇筑，其强度等级应比构件混凝土强度等级提高一级；

(2) 对不承受内力的接头和拼缝应采用混凝土或砂浆浇筑，其强度等级不应低于C15或M15；

(3) 用于接头和拼缝的混凝土或砂浆，宜采取膨胀措施和快硬措施，在浇筑过程中应振捣密实，并应采取必要的养护措施。

检查数量：全数检查。

检查方法：检查施工记录及试件强度试验报告。

4.7.6 预制构件与结构的连接有何要求？

预制构件与结构之间的连接应符合设计要求。

连接处钢筋或埋件采用焊接或机械连接时，接头质量应符合国家现行标准《钢筋焊接及验收规程》JGJ 18，《 钢筋机械连接通用技术规程》JGJ 107 的要求。

检查数量：全数检查。

检查方法：观察，检查施工记录。

4.7.7 承受内力的接头和拼缝有何要求？

答：承受内力的接头的拼缝，当其混凝土强度未达到设计要求时，不得吊装上一层结构构件；当设计无具体要求时，应在混凝土强度不小于10N/mm^2 或具有足够的支承时方可吊装上一层结构构件。

已安装完毕的装配式结构，应在混凝土强度到达设计要求后，方可承受全部设计荷载。

检查数量：全数检查。

检查方法：检查施工记录及试件强度试验报告。

4.8 混凝土结构子分部工程

4.8.1 结构实体检验有何规定？

答：(1) 对涉及混凝土结构安全的重要部件应进行结构实体检验。结构实体检验应在监理工程师(建设单位项目专业技术负责人)

见证下，由施工项目技术负责人组织实施。承担结构实体检验的试验室应具有相应的资质。

（2）结构实体检验的内容应包括混凝土强度、钢筋保护层厚度以及工程合同约定的项目；必要时可检验其他项目。

（3）对混凝土强度的检验，应以在混凝土浇筑地点制备并与结构实体同条件养护的试件强度为依据。混凝土强度检验用同条件养护试件的留置、养护和强度代表值应符合第 4.10 节的规定。

对混凝土强度的检验，也可根据合同的约定，采用非破损或局部破损的检测方法，按国家现行有关标准的规定进行。

（4）当同条件养护试件强度的检验结果符合现行国家标准《混凝土强度检验评定标准》GBJ 107 的有关规定时，混凝土强度应判为合格。

（5）对钢筋保护层厚度的检验，抽样数量、检验方法、允许偏差和合格条件应符合第 4.11 节的规定。

（6）当未能取得同条件养护试件强度、同条件养护试件强度被判为不合格或钢筋保护层厚度不满足要求时，应委托具有相应资质等级的检测。

4.8.2 混凝土结构子分部质量验收应提供哪些文件和记录？

答：混凝土结构子分部工程施工质量验收时，应提供下列文件和记录：

（1）设计变更文件；

（2）原材料出厂合格证和进场复验报告；

（3）钢筋接头的试验报告；

（4）混凝土工程施工记录；

（5）混凝土试件的性能试验报告；

（6）装配式结构预制构件的合格证和安装验收记录；

（7）预应力筋用锚具、连接器的合格证和进场复验报告；

（8）预应力筋安装、张拉及灌浆记录；

（9）隐蔽工程验收记录；

（10）分项工程验收记录；

（11）混凝土结构实体检验记录；

（12）工程的重大质量问题的处理方案和验收记录；

（13）其他必要的文件和记录。

4.8.3 混凝土结构子分部质量验收有何规定？

答：（1）混凝土结构子分部工程施工质量验收合格应符合下列规定：

1）有关分项工程施工质量验收合格；

2）有完整的质量控制资料；

3）观感质量验收合格；

4）结构实体检验结果满足规范的要求。

（2）当混凝土结构施工质量不符合要求时，应按下列规定进行处理：

1）经返工、返修或更换构件、部件的检验批，应重新进行验收；

2）经有资质的检测单位检测鉴定达到设计要求的检验批，应予以验收；

3）经有资质的检测单位检测鉴定达不到设计要求，但经原设计单位核算并确认仍可满足结构安全和使用功能的检验批，可予以验收；

4）经返修或加固处理能够满足结构安全使用要求的分项工程，可根据技术处理方案和协商文件进行验收。

（3）混凝土结构工程子分部工程施工质量验收合格后，应将所有验收文件存档备案。

4.9 纵向受力钢筋最小搭接长度

4.9.1 纵向受力钢筋的最小搭接长度有何规定？

答：（1）当纵向受拉钢筋的绑扎搭接接头面积百分率不大于25%时，其最小搭接长度应符合表4-15的规定。

纵向受拉钢筋的最小搭接长度　　表 4-15

钢筋类型		混凝土强度等级			
		C15	C20～C25	C30～C35	≥C40
光圆钢筋	HPB235 级	45d	35d	30d	25d
带肋钢筋	HRB335 级	55d	45d	35d	30d
	HRB400 级、RRB400 级	—	55d	40d	35d

注：两根直径不同钢筋的搭接长度，以较细钢筋的直径计算。

(2) 当纵向受拉钢筋搭接接头面积百分率大于 25%，但不大于 50%时，其最小搭接长度应按表 4-15 中的数值乘以系数 1.2 取用；当接头面积百分率大于 50%时，应按表 4-15 中的数值乘以系数 1.35 取用。

(3) 当符合下列条件时，纵向受拉钢筋的最小搭接长度应根据本条确定后，按下列规定进行修正：

1) 当带肋钢筋的直径大于 25mm 时，其最小搭接长度应按相应数值乘以系数 1.1 取用；

2) 对环氧树脂涂层的带肋钢筋，其最小搭接长度应按相应数值乘以系数 1.25 取用；

3) 当在混凝土凝固过程中受力钢筋易受扰动时(如滑模施工)，其最小搭接长度应按相应数值乘以系数 1.1 取用；

4) 对末端采用机械锚固措施的带肋钢筋，其最小搭接长度可按相应数值乘以系数 0.7 取用；

5) 当带肋钢筋的混凝土保护层厚度大于搭接钢筋直径的 3 倍且配有箍筋时，其最小搭接长度可按相应数值乘以系数 0.8 取用；

6) 对有抗震设防要求的结构件，其受力钢筋的最小搭接长度对一、二级抗震等级应按相应数值乘以系数 1.15 采用；对三级抗震等级应按相应数值乘以系数 1.05 采用。在任何情况下，受拉钢筋的搭接长度不应小于 300mm。

4.9.2　纵向受压钢筋搭接时，搭接长度有何规定？

答：纵向受压钢筋搭接时，其最小搭接长度应根据第 4.9.1 条的规定确定相应数值后，乘以系数 0.7 取用。在任何情况下，受压钢筋的搭接长度不应小于 200mm。

4.10 结构实体检验用同条件养护试件强度检验

4.10.1 同条件养护试块留置数量有何要求?

答：同条件养护试件的留置方式和取样数量，应符合下列要求：

(1) 同条件养护试件所对应的结构构件或结构部位，应由监理(建设)、施工等各方共同选定；

(2) 对混凝土结构工程中的混凝土强度等级，均应留置同条件养护试件；

(3) 同一强度等级的同条件养护试件，其留置的数量应根据混凝土工程质量和重要性确定，不宜少于 10 组，且不应少于 3 组；

(4) 同条件养护试件拆模后，应放置在靠近相应结构构件或结构部位的适当位置，并应采取相同的养护方法。

4.10.2 同条件养护期有何规定?

答：同条件养护试件应在达到等效养护龄期时进行强度试验。

等效养护龄期应根据同条件养护试件强度与在标准养护条件下 28d 龄期试件强度相等的原则确定。

4.10.3 同条件自然养护试件有何规定?

答：同条件自然养护试件的等效养护龄期及相应的试件强度代表值，宜根据当地的气温和养护条件，按下列规定确定：

(1) 等效养护龄期可取按日平均温度逐日累计达到 600℃・d 时所对应的龄期，0℃及以下的龄期不计入；等效养护龄期不应小于 14d，也不宜大于 60d；

(2) 同条件养护试件的强度代表值应根据强度试验结果按现行国家标准《混凝土检验评定标准》GBJ 107 的规定确定后，乘折算系数取用；折算系数宜取为1.10，也可根据当地的试验统计结果作适用调整。

4.11 结构实体钢筋保护层厚度检验

4.11.1 结构实体钢筋保护层厚度检验有何规定?

答：(1) 钢筋保护层厚度检验的结构部位和构件数量，应符合下列要求：

1) 钢筋保护层厚度检验的结构部位，应由监理(建设)、施工等各方根据结构构件的重要性共同选定；

2) 对梁类、板类构件，应各抽取构件数量的2%且不少于5个构件进行检验；当有悬挑构件时，抽取的构件中悬挑梁类、板类构件所占比例均不宜小于50%。

(2) 对选定的梁类构件，应对全部纵向受力钢筋的保护层厚度进行检验；对选定的板类构件，应抽取不少于6根纵向受力钢筋的保护层厚度进行检验。对每根钢筋，应在有代表性的部位测量1点。

(3) 钢筋保护层厚度的检验，可采用非破损或局部破损的方法，也可采用非破损方法并用局部破损方法进行校准。当采用非破损方法检验时，所使用的检测仪器应经过计量检验，检测操作应符合相应规程的规定。

钢筋保护层厚度检验的检测误差不应大于1mm。

(4) 钢筋保护层厚度检验时，纵向受力钢筋保护层厚度的允许偏差，对梁类构件为+10mm，-7mm；对板类构件为+8mm，-5mm。

(5) 对梁类、板类构件纵向受力钢筋的保护层厚度应分别进行验收。

4.11.2 结构实体钢筋保护层厚度验收有何规定?

答：结构实体钢筋保护层厚度验收合格符合下列规定：

(1) 当全部钢筋保护层厚度检验的合格点率为 90%及以上时，钢筋保护层厚度的检验结果应判为合格；

(2) 当全部钢筋保护层厚度检验的合格点率小于 90%但不小于 80%，可再抽取相同数量的构件进行检验；当按两次抽样总和计算的合格点率为 90%及以上时，钢筋保护层厚度的检验结果仍应判为合格；

(3) 每次抽样检验结果中不合格点的最大偏差均不应大于第 4.11.1 条第 4 款规定允许偏差的 1.5 倍。

5 钢结构工程

5.1 施工质量控制

5.1.1 钢结构施工有哪些要求?

答:钢结构工程施工单位应具备相应的钢结构工程施工资质,施工现场质量管理应有相应的施工技术标准、质量管理体系、质量控制及检验制度、施工现场应有经项目技术负责人审批的施工组织设计、施工方案等技术文件。

5.1.2 钢结构施工质量控制有何规定?

答:钢结构工程应按下列规定进行施工质量控制:

(1) 采用的原材料及成品应进行进场验收。凡涉及安全、功能的原材料及成品应按规范规定进行复验,并应经监理工程师(建设单位技术负责人)见证取样、送样;

(2) 各工序应按施工技术标准进行质量控制,每道工序完成后,应进行检查;

(3) 相关各专业工种之间,应进行交接检验,并经监理工程师(建设单位技术负责人)检查认可。

5.1.3 钢结构工程质量验收有何规定?

答:钢结构工程施工质量验收应在施工单位自检基础上,按照检验批、分项工程、分部(子分部)工程进行。钢结构分部(子分部)工程中分项工程划分应按照现行国家标准《建筑工程施工质量验收统一标准》GB 50300 的规定执行。钢结构分项工程应有一个或若干检验批组成，各分项工程检验批应按规范的规定进行划分。

5.1.4 分项工程验收有何规定?

答：(1) 分项工程检验批合格质量标准应符合下列规定：

1) 主控项目必须符合规范合格质量标准的要求；

2) 一般项目其检验结果应有80%及以上的检查点(值)符合规范合格质量标准的要求，且最大值不应超过其允许偏差值的1.2倍；

3) 质量检查记录、质量证明文件等资料应完整。

(2) 分项工程合格质量标准应符合下列规定：

1) 分项工程所含的各检验批均应符合规范合格质量标准；

2) 分项工程所含的各检验批质量验收记录应完整。

5.1.5 当钢结构工程质量不符合规范要求时有何规定?

答：当钢结构工程施工质量不符合规范要求时，应按下列规定进行处理：

(1) 经返工重做或更换构(配)件的检验批，应重新进行验收；

(2) 经有资质的检测单位检测鉴定能够达到设计要求的检验批，应予以验收；

(3) 经有资质的检测单位检测鉴定达不到设计要求，但经原设计单位核算认可能够满足结构安全和使用功能的检验批，可予以验收；

(4) 经返修或加固处理的分项、分部工程，虽然改变外形尺寸但仍能满足安全使用要求，可按处理技术方案和协商文件进行验收。

5.2 原材料及成品进入现场

5.2.1 材料进入现场有何规定?

答：(1) 钢材、钢铸件的品种、规格、性能等应符合现行国家产品标准和设计要求。进口钢材产品的质量应符合设计和合同规定标准的要求。

检查数量：全数检查。

检验方法：检查质量合格证明文件、中文标志及检验报告等。

(2) 对属于下列情况之一的钢材，应进行抽样复验，其复验结果应符合现行国家产品标准和设计要求。

1) 国外进口钢材；

2) 钢材混批；

3) 板厚等于或大于 40mm，且设计有 Z 向性能要求的厚板；

4) 建筑结构安全等级为一级，大跨度钢结构中主要受力构件所采用的钢材；

5) 设计有复验要求的钢材；

6) 对质量有疑义的钢材。

检查数量：全数检查。

检验方法：检查复验报告。

(3) 钢板厚度及允许偏差应符合其产品标准的要求。

检查数量：每一品种、规格的钢板抽查 5 处。

检验方法：用钢尺和游标卡尺量测。

(4) 型钢的规格尺寸及允许偏差符合其产品标准的要求。

检查数量：每品种、规格的型钢抽查 5 处。

检验方法：用钢尺和游标卡尺量测。

(5) 钢材的表面外观质量除应符合国家现行有关标准的规定外，尚应符合下列规定：

1) 当钢材的表面有锈蚀、麻点或划痕等缺陷时，其深度不得大于该钢材厚度负允许偏差值的 1/2；

2) 钢材表面的锈蚀等级应符合现行国家标准《涂装前钢材表面锈蚀等级和除锈等级》GB 8923 规定的 C 级及 C 级以上；

3) 钢材端边或断口处不应有分层、夹渣等缺陷。

检查数量：全数检查。

检验方法：观察检查。

5.2.2 焊接材料有何规定?

答:(1)焊接材料的品种、规格、性能等应符合现行国家产品标准和设计要求。

检查数量:全数检查。

检验方法:检查焊接材料的质量合格证明文件、中文标志及检验报告等。

(2)重要钢结构采用的焊接材料应进行抽样复验,复验结果应符合现行国家产品标准和设计要求。

检查数量:全数检查。

检验方法:检查复验报告。

(3)焊钉及焊接瓷环的规格、尺寸及偏差应符合现行国家标准《圆柱头焊钉》GB 10433 中的规定。

检查数量:按量抽查1%,且不应少于10套。

检验方法:用钢尺和游标卡尺量测。

(4)焊条外观不应有药皮脱落、焊芯生锈等缺陷;焊剂不应受潮结块。

检查数量:按量抽查1%,且不应少于10包。

检验方法:观察检查。

5.2.3 焊接球的施工有何规定?

答:(1)焊接球及制造焊接球所采用的原材料,其品种、规格、性能等应符合现行国家产品标准和设计要求。

检查数量:全数检查。

检验方法:检查产品的质量合格证明文件、中文标志及检验报告等。

(2)焊接球焊缝应进行无损检验,其质量应符合设计要求,当设计无要求时应符合规范 GB 50205—2001 中规定的二级质量标准。

检查数量:每一规格按数量抽查5%,且不应少于3个。

检验方法:超声波探伤或检查检验报告。

（3）焊接球直径、圆度、壁厚减薄量等尺寸及允许偏差应符合规范的规定。

检查数量：每规格按数量抽查5%，且不应少于3个。

检验方法：用卡尺和测厚仪检查。

（4）焊接球表面应无明显波纹及局部凹凸不平不大于1.5mm。

检查数量：每一规格按数量抽查5%，且不应少于3个。

检验方法：用弧形套模、卡尺和观察检查。

5.2.4 螺栓球的施工有何规定？

答：（1）螺栓球及制造螺栓球节点所采用的原材料，其品种、规格、性能等应符合现行国家产品标准和设计要求。

检查数量：全数检查。

检验方法：检查产品的质量合格证明文件、中文标志及检验报告等。

（2）螺栓球不得有过烧、裂纹及褶皱。

检查数量：每种规格抽查5%，且不应少于5只。

检验方法：用10倍放大镜观察和表面探伤。

（3）螺栓球螺纹尺寸应符合现行国家标准《普通螺纹基本尺寸》GB 196中粗牙螺纹的规定，螺纹公差必须符合现行国家标准《普通螺纹公差与配合》GB 197中6H级精度的规定。

检查数量：每种规格抽查5%，且不应少于5只。

检验方法：用标准螺纹规。

（4）螺栓球直径、圆度、相邻两螺栓孔中心线夹角等尺寸及允许偏差应符合规范的规定。

检查数量：每规格按数量抽查5%，且不应少于3个。

检验方法：用卡尺和分度头仪检查。

5.2.5 封板、锥头和套筒所用材料有何规定？

答：（1）封板、锥头和套筒及制造封板、锥头和套筒所采用的原材料，其品种、规格、性能等应符合现行国家产品标准和设计要求。

检查数量：全数检查。

检验方法：检查产品的质量合格证明文件、中文标志及检验报告等。

(2) 封板、锥头、套筒外观不得有裂纹、过烧及氧化皮。

检查数量：每种抽查5%，且不应少于10只。

检验方法：用放大镜观察检查和表面探伤。

5.2.6 金属压型材制造有何规定?

答：(1) 金属压型板及制造金属压型板所采用的原材料，其品种、规格、性能等应符合现行国家产品标准和设计要求。

检查数量：全数检查。

检验方法：检查产品的质量合格证明文件、中文标志及检验报告等。

(2) 压型金属泛水板、包角板和零配件的品种、规格以及防水密封材料的性能应符合现行国家产品标准和设计要求。

检查数量：全数检查。

检验方法：检查产品的质量合格证明文件、中文标志及检验报告等。

(3) 压型金属板的规格尺寸及允许偏差、表面质量、涂层质量等应符合设计要求和规范的规定。

检查数量：每种规格抽查5%，且不应少于3件。

检验方法：观察和用10倍放大镜检查及尺量。

5.2.7 钢结构防腐涂料，防火涂料的使用有何规定?

答：(1) 钢结构防腐涂料、稀释剂和固化剂等材料的品种、规格、性能等应符合现行国家产品标准和设计要求。

检查数量：全数检查。

检验方法：检查产品的质量合格证明文件、中文标志及检验报告等。

（2）钢结构防火涂料的品种和技术性能应符合设计要求，并应经过具有资质的检测机构检测符合国家现行有关标准的规定。

检查数量：全数检查。

检验方法：检查产品的质量合格证明文件、中文标志及检验报告等。

（3）防腐涂料和防火涂料的型号、名称、颜色及有效期应与其质量证明文件相符。开启后，不应存在结皮、结块、凝胶等现象。

检查数量：按桶数抽查5%，且不应少于3桶。

检验方法：观察检查。

5.3 钢结构焊接工程

5.3.1 钢结构焊缝探伤检验有何规定?

答：（1）碳素结构钢应在焊缝冷却到环境温度、低合金结构钢应在完成焊接24h以后，进行焊缝探伤检验。

（2）设计要求全焊透的一、二级焊缝应采用超声波探伤进行内部缺陷的检验，超声波探伤不能对缺陷作出判断时，应采用射线探伤，其内部缺陷分级及探伤方法应符合现行国家标准《钢焊缝手工超声波探伤方法和探伤结果分级》GB 11345或《钢熔化焊对接接头射线照相和质量分级》GB 3323的规定。

焊接球节点网架焊缝、螺栓球节点网架焊缝及圆管T、K、Y形节点相关线焊缝，其内部缺陷分级及探伤方法应分别符合国家现行标准《焊接球节点钢网架焊缝超声波探伤方法及质量分级法》JBJ/T 3034.1、《螺栓球节点钢网架焊缝超声波探伤方法及质量分级法》JBJ/T 3034.2、《建筑钢结构焊接技术规程》JGJ 81的规定。

一级、二级焊缝的质量等级及缺陷分级应符合表5-1的规定。

检查数量：全数检查。

检验方法：检查超声波或射线探伤记录。

一、二级焊缝质量等级及缺陷分级　　表 5-1

焊缝质量等级		一级	二级
内部缺陷 超声波探伤	评定等级	Ⅱ	Ⅲ
	检验等级	B级	B级
	探伤比例	100%	20%
内部缺陷 射线探伤	评定等级	Ⅱ	Ⅲ
	检验等级	AB级	AB级
	探伤比例	100%	20%

注：探伤比例的计数方法应按以下原则确定：(1)对工厂制作焊缝，应按每条焊缝计算百分比，且探伤长度应不小于 200mm，当焊缝长度不足 200mm 时，应对整条焊缝进行探伤；(2)对现场安装焊缝，应按同一类型、同一施焊条件的焊缝条数计算百分比，探伤长度应不小于 200mm，并应不少于 1 条焊缝。

5.3.2　焊接材料的选取有何规定?

答：焊条、焊丝、焊剂、电渣焊熔嘴等焊接材料与母材的匹配应符合设计要求及国家现行行业标准《建筑钢结构焊接技术规程》JGJ 81 的规定。焊条、焊剂、药芯焊丝、熔嘴等在使用前，应按其产品说明书及焊接工艺文件的规定进行烘焙和存放。

检查数量：全数检查。

检验方法：检查质量证明书和烘焙记录。

5.3.3　钢结构焊接对焊工有何要求?

答：焊工必须经考试合格并取得合格证书。持证焊工必须在其考试合格项目及认可范围内施焊。

检查数量：全数检查。

检验方法：检查焊工合格证及其认可范围、有效期。

5.3.4　T 形接头、十字接头、角接接头的焊接有何规定?

答：T 形接头、十字接头、角接接头等要求熔透的对接和角对接组合焊缝，其焊脚尺寸不应小于 $t/4$（图 5-1a、b、c）；设计有疲劳验算要求的吊车梁或类似构件的腹板与上翼缘连接焊缝的焊脚尺寸为 $t/2$（图 5-1d），且不应大于 10mm。焊脚尺寸的允许偏差为 0～4mm。

检查数量：资料全数检查；同类焊缝抽查 10%，且不应少于 3 条。

检验方法：观察检查，用焊缝量规抽查测量。

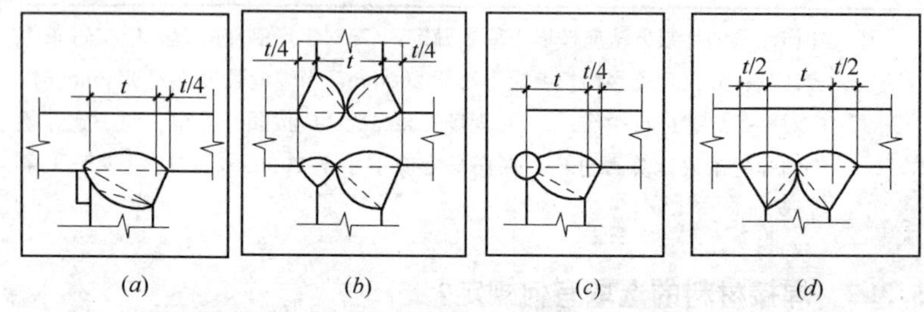

图 5-1　焊脚尺寸

5.3.5　焊缝表面质量有何规定？

答：焊缝表面不得有裂纹、焊瘤等缺陷。一、二级焊缝不得有表面气孔、夹渣、弧坑裂纹、电弧擦伤等缺陷。且一级焊缝不得有咬边、未焊满、根部收缩等缺陷。

检查数量：每批同类构件抽查 10%，且不应少于 3 件；被抽查构件中，每一类型焊缝按条数抽查 5%，且不少于 1 条；每条检查 1 处，总抽查数不应少于 10 处。

检验方法：观察检查或使用放大镜、焊缝量规和钢尺检查，当存在疑义时，采用渗透或磁粉探伤检查。

5.3.6　焊钉焊接工程有何规定？

答：(1) 施工单位对其采用的焊钉和钢材焊接应进行焊接工艺评定，其结果应符合设计要求和国家现行有关标准的规定。瓷环应按其产品说明书进行烘焙。

检查数量：全数检查。

检验方法：检查焊接工艺评定报告和烘焙记录。

(2) 焊钉焊接后应进行弯曲试验检查，其焊缝和热影响区不应有肉眼可见的裂纹。

检查数量：每批同类构件抽查10%，且不应小于10件；被抽查构件中，每件检查焊钉数量的1%，但不应少于1个。

检验方法：焊钉弯曲30°后用角尺检查和观察检查。

(3) 焊钉根部焊脚应均匀，焊脚立面的局部未熔合或不足360°的焊脚应进行修补。

检查数量：按总焊钉数量抽查1%，且不应少于10个。

检验方法：观察检查。

5.4 紧固件连接工程

5.4.1 普通紧固件连接有何规定？

答：(1) 普通螺栓作为永久性连接螺栓时，当设计有要求或对其质量有疑义时，应进行螺栓实物最小拉力载荷复验，试验方法见《钢结构工程施工质量验收规范》附录B，其结果应符合现行国家标准《紧固件机械性能螺栓、螺钉和螺柱》GB 3098的规定。

检查数量：每一规格螺栓抽查8个。

检验方法：检查螺栓实物复验报告。

(2) 永久性普通螺栓坚固应牢固、可靠，外露丝扣不应少于2扣。

检查数量：按连接节点数抽查10%，且不应少于3个。

检验方法：观察和用小锤敲击检查。

5.4.2 高强度螺栓连接有何规定？

答：(1) 钢结构制作和安装单位应按规定分别进行高强度螺栓

连接摩擦面的抗滑移系数试验和复验，现场处理的构件摩擦面应单独进行摩擦面的抗滑移系数试验，其结果应符合设计要求。

检查数量：见《钢结构工程施工质量验收规范》附录B。

检验方法：检查摩擦面抗滑移系数试验报告和复验报告。

(2) 高强度大六角头螺栓连接副终拧完成1h后、48h内应进行终拧扭矩检查，检查结果应符合《钢结构工程施工质量验收规范》附录B的规定。

检查数量：按节点数抽查10%，且不应少于10个；每个被抽查节点按螺栓数抽查10%，且不应少于2个。

检验方法：见《钢结构工程施工质量验收规范》附录B。

5.4.3 扭剪型高强度螺栓连接有何规定?

答：扭剪型高强度螺栓连接副终拧后，除因构造原因无法使用专用扳手终拧掉梅花头者外，未在终拧中拧掉梅花头的螺栓数不应大于该节点螺栓数的5%。对所有梅花头未拧掉的扭剪型高强度螺栓连接副应采用扭矩法或转角法进行终拧并作标记，且按规范的规定进行终拧扭矩检查。

检查数量：按节点数抽查10%，但不应少于10个节点，被抽查节点梅花头未拧掉的扭剪型高强度螺栓连接副全数进行终拧扭矩检查。

检验方法：观察检查及《钢结构工程施工质量验收规范》附录B的规定。

5.4.4 高强度螺栓施拧有何规定?

答：(1) 高强度螺栓连接副的施拧顺序和初拧、复拧扭矩应符合设计要求和国家现行行业标准《钢结构高强度螺栓连接的设计施工及验收规程》JGJ 82的规定。

检查数量：全数检查资料。

检验方法：检查扭矩扳手标定记录和螺栓施工记录。

(2) 高强度螺栓连接副终拧后，螺栓丝扣外露应为2～3扣，其中允许有10%的螺栓丝扣外露1扣或4扣。

检查数量：按节点数抽查5%，且不应少于10个。

检验方法：观察检查。

5.4.5 螺栓孔有何规定？

答：高强度螺栓应自由穿入螺栓孔。高强度螺栓孔不应采用气割扩孔，扩孔数量应征得设计同意，扩孔后的孔径不应超过1.2d(d为螺栓直径)。

检查数量：被扩螺栓孔全数检查。

检验方法：观察检查及用卡尺检查。

5.4.6 螺栓球节点施工有何规定？

答：螺栓球节点网架总拼完成后，高强度螺栓与球节点应坚固连接，高强度螺栓拧入螺栓球内的螺纹长度不应小于1.0d(d为螺栓直径)，连接处不应出现有间隙、松动等未拧紧情况。

检查数量：按节点数抽查5%，且不应少于10个。

检验方法：普通扳手及尺量检查。

5.5 钢零件及钢部件加工工程

5.5.1 钢材切割有何规定？

答：(1) 钢材切割面或剪切面应无裂纹、夹渣、分层和大于1mm的缺棱。

检查数量：全数检查。

检验方法：观察或用放大镜及百分尺检查，有疑义时作渗透、磁粉或超声波探伤检查。

(2) 气割的允许偏差应符合表5-2的规定。

检查数量：按切割面数抽查10%，且不应少于3个。

检验方法：观察检查或用钢尺、塞尺检查。

气割的允许偏差(mm)　　表 5-2

项　　目	允许偏差
零件宽度、长度	±3.0
切割面平面度	0.052t，且不应大于 2.0
割纹深度	0.3
局部缺口深度	1.0

注：t 为切割面厚度。

(3) 机械剪切的允许偏差应符合表 5-3 的规定。

检查数量：按切割面数抽查 10%，且不应少于 3 个。

检验方法：观察检查或用钢尺、塞尺检查。

机械剪切的允许偏差(mm)　　表 5-3

项　　目	允许偏差
零件宽度、长度	±3.0
边缘缺棱	1.0
型钢端部垂直度	2.0

5.5.2 钢材矫正和成型有何规定？

答：(1) 碳素结构钢在环境温度低于−16℃、低合金结构钢在环境温度低于−12℃时，不应进行冷矫正和冷弯曲。碳素结构钢和低合金结构钢在加热矫正时，加热温度不应超过 900℃。低合金结构钢在加热矫正后应自然冷却。

检查数量：全数检查。

检验方法：检查制作工艺报告和施工记录。

(2) 当零件采用热加工成型时，加热温度应控制在 900～1000℃；碳素结构钢和低合金结构钢在此温度分别下降到 700℃和 800℃之前，应结束加工；低合金结构钢应自然冷却。

检查数量：全数检查。

检验方法：检查制作工艺报告和施工记录。

(3) 矫正后的钢材表面，不应有明显的凹面或损伤，划痕深度不得大于 0.5mm，且不应大于该钢材厚度负允许偏差的 1/2。

检查数量：全数检查。

检验方法：观察检查和实测检查。

(4) 冷矫正和冷弯曲的最小曲率半径和最大弯曲矢高应符合表 5-4 的规定。

检查数量：按冷矫正和冷弯曲的件数抽查 10%，且不应小于 3 个。

检验方法：观察检查和实测检查。

冷矫正和冷弯曲的最小曲率半径和最大弯曲矢高(mm)　表 5-4

钢材类别	图　例	对应轴	矫　正		弯　曲	
			r	f	r	f
钢板扁钢	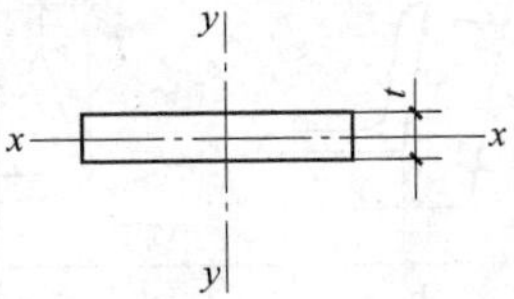	x—x	$50t$	$\frac{l^2}{400t}$	$25t$	$\frac{l^2}{200t}$
		y—y(仅对扁钢轴线)	$100b$	$\frac{l^2}{800b}$	$50b$	$\frac{l^2}{400b}$
角钢	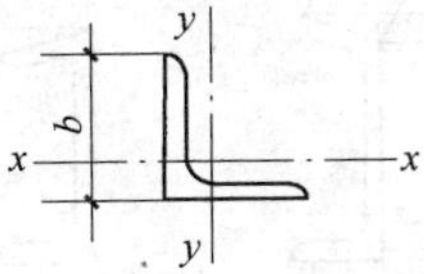	x—x	$90b$	$\frac{l^2}{720b}$	$45b$	$\frac{l^2}{360b}$
槽钢	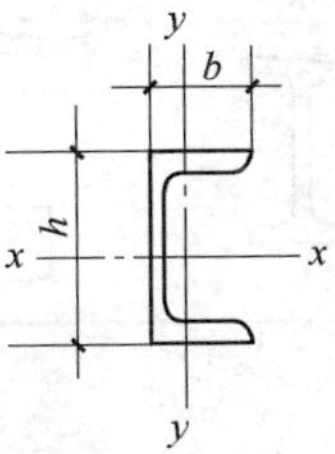	x—x	$50h$	$\frac{l^2}{400h}$	$25h$	$\frac{l^2}{200h}$
		y—y	$90b$	$\frac{l^2}{720b}$	$45b$	$\frac{l^2}{360b}$
工字钢	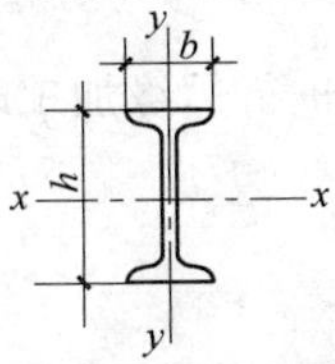	x—x	$50h$	$\frac{l^2}{400h}$	$25h$	$\frac{l^2}{200h}$
		y—y	$50b$	$\frac{l^2}{400b}$	$25b$	$\frac{l^2}{200b}$

注：r 为曲率半径；f 为弯曲矢高；l 为弯曲弦长；t 为钢板厚度。

（5）钢材矫正后的允许偏差，应符合表5-5的规定。

检查数量：按矫正件数抽查10%，且不应少于3件。

检验方法：观察检查和实测检查。

钢材矫正后的允许偏差(mm) **表5-5**

项目		允许偏差	图例
钢板的局部平面度	$t\leqslant14$	1.5	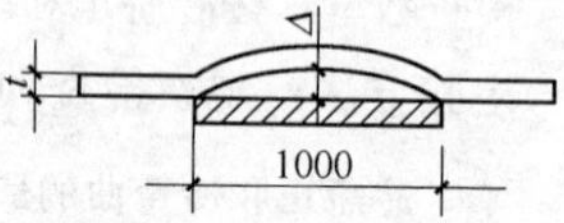
	$t>14$	1.0	
型钢弯曲矢高		$l/1000$，且不应大于5.0	
角钢肢的垂直度		$b/100$ 双肢栓接角钢的角度不得大于90°	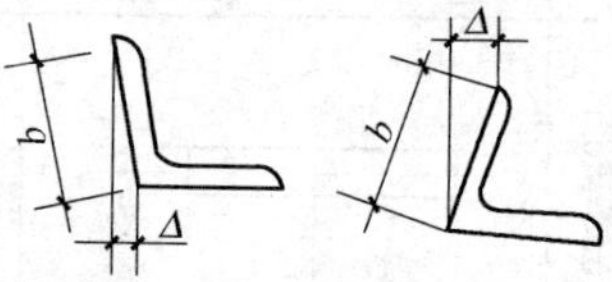
槽钢翼缘对腹板的垂直度		$b/80$	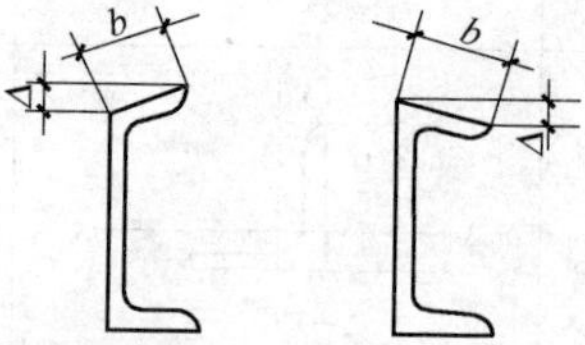
工字钢、H型钢翼缘对腹板的垂直度		$b/100$ 且不大于2.0	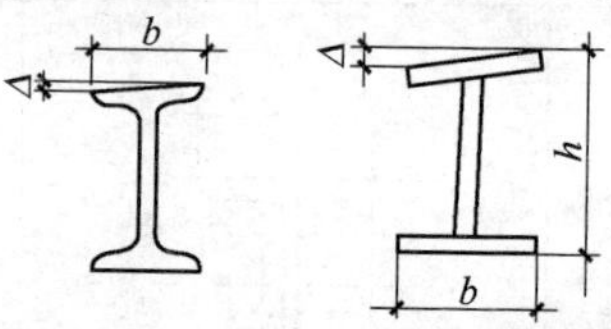

5.5.3 边缘加工有何规定?

答：（1）气割或机械剪切的零件，需要进行边缘加工时，其刨削量不应小于2.0mm。

检查数量：全数检查。

检验方法：检查工艺报告和施工记录。

（2）边缘加工允许偏差应符合表5-6的规定。

边缘加工的允许偏差(mm)　　表 5-6

项　　目	允许偏差
零件宽度、长度	±1.0
加工边直线度	$l/3000$，且不应大于 2.0
相邻两边夹角	±6′
加工面垂直度	$0.025t$，且不应大于 0.5
加工面表面粗糙度	▽50

检查数量：按加工面数抽查 10%，且不应少于 3 件。

检验方法：观察检查和实测检查。

5.5.4　管、球加工有何规定?

答：(1) 螺栓球成型后，不应有裂纹、褶皱、过烧。

检查数量：每种规格抽查 10%，且不应少于 5 个。

检验方法：10 倍放大镜观察检查或表面探伤。

(2) 钢板压成半圆球后，表面不应有裂纹、褶皱；焊接球其对接坡口应采用机械加工，对接焊缝表面应打磨平整。

检查数量：每种规格抽查 10%，且不应少于 5 个。

检验方法：10 倍放大镜观察检查或表面探伤。

(3) 螺栓球加工的允许偏差应符合表 5-7 的规定。

检查数量：每种规格抽查 10%，且不应少于 5 个。

检验方法：见表 5-7。

螺栓球加工的允许偏差(mm)　　表 5-7

项　　目		允许偏差	检验方法
圆度	$d \leqslant 120$	1.5	用卡尺和游标卡尺检查
	$d > 120$	2.5	
同一轴线上两铣平面平行度	$d \leqslant 120$	0.2	用百分表 V 形块检查
	$d > 120$	0.3	

续表

项　　目		允许偏差	检验方法
铣平面距球中心距离		±0.2	用游标卡尺检查
相邻两螺栓孔中心线夹角		±30′	用分度头检查
两铣平面与螺栓孔轴线垂直度		0.005r	用百分表检查
球毛坯直径	$d \leqslant 120$	+2.0 −1.0	用卡尺和游标卡尺检查
	$d > 120$	+3.0 −1.5	

(4) 焊接球加工的允许偏差应符合表 5-8 的规定。

检查数量：每种规格抽查 10%，且不应小于 5 个。

检验方法：见表 5-8。

焊接球加工的允许偏差(mm)　　**表 5-8**

项　　目	允许偏差	检验方法
直径	±0.005d ±2.5	用卡尺和游标卡尺检查
圆度	2.5	用卡尺和游标卡尺检查
壁厚减薄量	0.13t，且不应大于 1.5	用卡尺和测厚仪检查
两半球对口错边	1.0	用套模和游标卡尺检查

(5) 钢网架(桁架)用钢管杆件加工的允许偏差应符合表 5-9 的规定。

检查数量：每种规格抽查 10%，且不应少于 5 根。

检验方法：见表 5-9。

钢网架(桁架)用钢管杆件加工的允许偏差(mm)　　**表 5-9**

项　　目	允许偏差	检验方法
长度	±1.0	用钢尺和百分表检查
端面对管轴的垂直度	0.005r	用百分表 V 形块检查
管口曲线	1.0	用套模和游标卡尺检查

5.5.5 制孔有何规定？

答：(1) A、B级螺栓孔（Ⅰ类孔）应具有 H12 的精度，孔壁表面粗糙度 Ra 不应大于 12.5mm。其孔径的允许偏差应符合表 5-10 的规定。

C级螺栓孔（Ⅱ类孔），孔壁表面粗糙度 Ra 不应大于 25mm，其允许偏差应符合表 5-11 的规定。

检查数量：按钢构件数量抽查 10%，且不应少于 3 件。

检验方法：用游标卡尺或孔径量规检查。

A、B级螺栓孔径的允许偏差(mm)　　　　**表 5-10**

序号	螺栓公称直径、螺栓孔直径	螺栓公称直径允许偏差	螺栓孔直径允许偏差
1	10～18	0.00 −0.21	+0.18 0.00
2	18～30	0.00 −0.21	+0.21 0.00
3	30～50	0.00 −0.25	+0.25 0.00

C级螺栓孔的允许偏差(mm)　　　　**表 5-11**

项　　目	允许偏差	项　　目	允许偏差
直　　径	+1.0 0.0	垂直度	0.03t，且不应大于 2.0
圆　　度	2.0		

(2) 螺栓孔孔距的允许偏差应符合表 5-12 的规定。

检查数量：按钢构件数量抽查 10%，且不应少于 3 件。

检验方法：用钢尺检查。

(3) 螺栓孔孔距的允许偏差超过表 5-12 规定的允许偏差时，应采用与母材材质相匹配的焊条补焊后重新制孔。

检查数量：全数检查。

检验方法：观察检查。

螺栓孔孔距允许偏差(mm) **表 5-12**

螺栓孔孔距范围	≤500	501～1200	1201～3000	>3000
同一组内任意两孔间距离	±1.0	±1.5	—	—
相邻两组的端孔间距离	±1.5	±2.0	±2.5	±3.0

注：1. 在节点中连接板与一根杆件相连的所有螺栓孔为一组；
2. 对接接头在拼接板一侧的螺栓孔为一组；
3. 在两相邻节点或接头间的螺栓孔为一组，但不包括上述两款所规定的螺栓孔；
4. 受弯构件翼缘上的连接螺栓孔，每米长度范围内的螺栓孔为一组。

5.6 钢构件组装工程

5.6.1 H型钢的焊接有何规定？

答：(1) 焊接H型钢的翼缘板拼接缝和腹板拼接缝的间距不应小于200mm。翼缘板拼接长度不应小于2倍板宽；腹板拼接宽度不应小于300mm，长度不应小于600mm。

检查数量：全数检查。

检验方法：观察和用钢尺检查。

(2) 焊接H型钢的允许偏差应符合第5.14节中表5-36的规定。

检查数量：按钢构件数抽查10%，且不应少于3件。

检验方法：用钢尺、角尺、塞尺等检查。

5.6.2 焊接连接组装允许偏差有何规定？

答：(1) 焊接连接组装的允许偏差应符合第5.14节中表5-37的规定。

检查数量：按构件数抽查10%，且不应少于3个。

检验方法：用钢尺检验。

(2) 顶紧接触面应有75%以上的面积紧贴。

检查数量：按接触面的数量抽查10%，且不应少于10个。

检验方法：用 0.3mm 塞尺检查，其塞入面积应不小于 25%，边缘间隙不应大于 0.8mm。

5.6.3 桁架结构允许偏差有何规定？

答：桁架结构杆件轴线交点错位的允许偏差不得大于 3.0mm，允许偏差不得大于 4.0mm。

检查数量：按构件数抽查 10%，且不应少于 3 个，每个抽查构件按节点数抽查 10%，且不应少于 3 个节点。

检验方法：尺量检查。

5.6.4 端部铣平允许偏差有何规定？

答：端部铣平的允许偏差应符合表 5-13 的规定。

检查数量：按铣平面数量抽查 10%，且不应少于 3 个。

检验方法：用钢尺、角尺、塞尺等检查。

端部铣平的允许偏差(mm)　　表 5-13

项　目	允许偏差
两端铣平时构件长度	±2.0
两端铣平时零件长度	±0.5
铣平面的平面度	0.3
铣平面对轴线的垂直度	$l/1500$

5.6.5 安装坡口有何规定？

答：安装焊缝坡口的允许偏差应符合表 5-14 的规定。

检查数量：按坡口数量抽查 10%，且不应少于 3 条。

检验方法：用焊缝量规检查。

安装焊缝坡口的允许偏差　　表 5-14

项　目	允许偏差	项　目	允许偏差
坡口角度	±5°	钝　边	±1.0mm

5.6.6 钢构件外形尺寸允许偏差有何规定？

答：钢构件外形尺寸主控项目的允许偏差应符合表5-15的规定。

检查数量：全数检查。

检验方法：用钢尺检查。

钢构件外形尺寸主控项目的允许偏差(mm)　　表5-15

项　目	允许偏差
单层柱、梁、桁架受力支托(支承面)表面至第一个安装孔距离	±1.0
多节柱铣平面至第一个安装孔距离	±1.0
实腹梁两端最外侧安装孔距离	±3.0
构件连接处的截面几何尺寸	±3.0
柱、梁连接处的腹板中心线偏移	2.0
受压构件(杆件)弯曲矢高	l/1000，且不应大于10.0

钢构件外形尺寸一般项目的允许偏差应符合第5.14节中表5-38～表5-44的规定。

检查数量：按构件数量抽查10%，且不应少于3件。

检验方法：第5.14节中表5-38～表5-44。

5.7 钢构件预拼装工程

5.7.1 钢构件预拼装工程的施工有何规定？

答：高强度螺栓和普通螺栓连接的多层板叠，应采用试孔器进行检查，并应符合下列规定：

(1) 当采用比孔公称直径小1.0mm的试孔器检查时，每组孔的通过率不应小于85%。

(2) 当采用比螺栓公称直径大0.3mm的试孔器检查时，通过率应为100％。

检查数量：按预拼装单元全数检查。

检验方法：采用试孔器检查。

5.7.2 预拼装的允许偏差有何规定？

答：预拼装的允许偏差应符合第5.14节中表5-45的规定。

检查数量：按预拼装单元全数检查。

检验方法：按第5.14节中表5-45的规定。

5.8 单层钢结构安装工程

5.8.1 单层钢结构工程的施工有何一般规定？

答：(1) 单层钢结构安装工程可按变形缝或空间刚度单元等划分成一个或若干个检验批。地下钢结构可按不同地下层划分检验批。

(2) 钢结构安装检验批应在进场验收和焊接连接、紧固件连接、制作等分项工程验收合格的基础上进行验收。

(3) 安装的测量校正、高强度螺栓安装、负温度下施工及焊接工艺等，应在安装前进行工艺试验或评定，并应在此基础上制定相应的施工工艺或方案。

(4) 安装偏差的检测，应在结构形成空间刚度单元并连接固定后进行。

(5) 安装时，必须控制屋面、楼面、平台等的施工荷载，施工荷载和冰雪荷载等严禁超过梁、桁架、楼面板、屋面板、平台铺板等的承载能力。

(6) 在形成空间刚度单元后，应及时对柱底板和基础顶面的空隙进行细石混凝土、灌浆料等二次浇灌。

(7) 吊车梁或直接承受动力荷载的梁其受拉翼缘、吊车桁架或直接承受动力荷载的桁架其受拉弦杆上不得焊接悬挂物和卡具等。

5.8.2 基础和支承面的施工有何规定?

答:(1)建筑物的定位轴、基础轴线和标高、地脚螺栓的规格及其紧固应符合设计要求。

检查数量:按柱基数抽查10%,且不应少于3个。

检验方法:用经纬仪、水准仪、全站仪和钢尺现场实测。

(2)基础顶面直接作为柱的支承面和基础顶面埋钢板或支座作为柱的支承面时,其支承面、地脚螺栓(锚栓)位置的允许偏差应符合表5-16的规定。

检查数量:按柱基数抽查10%,且不应少于3个。

检验方法:用经纬仪、水准仪、全站仪、水平尺和钢尺实测。

支承面、地脚螺栓(锚栓)位置的允许偏差(mm)　　表 5-16

项　目		允许偏差
支承面	标　高	±3.0
	水平度	l/1000
地脚螺栓(锚栓)	螺栓中心偏移	5.0
预留孔中心偏移		10.0

5.8.3 采用座浆垫板允许偏差有何规定?

答:采用座浆垫板时,座浆垫板的允许偏差应符合表5-17的规定。

检查数量:资料全数检查。按柱基数抽查10%,且不应少于3个。

检验方法:用水准仪、全站仪、水平尺和钢尺现场实测。

座浆垫板的允许偏差(mm)　　表 5-17

项　目	允许偏差	项　目	允许偏差
顶面标高	0.0 −3.0	位　置	20.0
水平度	l/1000		

5.8.4 地脚螺栓的偏差有何规定?

答：地脚螺栓(锚栓)尺寸的偏差应符合表5-18的规定。

地脚螺栓(锚栓)的螺纹应受到保护。

检查数量：按柱基数抽查10%，且不应少于3个。

检验方法：.用钢尺现场实测。

地脚螺栓(锚栓)尺寸的允许偏差(mm)　　表5-18

项　目	允许偏差	项　目	允许偏差
螺栓(锚栓)露出长度	+30.0 0.0	螺纹长度	+30.0 0.0

5.8.5 单层钢结构安装和校正有何规定?

答：(1) 钢构件应符合设计要求和规范的规定。运输、堆放和吊装等造成的钢构件变形及涂层脱落，应进行矫正和修补。

检查数量：按构件数抽查10%，且不应少于3个。

检验方法：用拉线、钢尺现场实测或观察。

(2) 设计要求顶紧的节点，接触面不应少于70%紧贴，且边缘最大间隙不应大于0.8mm。

检查数量：按节点数抽查10%，且不应少于3个。

检验方法：用钢尺及0.3mm和0.8mm厚的塞尺现场实测。

(3) 钢屋(托)架、桁架、梁及受压杆件的垂直度物侧向弯曲矢高的允许偏差应符合表5-19的规定。

钢屋(托)架、桁架、梁及受压杆件垂直度和侧向弯曲矢高的允许偏差(mm)　　表5-19

项目	允许偏差	图　例
跨中的垂直度	$h/250$，且不应大于15.0	1 1 Δ h 1—1

续表

项目	允许偏差		图　例
侧向弯曲矢高 f	$l \leqslant 30m$	$l/1000$，且不应大于 10.0	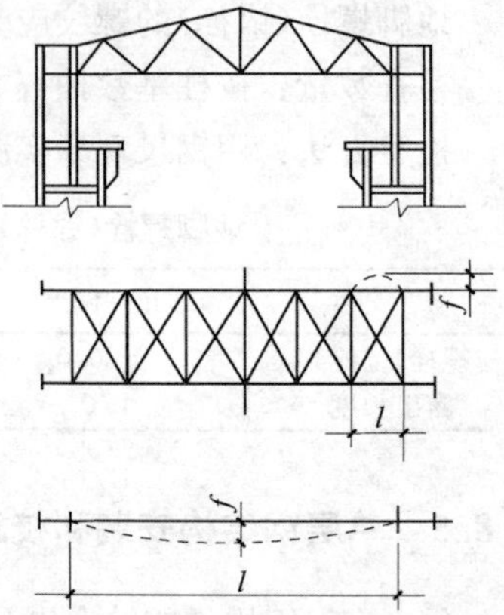
	$30m < l \leqslant 60m$	$l/1000$，且不应大于 30.0	
	$l > 60m$	$l/1000$，且不应大于 50.0	

检查数量：按同类构件数抽查 10%，且不应少于 3 个。

检验方法：用吊线、拉线、经纬仪和钢尺现场实测。

5.8.6　单层钢结构弯曲允许偏差有何规定？

答：单层钢结构主体结构的整体垂直度和整体平面弯曲的允许偏差应符合表 5-20 的规定。

整体垂直度和整体平面弯曲的允许偏差（mm）　　表 5-20

项　目	允许偏差	图　例
主体结构的整体垂直度	$H/1000$，且不应大于 25.0	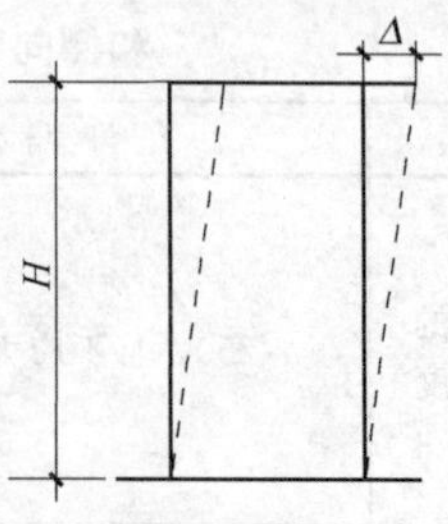

续表

项　目	允许偏差	图　例
主体结构的整体平面弯曲	l/1500，且不应大于25.0	

检查数量：对主要立面全部检查。对每个所检查的立面，除两列角柱外，应至少选取一列中间柱。

检验方法：采用经纬仪、全站仪等测量。

5.8.7 钢柱的安装有何规定？

答：(1) 钢柱等主要构件的中心线及标高基准点等标记应齐全。

检查数量：按同类构件数抽查10%，且不应少于3件。

检验方法：观察检查。

(2) 钢柱安装的允许偏差应符合第5.14节中表5-46的规定。

检查数量：按钢柱数抽查10%，且不应少于3件。

检验方法：见第5.14节中表5-46。

5.8.8 钢桁架安装在混凝土柱上时有何规定？

答：当钢桁架(或梁)安装在混凝土柱上时，其支座中心对定位轴线的偏差不应大于10mm；当采用大型混凝土屋面板时，钢桁架(或梁)间距的偏差不应大于10mm。

检查数量：按同类构件数抽查10%，且不应少于3榀。

检验方法：用拉线和钢尺现场实测。

5.8.9 钢吊车梁允许偏差有何规定？

答：(1) 钢吊车梁或直接承受动力荷载的类似构件，其安装的允许偏差应符合第5.14节中表5-47的规定。

检查数量：按钢吊车梁数抽查10%，且不应少于3榀。

检验方法：见第5.14节中表5-47。

(2) 檩条、墙架等次要构件安装的允许偏差应符合第5.14节中表5-48的规定。

检查数量：按同类构件数抽查10%，且不应少于3件。

检验方法：见第5.14节中表5-48。

(3) 钢平台、钢梯、栏杆安装应符合现行国家标准《固定式钢直梯安全技术条件》GB 4053.1、《固定式钢斜梯安全技术条件》GB 4053.2、《固定式防护栏杆安全技术条件》GB 4053.3和《固定式工业钢平台》GB 4053.4的规定。钢平台、钢梯和防护栏杆安装的允许偏差应符合第5.14节中表5-49的规定。

检查数量：按钢平台总数抽查10%，栏杆、钢梯按总长度各抽查10%，但钢平台不应少于1个，栏杆不应少于5m，钢梯不应少于1跑。

检验方法：见第5.14节中表5-49。

(4) 现场焊缝组对间隙的允许偏差应符合表5-21的规定。

检查数量：按同类节点数抽查10%，且不应少于3个。

检验方法：尺量检查。

现场焊缝组对间隙的允许偏差(mm)　　表5-21

项　目	允许偏差	项　目	允许偏差
无垫板间隙	+3.0 0.0	有垫板间隙	+3.0 −2.0

5.9 多层及高层钢结构安装工程

5.9.1 多层及高层钢结构安装有哪些一般规定?

答：(1) 本节适用于多层及高层钢结构的主体结构、地下钢结构、檩条及墙架等次要构件、钢平台、钢梯、防护栏杆等安装工程的质量验收。

(2) 多层及高层钢结构安装工程可按楼层或施工段等划分为一个或若干个检验批。地下钢结构可按不同地下层划分检验批。

(3) 柱、梁、支撑等构件的长度尺寸应包括焊接收缩余量等变形值。

(4) 安装柱时，每节柱的定位轴线应从地面控制轴线直接引上，不得从下层柱的轴线引上。

(5) 结构的结构标高可按相对标高或设计标高进行控制。

(6) 钢结构安装检验批应在进场验收和焊接连接、紧固件连接、制作等分项工程验收合格的基础上进行验收。

5.9.2 建筑物的定位轴线有何规定?

答：建筑物的定位轴线、基础上柱的定位轴线和标高、地脚螺栓(锚栓)的规格和位置、地脚螺栓(锚栓)紧固应符合设计要求。当设计无要求时，应符合表 5-22 的规定。

检查数量：按柱基数抽查 10%，且不应少于 3 个。

检验方法：采用经纬仪、水准仪、全站仪和钢尺实测。

建筑物定位轴线、基础上柱的定位轴线和标高、地脚螺柱(锚栓)的允许偏差(mm)　　表 5-22

项　目	允许偏差	图　例
建筑物定位轴线	$l/2000$，且不应大于 3.0	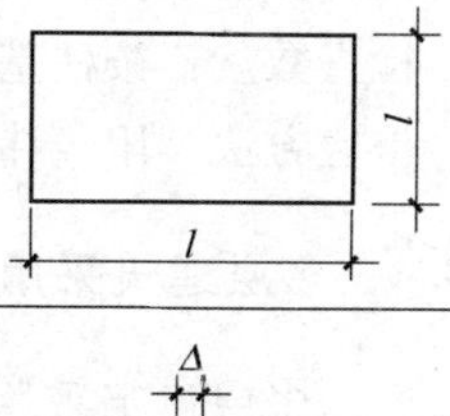 l l
基础上柱的定位轴线	1.0	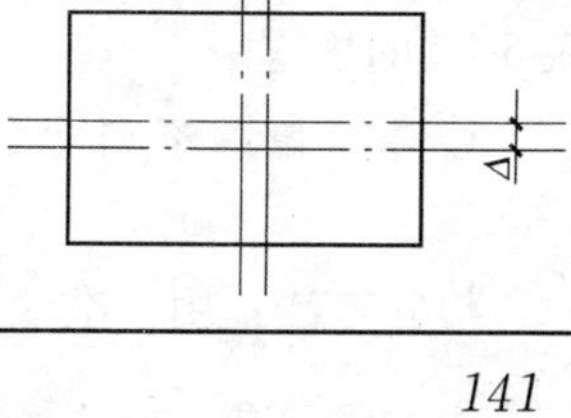 Δ Δ

续表

项　　目	允许偏差	图　　例
基础上柱底标高	±2.0	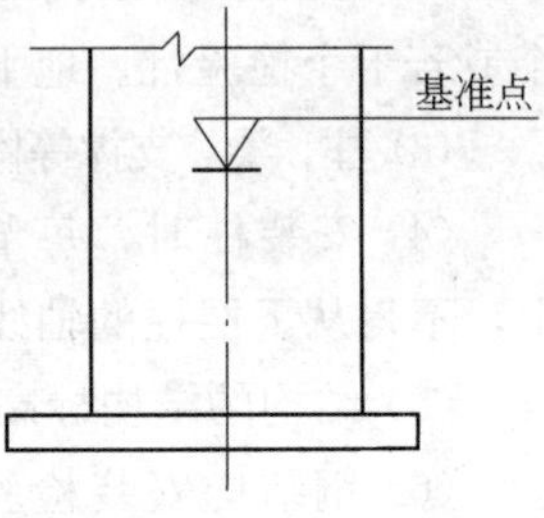 基准点
地脚螺栓（锚栓）位移	2.0	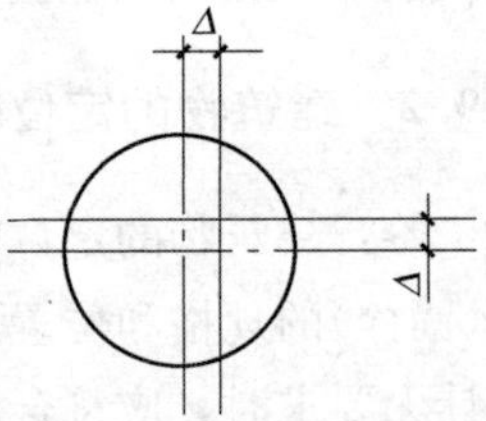 Δ

5.9.3　多层建筑支承面允许偏差有何规定?

答：多层建筑以基础顶面直接作为柱的支承面，或以基础顶面预埋钢板或支座作为柱的支承面时，其支承面、地脚螺栓（锚栓）位置的允许偏差应符合规定。

检查数量：按柱基数抽查10%，且不应少于3个。

检验方法：用经纬仪、水准仪、全站仪、水平尺和钢尺实测。

5.9.4　多层建筑采用座浆垫板时允许偏差有何规定?

答：多层建筑采用座浆垫板时，座浆垫板的允许偏差应符合表5-23的规定。

检查数量：资料全数检查。按柱基数抽查10%，且不少于3个。

检验方法：用水准仪、全站仪、水平尺和钢尺实测。

座浆垫板的允许偏差(mm) **表 5-23**

项　目	允许偏差	项　目	允许偏差
顶面标高	0.0 −3.0	位　置	20.0
水平度	$l/1000$		

5.9.5 采用杯口基础允许偏差有何规定?

答：当采用杯口基础时，杯口尺寸的允许偏差应符合表 5-24 的规定。

检查数量：按基础数抽查 10%，且不应少于 4 处。

检验方法：观察及尺量检查。

杯口尺寸的允许偏差(mm) **表 5-24**

项　目	允许偏差	项　目	允许偏差
底面标高	0.0 −5.0	杯口垂直度	$H/100$，且不应大于 10.0
杯口深度 H	±5.0	位　置	10.0

5.9.6 地脚螺栓允许偏差有何规定?

答：地脚螺栓(锚栓)尺寸的允许偏差应符合表 5-18 的规定。地脚螺栓(锚栓)的螺纹应受到保护。

检查数量：按柱基数抽查 10%，且不应少于 3 个。

检验方法：用钢尺现场实测。

5.9.7 钢构件的运输堆放有何规定?

答：钢构件应符合设计要求和规范的规定。运输、堆放和吊装等造成的钢构件变形及涂层脱落，应进行矫正和修补。

检查数量：按构件数抽查 10%，且不应少于 3 个。

检验方法：用拉线、钢尺现场实测或观察。

5.9.8 柱子安装允许偏差有何规定？

答：柱子安装的允许偏差应符合表 5-25 的规定。

检查数量：标准柱全部检查；非标准柱抽查 10%，且不应少于 3 根。

检验方法：用全站仪或激光经纬仪和钢尺实测。

柱子安装的允许偏差(mm) **表 5-25**

项　目	允许偏差	图　例
底层柱柱底轴线对定位轴线偏移	3.0	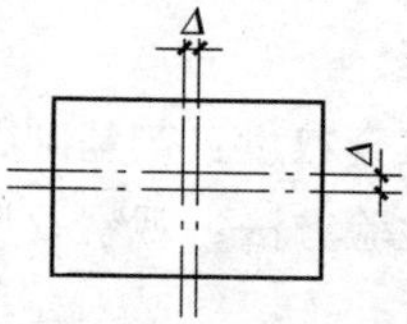 Δ Δ
柱子定位轴线	1.0	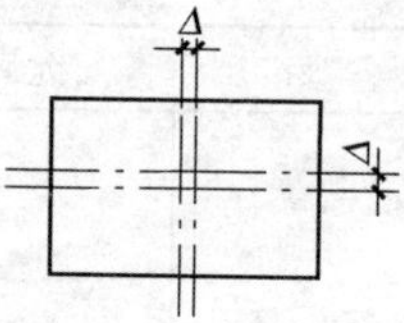 Δ Δ
单节柱的垂直度	$h/1000$，且不应大于 10.0	 Δ

5.9.9 顶紧的节点设计有何要求？

答：设计要求顶紧的节点，接触面不应少于 70%紧贴，且边缘最大间隙不应大于 0.8mm。

检查数量：按节点数抽查 10%，且不应少于 3 个。

检验方法：用钢尺及 0.3mm 和 0.8mm 厚的塞尺现场实测。

5.9.10 钢主梁、次梁允许偏差有何规定?

答：钢主梁、次梁及受压杆件的垂直度和侧向弯曲矢高的允许偏差应符合表5-19中有关钢屋(托)架允许偏差的规定。

检查数量：按同类构件数抽查10%，且不应少于3个。

检验方法：用吊线、拉线、经纬仪和钢尺现场实测。

5.9.11 多层主体结构允许偏差有何规定?

答：多层及高层钢结构主体结构的整体垂直度和整体平面弯曲的允许偏差应符合表5-26的规定。

检查数量：对主要立面全部检查。对每个所检查的立面，除两列角柱外，尚应至少选取一列中间柱。

检验方法：对于整体垂直度，可采用激光经纬仪、全站仪测量，也可根据各节柱的垂直度允许偏差累计(代数和)计算。对于整体平面弯曲，可按产生的允许偏差累计(代数和)计算。

整体垂直度和整体平面弯曲的允许偏差(mm) **表5-26**

项目	允许偏差	图例
主体结构的整体垂直度	(H/2500+10.0)，且不应大于50	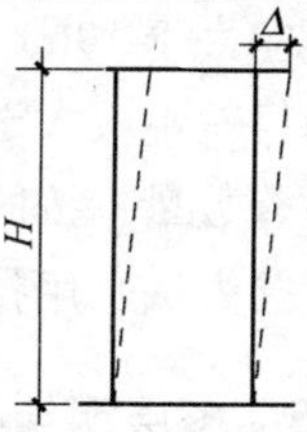 Δ H
主体结构的整体平面弯曲	l/1500，且不应大于25.0	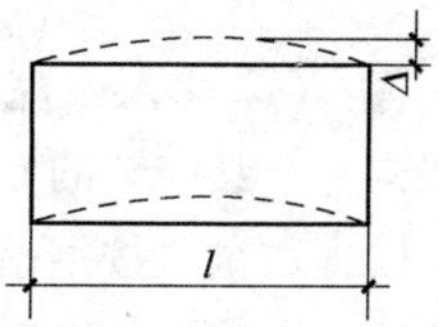 Δ l

5.9.12 钢柱的基准有何要求?

答：钢柱等主要构件的中心线及标高基准点等标记应齐全。

检查数量：按同类构件数抽查10%，且不应少于3件。

检验方法：观察检查。

5.9.13 钢构件安装允许偏差有何规定?

答：(1) 钢构件安装的允许偏差应符合第5.14节中表5-50的规定。

检查数量：按同类构件或节点数抽查10%。其中柱和梁各不应少于3件，主梁与次梁连接节点不应少于3个，支承压型金属板的钢梁长度不应少于5m。

检验方法；见第5.14节中表5-50。

(2) 主体结构总高度的允许偏差应符合第5.14节中表5-51的规定。

检查数量：按标准柱列数抽查10%，且不应少于4列。

检验方法：采用全站仪、水准仪和钢尺实测。

5.9.14 钢结构件安装在混凝土柱上有何规定?

答：当钢构件安装在混凝土柱上时，其支座中心对定位轴线的偏差不应大于10mm；当采用大型混凝土屋面板时，钢梁(或桁架)间距的偏差不应大于10mm。

检查数量：按同类构件数抽查10%，且不应少于3榀。

检验方法：用拉线和钢尺现场实测。

5.9.15 多层钢结构安装允许偏差有何规定?

答：(1) 多层及高层钢结构中钢吊车梁或直接承受动力荷载的类似构件，其安装的允许偏差应符合表第5.14节中表5-47的规定。

检查数量：按钢吊车梁数抽查10%，且不应少于3榀。

检验方法：见第5.14节中表5-47。

(2) 多层及高层钢结构中檩、墙架等次要构件安装的允许偏差应符合表5-48的规定。

检查数量：按同类构件数抽查10%，且不应少于3件。

检验方法：见第5.14节中表5-48。

(3) 多层及高层钢结构中钢平台、钢梯、栏杆安装应符合现行国家标准《固定式钢直梯》GB 4053.2、《固定式钢斜梯》GB 4053.2、《固定式防护栏杆》GB 4053.3 和《固定式钢平台》GB 4053.4 的规定。钢平台、钢梯和防护栏杆安装的允许偏差应符合第5.14节中表5-49的规定。

检查数量：按钢平台总数抽查10%，栏杆、钢梯按总长度各抽查10%，但钢平台不应少于1个，栏杆不应少于5m，钢梯不应少于1跑。

检验方法：第5.14节中表5-49。

5.9.16 多层钢结构焊缝组对间隙有何规定?

答：多层及高层钢结构中现场焊缝组对间隙的允许偏差应符合表5-21的规定。

检查数量：按同类节点数抽查10%，且不应少于3个。

检验方法：尺量检查。

5.10 钢网架结构安装工程

5.10.1 钢网架结构的安装有何规定?

答：(1) 钢网架结构支座定位轴线的位置、支座锚栓的规格应符合设计要求。

检查数量：按支座数抽查10%，且不应少于4处。

检验方法：用经纬仪和钢尺实测。

(2) 支承面顶板的位置、标高、水平度以及支座锚栓位置的允许偏差应符合表5-27的规定。

检查数量：按支座数抽查10%，且不应少于4处。

检验方法：用经纬仪、水准仪、水平尺和钢尺实测。

(3) 支承垫块的种类、规格、摆放位置和朝向，必须符合设计

支承面顶板、支座锚栓位置的允许偏差(mm)　　表 5-27

项目		允许偏差
支承面顶板	位置	15.0
	顶面标高	0 −3.0
	顶面水平度	l/1000
支座锚栓	中心偏移	±5.0

要求和国家现行有关标准的规定。橡胶垫块与刚性垫块之间或不同类型刚性垫块之间不得互换使用。

检查数量：按支座数抽查 10%，且不应少于 4 处。

检验方法：观察和用钢尺实测。

(4) 网架支座锚栓的紧固应符合设计要求。

检查数量：按支座数抽查 10%，且不应少于 4 处。

检验方法：观察检查。

(5) 支座锚栓尺寸的允许偏差应符合表 5-16 的规定。支座锚栓的螺纹应受到保护。

检查数量：按支座数抽查 10%，且不应少于 4 处。

检验方法：用钢尺实测。

5.10.2　小拼单元允许偏差有何规定?

答：小拼单元的允许偏差应符合表 5-28 的规定。

小拼单元的允许偏差(mm)　　表 5-28

项目		允许偏差
节点中心偏移		2.0
焊接球节点与钢管中心的偏移		1.0
杆件轴线的弯曲矢高		l_1/1000，且不应大于 5.0
锥体型小拼单元	弦杆长度	±2.0
	锥体设计	±2.0
	上弦杆对角线长度	±3.0

续表

项目			允许偏差
平面桁架型小拼单元	跨长	≤24m	+3.0 −7.0
		>24m	+5.0 −10.0
	跨中高度		±3.0
	跨中拱度	设计要求起拱	$\pm l/5000$
		设计未要求起拱	+10.0

注：1. l_1 为杆件长度；

2. l 为跨长。

检查数量：按单元数抽查5%，且不应少于5个。

检验方法：用钢尺和拉线等辅助量具实测。

5.10.3 中拼单元允许偏差有何规定?

答：中拼单元的允许偏差应符合表5-29的规定。

检查数量：全数检查。

检验方法：用钢尺和辅助量具实测。

中拼单元的允许偏差(mm) **表5-29**

项目		允许偏差
单元长度≤20m，拼接长度	单跨	±10.0
	多跨连续	±5.0
单元长度>20m，拼接长度	单跨	±20.0
	多跨连续	±10.0

5.10.4 建筑结构安全等级为一级的公共建筑钢网架结构有何规定?

答：对建筑结构安全等级为一级，跨度40m及以上的公共建筑钢网架结构，且设计有要求时，应按下列项目进行节点承载力试验，其结果应符合以下规定：

(1) 焊接球节点应按设计指定规格的球及其匹配的钢焊接成试

件，进行轴心拉、压承载力试验，其试验破坏荷载值大于或等于1.6倍设计承载力为合格。

(2) 螺栓球节点应按设计指定规格的球最大螺栓孔螺纹进行抗拉强度保证荷载试验，当达到螺栓的设计承载力时，螺孔、螺纹及封板仍完好无损为合格。

检查数量：每项试验做3个试件。

检验方法：在万能试验机上进行检验，检查试验报告。

5.10.5 钢网架结构挠度值有何规定?

答：钢网架结构总拼完成后及屋面工程完成后应分别测量其挠度值，且所测的挠度值不应超过相应设计值的1.15倍。

检查数量：跨度24m及以下钢网架结构测量下弦中央一点；跨度24m以上钢网架结构测量下弦中央一点及各向下弦跨度的四等分点。

检验方法：用钢尺和水准仪实测。

5.10.6 钢网架结构安装允许偏差有何规定?

答：钢网架结构安装完成后，其安装的允许偏差应符合表5-30的规定。

检查数量：除杆件弯曲矢高按杆件数抽查5%外，其余全数检查。

检验方法：见表5-30。

钢网架结构安装的允许偏差(mm)　　表5-30

项　目	允许偏差	检验方法
纵向、横向长度	$L/2000$，且不应大于30.0 $-L/2000$，且不应小于-30.0	用钢尺实测
支座中心偏移	$L/3000$，且不应大于30.0	用钢尺和经纬仪实测
周边支承网架相邻支座高差	$L/400$，且不应大于15.0	用钢尺和水准仪实测
支座最大高差	30.0	
多点支承网架相邻支座高差	$L_1/800$，且不应大于30.0	

注：1. L为纵向、横向长度；
　　2. L_1为相邻支座间距。

5.11 压型金属板工程

5.11.1 压型金属板成形后有何规定?

答：(1) 压型金属板成型后，其基板不应有裂纹。

检查数量：按计件数抽查5%，且不应少于10件。

检验方法：观察和用10倍放大镜检查。

(2) 有涂层、镀层压型金属板成型后，涂、镀层不应有肉眼可见的裂纹、剥落和擦痕等缺陷。

检查数量：按计件数抽查5%，且不应少于10件。

检验方法：观察检查。

(3) 压型金属板的尺寸允许偏差应符合表5-31的规定。

检查数量：按计件数抽查5%，且不应少于10件。

检验方法：用拉线和钢尺检查。

(4) 压型金属板成型后，表面应干净，不应有明显凹凸和皱褶。

检查数量：按计件数抽查5%，且不应少于10件。

检验方法：观察检查。

压型金属板的尺寸允许偏差(mm) **表5-31**

<table>
<tr><th colspan="3">项 目</th><th>允许偏差</th></tr>
<tr><td colspan="3">波 距</td><td>±2.0</td></tr>
<tr><td rowspan="2">波 高</td><td rowspan="2">压型钢板</td><td>截面高度≤70</td><td>±1.5</td></tr>
<tr><td>截面高度>70</td><td>±2.0</td></tr>
<tr><td>侧向弯曲</td><td>在测量长度 l_1 的范围内</td><td colspan="2">20.0</td></tr>
</table>

注：l_1 为测量长度，指板长扣除两端各0.5m后的实际长度(小于10m)或扣除后任选的10m长度。

5.11.2 压型金属板现场制作允许偏差有何规定?

答：压型金属板施工现场制作的允许偏差应符合表5-32的规定。

压型金属板施工现场制作的允许偏差(mm)　　表 5-32

<table>
<tr><th colspan="3">项　目</th><th>允许偏差</th></tr>
<tr><td rowspan="2">压型金属板的覆盖宽度</td><td colspan="2">截面高度≤70</td><td>+10.0，−2.0</td></tr>
<tr><td colspan="2">截面高度>70</td><td>+6.0，−2.0</td></tr>
<tr><td colspan="3">板　　长</td><td>±9.0</td></tr>
<tr><td colspan="3">横向剪切偏差</td><td>6.0</td></tr>
<tr><td colspan="2" rowspan="3">泛水板、包角板尺寸</td><td>板　　长</td><td>±6.0</td></tr>
<tr><td>折弯面宽度</td><td>±3.0</td></tr>
<tr><td>折弯面夹角</td><td>2°</td></tr>
</table>

检查数量：按计件数抽查 5%，且不应少于 10 件。

检验方法：用钢尺、角尺检查。

5.11.3　压型金属板安装有何规定？

答：(1) 压型金属板、泛水板和包角板等应固定可靠、牢固，防腐涂料涂刷和密封件料敷设应完好，连接件数量、间距应符合设计要求和国家现行有关标准规定。

检查数量：全数检查。

检验方法：观察检查及尺量。

(2) 压型金属板应在支承构件上可靠搭接，搭接长度应符合设计要求，且不应小于表 5-33 所规定的数值。

检查数量：按搭接部位总长度抽查 10%，且不应少于 10m。

检验方法：观察和用钢尺检查。

压型金属板在支承构件的搭接长度(mm)　　表 5-33

<table>
<tr><th colspan="2">项　目</th><th>搭 接 长 度</th></tr>
<tr><td colspan="2">截面高度>70</td><td>375</td></tr>
<tr><td rowspan="2">截面高度≤70</td><td>屋面坡度<1/10</td><td>250</td></tr>
<tr><td>屋面坡度≥1/10</td><td>200</td></tr>
<tr><td colspan="2">墙　　面</td><td>120</td></tr>
</table>

(3) 组合楼板中压型钢板与主体结构(梁)的锚固支承长度应符合设计要求，且不应小于50mm，端部锚固件连接应可靠，设置位置应符合设计要求。

检查数量：沿连接纵向长度抽查10%，且不应少于10m。

检验方法：观察和用钢尺检查。

(4) 压型金属板安装应平整、顺直，板面不应有施工残留物和污物。檐口和墙面下端应呈直线，不应有未经处理的错钻孔洞。

检查数量：按面积抽查10%，且不应少于10m²。

检验方法：观察检查。

5.11.4 压型金属板安装允许偏差有何规定?

答：压型金属板安装的允许偏差应符合表5-34的规定。

检查数量：檐口与屋脊的平行度：按长度抽查10%，且不应少于10m。其他项目：每20m长度应抽查1处，不应少于2处。

检验方法：用拉线、吊线和钢尺检查。

压型金属板安装的允许偏差(mm)　　表5-34

项目		允许偏差
屋面	檐口与屋脊的平行度	12.0
	压型金属板波纹线对屋脊的垂直度	$L/800$，且不应大于25.0
	檐口相邻两块压型金属板端部错位	6.0
	压型金属板卷边板件最大波浪高	4.0
墙面	墙板波纹线的垂直度	$H/800$，且不应大于25.0
	墙板包角板的垂直度	$H/800$，且不应大于25.0
	相邻两块压型金属板的下端错位	6.0

注：1. L 为屋面平坡或单坡长度；

2. H 为墙面高度。

5.12 钢结构涂装工程

5.12.1 钢结构防腐涂料涂装有何规定?

答:(1) 涂装前钢材表面除锈应符合设计要求和国家现行有关标准的规定。处理后的钢材表面不应有焊渣、焊疤、灰尘、油污、水和毛刺等。当设计无要求时,钢材表面除锈等级应符合表 5-35 的规定。

检查数量:按构件数抽查 10%,且同类构件不应少于 3 件。

检验方法:用铲刀检查和用现行国家标准《涂装前钢材表面锈蚀等级和除锈等级》GB 8923 规定的图片对照观察检查。

各种底漆或防锈漆要求最低的除锈等级　　表 5-35

涂 料 品 种	除锈等级
油性酚醛、醇酸等底漆或防锈漆	St2
高氯化聚乙烯、氯化橡胶、氯磺化聚乙烯、环氧树脂、聚氨酯等底漆或防锈漆	Sa2
无机富锌、有机硅、过氯乙烯等底漆	Sa2 $\frac{1}{2}$

(2) 涂料、涂装遍数、涂层厚度均应符合设计要求。当设计对涂层厚度无要求时,涂层干漆膜总厚度:室外应为 150μm,其允许偏差为 −25μm。每遍涂层干漆膜厚度的允许偏差为 −5μm。

检查数量:按构件数抽查 10%,且同类构件不应少于 3 件。

检验方法:用于漆膜测厚仪检查。每个构件检测 5 处,每处的数值为 3 个相距 50mm 测点涂层干漆膜厚度的平均值。

(3) 构件表面不应误涂、漏涂、涂层不应脱皮和返锈等。涂层应均匀、无明显皱皮、流坠、针眼和气泡等。

检查数量:全数检查。

检验方法:观察检查。

(4) 当钢结构处在有腐蚀介质环境或外露且设计有要求时，应进行涂层附着力测试，在检测处范围内，当涂层完整程度达到70%以上时，涂层附着力达到合格质量标准的要求。

检查数量：按构件数抽查1%，且不应少于3件，每件测3处。

检验方法：按照现行国家标准《漆膜附着力测定法》GB 1720或《色漆和清漆漆膜的划格试验》GB 9286执行。

(5) 涂装完成后，构件的标志、标记和编号应清晰完整。

检查数量：全数检查。

检验方法：观察检查。

5.12.2 钢结构防火涂料涂装有何规定?

答：(1) 防火涂料涂装前钢材表面除锈及防锈底漆涂装应符合设计要求和国家现行有关标准的规定。

检查数量：按构件数抽查10%，且同类构件不应少于3件。

检验方法：表面除锈用铲刀检查和用现行国家标准《涂装前钢材表面锈蚀等级和除锈等级》GB 8923规定的图片对照观察检查。底漆涂装用干漆膜测厚仪检查，每个构件检测5处，每处的数值为3个相距50mm测点涂层干漆膜厚度的平均值。

(2) 钢结构防火涂料的粘结强度、抗压强度应符合国家现行标准《钢结构防火涂料应用技术规程》CECS 24：90的规定。检验方法应符合现行国家标准《建筑构件防火喷涂材料性能试验方法》GB 9978的规定。

检查数量：每使用100t或不足100t薄涂型防火涂料应抽检一次粘结强度；每使用500t或不足500t厚涂型防火涂料应抽检一次粘结强度和抗压强度。

检验方法：检查复检报告。

(3) 薄涂型防火涂料的涂层厚度应符合有关耐火极限的设计要求。厚涂型防火涂料涂层的厚度，80%及以上面积应符合有关耐火极限的设计要求，且最薄处厚度不应低于设计要求的85%。

检查数量：按同类构件数抽查10%，且均不应少于3件。

检验方法：用涂层厚度测量仪、测针和钢尺检查。测量方法应符合国家现行标准《钢结构防火涂料应用技术规程》CECS 24：90的规定。

（4）薄涂型防火涂料涂层表面裂纹宽度不应大于0.5mm；厚涂型防火涂料涂层表面裂纹宽度不应大于1mm。

检查数量：按同类构件数抽查10%，且均不应少于3件。

检验方法：观察和用尺量检查。

（5）防火涂料涂装基层不应有油污、灰尘和泥砂等污垢。

检查数量：全数检查。

检验方法：观察检查。

（6）防火涂料不应有误涂、漏涂、涂层应闭合无脱层、空鼓、明显凹陷、粉化松散和浮浆等外观缺陷，乳突已剔除。

检查数量：全数检查。

检验方法：观察检查。

5.12.3 钢结构涂装检验批的划分有何规定？

答：钢结构涂装工程可按钢结构制作或钢结构安装工程检验批的划分原则划分成一个或若干个检验批。

5.12.4 钢结构涂装、防腐、防火涂料有何规定？

答：钢结构普通涂料涂装工程应在钢结构构件组装、预拼装或钢结构安装工程检验批的施工质量验收合格后进行。钢结构防火涂料涂装工程应在钢结构安装工程检验批和钢结构普通涂料涂装检验批的施工质量验收合格后进行。

5.12.5 涂装前对环境温度和湿度有何要求？

答：涂装时的环境温度和相对湿度应符合涂料产品说明书的要求，当产品说明书无要求时，环境温度宜在5～38℃之间，相对湿度不应大于85%。涂装时构件表面不应有结露；涂装后4h内应保护免受雨淋。

5.13 钢结构分部工程竣工验收

5.13.1 钢结构分部工程竣工验收时要提供哪些技术资料?

答：钢结构分部工程竣工验收时，应提供下列文件和记录：

(1) 钢结构工程竣工图纸及相关设计文件；

(2) 施工现场质量管理检查记录；

(3) 有关安全及功能的检验和见证检测项目检查记录；

(4) 有关观感质量检验项目检查记录；

(5) 分部工程所含各分项工程质量验收记录；

(6) 分项工程所含各检验批质量验收记录；

(7) 强制性条文检验项目检查记录及证明文件；

(8) 隐蔽工程检验项目检查验收记录；

(9) 原材料、成品质量合格证明文件、中文标志及性能检测报告；

(10) 不合格项的处理记录及验收记录；

(11) 重大质量、技术问题实施方案及验收记录；

(12) 其他有关文件和记录。

5.13.2 钢结构工程质量验收记录有何规定?

答：钢结构工程质量验收记录应符合下列规定：

(1) 施工现场质量管理检查记录可按现行国家标准《建筑工程施工质量验收统一标准》GB 50300 中附录 A 进行；

(2) 分项工程检验批验收记录可按规范 GB 50205—2001 附录 J 中表 J.0.1～表 J.0.13 进行；

(3) 分项工程验收记录可按现行国家标准《建筑工程施工质量验收统一标准》GB 50300 中附录 E 进行；

(4) 分部(子分部)工程验收记录可按现行国家标准《建筑工程

施工质量验收统一标准》GB 50300 中附录 F 进行。

5.13.3 钢结构分部工程合格质量标准有何规定?

答：钢结构分部工程合格质量标准应符合下列规定：

(1) 各分项工程质量均应符合合格质量标准；

(2) 质量控制资料和文件应完整；

(3) 有关安全及功能的检验和见证检测结果应符合规范 GB 50205—2001相应合格质量标准的要求；

(4) 有关观感质量应符合规范 GB 50205—2001 相应合格质量标准的要求。

5.14 钢构件组装、预拼装及安装允许偏差规定

5.14.1 焊接 H 型钢允许偏差有何规定?

答：焊接 H 型钢的允许偏差应符合表 5-36 的规定。

焊接 H 型钢的允许偏差(mm) **表 5-36**

项目		允许偏差	图例
截面高度 h	$h \leqslant 500$	±2.0	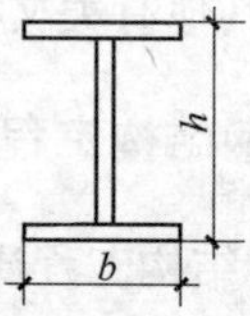
	$500 < h < 1000$	±3.0	
	$h \geqslant 1000$	±4.0	
截面宽度 b		±3.0	
腹板中心偏移		2.0	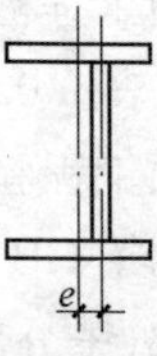

项目	允许偏差	图例
翼缘板垂直度Δ	$b/100$，且不应大于3.0	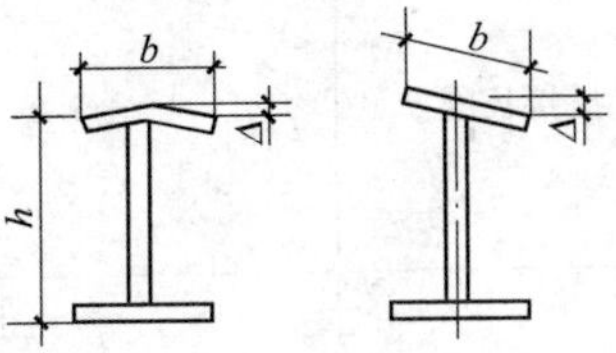
弯曲矢高（受压构件除外）	$l/1000$，且不应大于10.0	
扭曲	$h/250$，且不应大于5.0	
腹板局部平面度 f：$t<14$	3.0	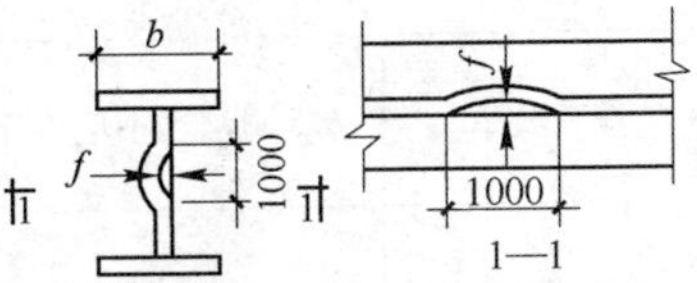
腹板局部平面度 f：$t\geqslant4$	2.0	

5.14.2 焊接连接组装允许偏差有何规定？

答：焊接连接制作组装的允许偏差应符合表5-37的规定。

焊接连接制作组装的允许偏差（mm）　　**表5-37**

项目	允许偏差	图例
对口错边Δ	$t/10$，且不应大于3.0	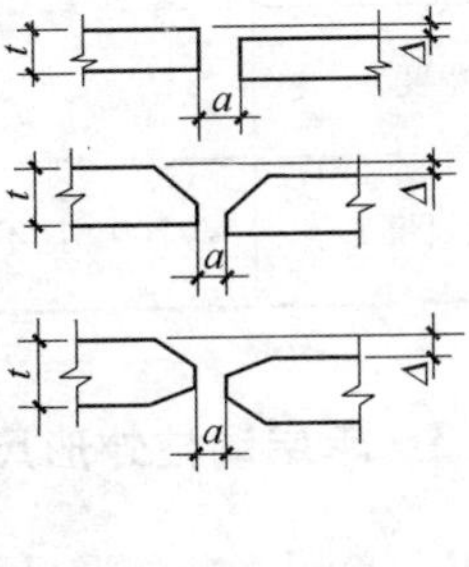
间隙 a	±1.0	

续表

项　目		允许偏差	图　例
搭接长度 a		±5.0	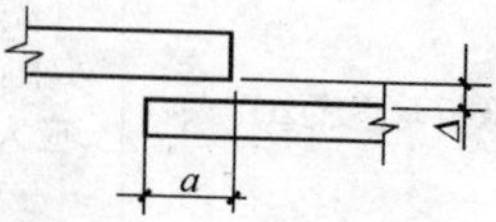
缝隙 Δ		1.5	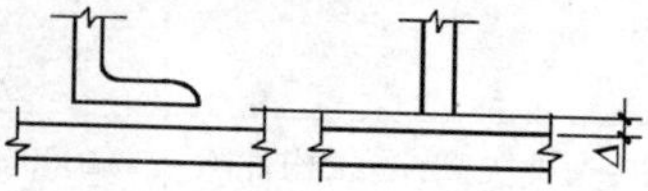
高度 h		±2.0	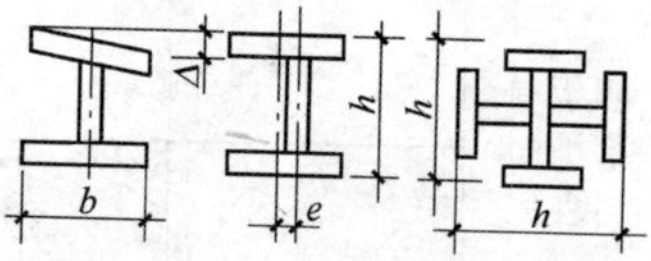
垂直度 Δ		b/100，且不应大于 3.0	
中心偏移 e		±2.0	
型钢错位	连接处	1.0	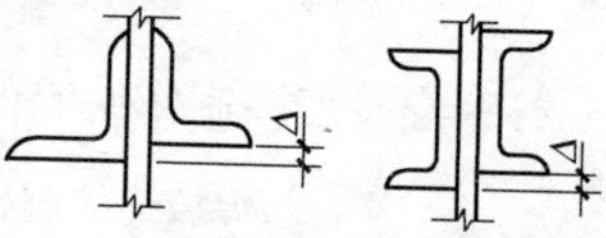
	其他处	2.0	
箱形截面高度 h		±2.0	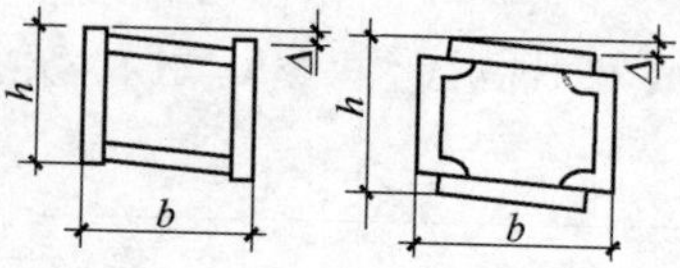
宽度 b		±2.0	
垂直度 Δ		b/200，且不应大于 3.0	

5.14.3　单层钢柱外形尺寸允许偏差有何规定？

答：单层钢柱外形尺寸的允许偏差应符合表 5-38 的规定。

单层钢柱外形尺寸的允许偏差(mm)　　　　表 5-38

项目		允许偏差	检验方法	图例
柱底面到柱端与桁架连接的最上一个安装孔距离 l		$\pm l/1500$ ± 15.0	用钢尺检查	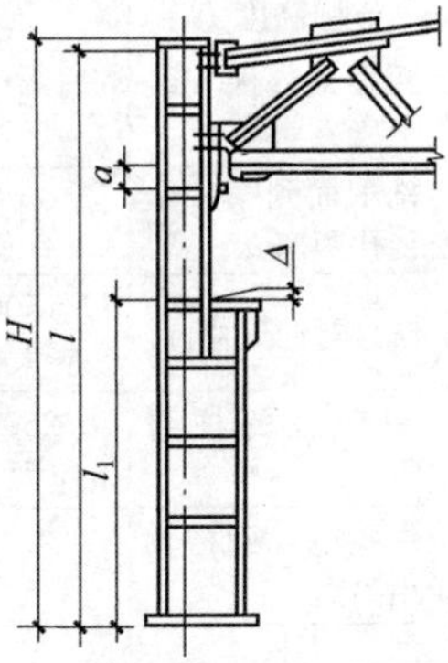
柱底面到牛腿支承面距离 l_1		$\pm l/2000$ ± 8.0		
牛腿面的翘曲 Δ		2.0	用拉线、直角尺和钢尺检查	
柱身弯曲矢高		$H/1200$，且不应大于 12.0		
柱身扭曲	牛腿处	3.0	用拉线、吊线和钢尺检查	
	其他处	8.0		
柱截面几何尺寸	连接处	±3.0	用钢尺检查	
	非连接处	±4.0		
翼缘对腹板的垂直度	连接处	1.5	用直角尺和钢尺检查	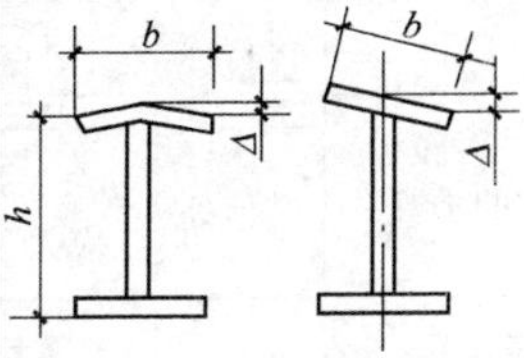
	其他处	$b/100$，且不应大于 5.0		
柱脚底板平面度		5.0	用 1m 直尺和塞尺检查	
柱脚螺栓孔中心对柱轴线的距离		3.0	用钢尺检查	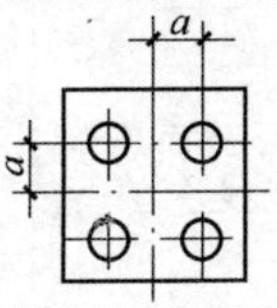

5.14.4　多节钢柱外形尺寸允许偏差有何规定?

答：多节钢柱外形尺寸的允许偏差应符合表 5-39 的规定。

多节钢柱外形尺寸的允许偏差(mm) 表 5-39

项目		允许偏差	检验方法	图例
一节柱高度 H		±3.0	用钢尺检查	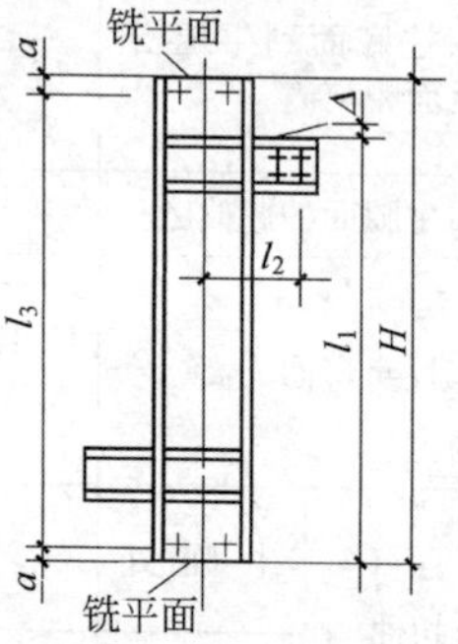
两端最外侧安装孔距离 l_3		±2.0		
铣平面到第一个安装孔距离 a		±1.0		
柱身弯曲矢高 f		$H/1500$，且不应大于 5.0	用拉线和钢尺检查	
一节柱的柱身扭曲		$h/250$，且不应大于 5.0	用拉线、吊线和钢尺检查	
牛腿端孔到柱轴线距离 l_2		±3.0	用钢尺检查	
牛腿的翘曲或扭曲 Δ	$l_2 \leqslant 1000$	2.0	用拉线、直角尺和钢尺检查	
	$l_2 > 1000$	3.0		
柱截面尺寸	连接处	±3.0	用钢尺检查	
	非连接处	±4.0		
柱脚底板平面度		5.0	用直尺和塞尺检查	
翼缘板对腹板的垂直度	连接处	1.5	用直角尺和钢尺检查	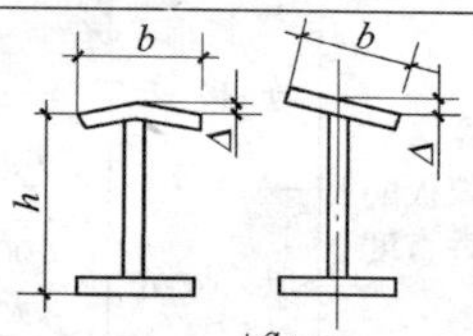
	其他处	$b/100$，且不应大于 5.0		
柱脚螺栓孔对柱轴线的距离 a		3.0	用钢尺检查	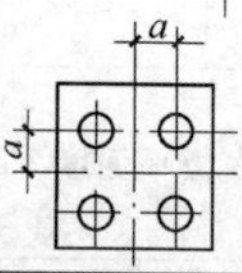
箱形截面连接处对角线差		3.0		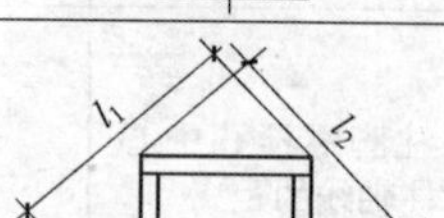
箱形柱身板垂直度		$h(b)/150$，且不应大于 5.0	用直角尺和钢尺检查	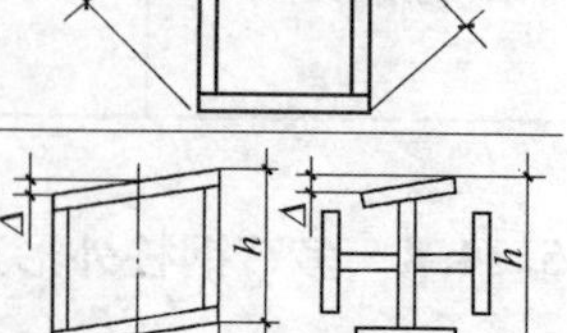

5.14.5 焊接实腹钢梁外形尺寸允许偏差有何规定？

答：焊接实腹钢梁外形尺寸的允许偏差应符合表 5-40 的规定。

焊接实腹钢梁外形尺寸的允许偏差(mm)　　**表 5-40**

项目		允许偏差	检验方法	图例
梁长度 l	端部有凸缘支座板	0 −5.0	用钢尺检查	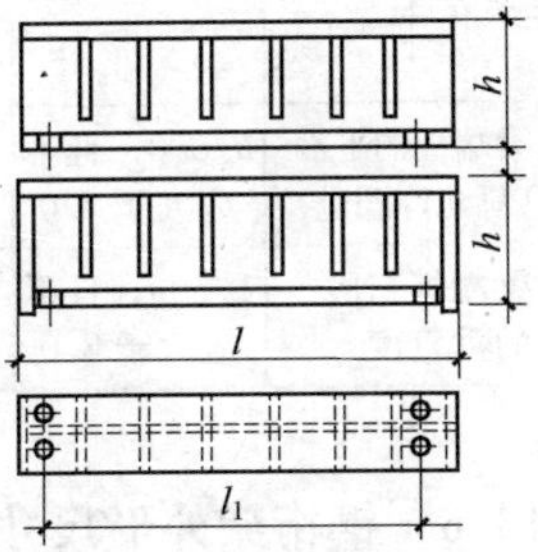
	其他形式	$\pm l/2500$ ±10.0		
端部高度 h	$h \leqslant 2000$	±2.0		
	$h > 2000$	±3.0		
拱度	设计要求起拱	$\pm l/5000$	用拉线和钢尺检查	
	设计未要求起拱	10.0 −5.0		
侧弯矢高		$l/2000$，且不应大于 10.0		
扭曲		$l/250$，且不应大于 10.0	用拉线、吊线和钢尺检查	
腹板局部平面度	$t \leqslant 14$	5.0	用 1m 直尺和塞尺检查	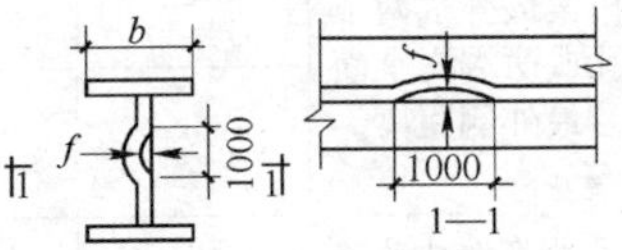
	$t > 14$	4.0		
翼缘板对腹板的垂直度		$b/100$，且不应大于 3.0	用直角尺和钢尺检查	
吊车梁上翼缘与轨道接触面平面度		1.0	用 200mm、1m 直尺和塞尺检查	

续表

项目		允许偏差	检验方法	图例
箱形截面对角线差		5.0	用钢尺检查	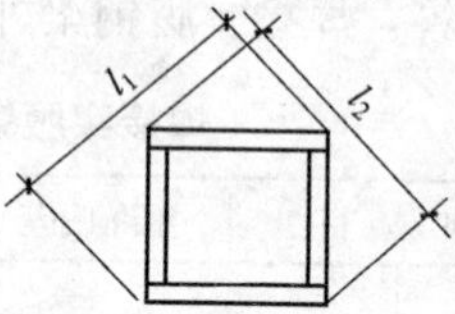
箱形截面两腹板至翼缘板中心线距离 a	连接处 其他处	1.0 1.5		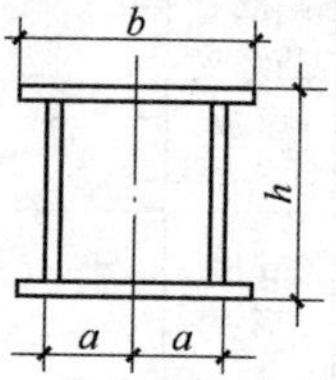
梁端板的平面度(只允许凹进)		$h/500$，且不应大于2.0	用直角尺和钢尺检查	
梁端板与腹板的垂直度		$h/500$，且不应大于2.0	用直角尺和钢尺检查	

5.14.6 钢桁架外形尺寸允许偏差有何规定?

答：钢桁架外形尺寸的允许偏差应符合表5-41的规定。

钢桁架外形尺寸的允许偏差(mm)　　表5-41

项目		允许偏差	检验方法	图例
桁架最外端两个孔或两端支承面最外侧距离	$l \leqslant 24m$	+3.0 −7.0	钢尺检查	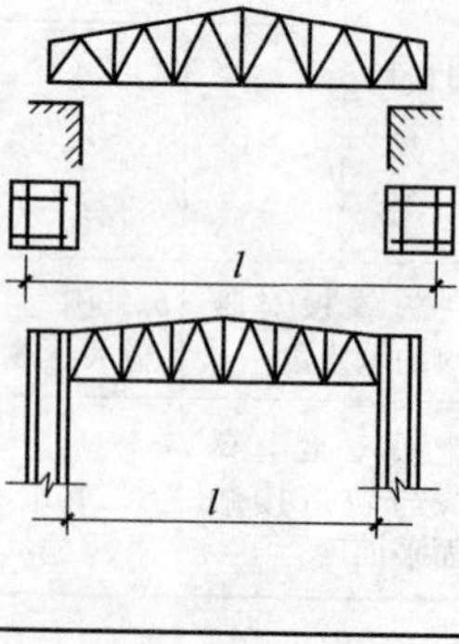
	$l > 24m$	+5.0 −10.0		
桁架跨中高度		±10.0		
桁架跨中拱度	设计要求起拱	$\pm l/5000$		
	设计未要求起拱	10.0 −5.0		
相邻节间弦杆弯曲(受压除外)		$l/1000$		

续表

项　　目	允许偏差	检验方法	图　　例
支承面到第一个安装孔距离 a	±1.0	用钢尺检查	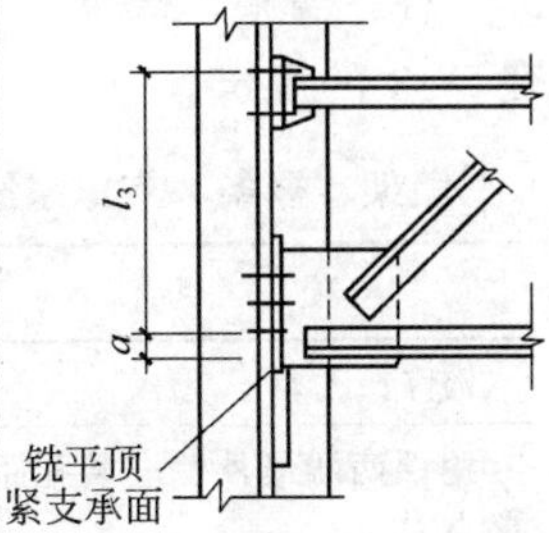 铣平顶紧支承面
檩条连接支座间距	±5.0		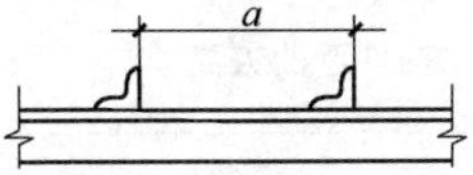

5.14.7　钢管构件外形尺寸允许偏差有何规定?

答：钢管构件外形尺寸的允许偏差应符合表5-42的规定。

钢管构件外形尺寸的允许偏差(mm)　　表5-42

项　　目	允许偏差	检验方法	图　　例
直径 d	$\pm d/500$ ±5.0	用钢尺检查	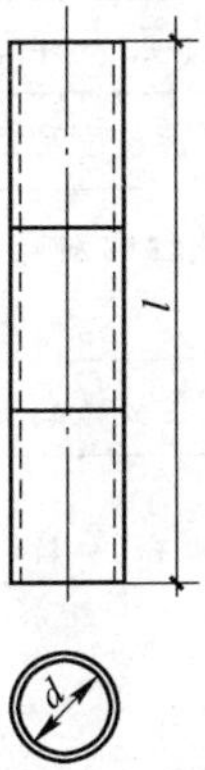
构件长度 l	±3.0		
管口圆度	$d/500$，且不应大于5.0		
管面对管轴的垂直度	$d/500$，且不应大于3.0	用焊缝量规检查	
弯曲矢高	$l/500$，且不应大于5.0	用拉线、吊线和钢尺检查	
对口错边	$l/10$，且不应大于3.0	用拉线和钢尺检查	

注：对方矩形管，d 为长边尺寸。

5.14.8 墙架、檩条支撑系统钢构件外形尺寸偏差有何规定？

答：墙架、檩条、支撑系统钢构件外形尺寸的允许偏差应符合表5-43的规定。

墙架、檩条、支撑系统钢构件外形尺寸的允许偏差(mm)　　表5-43

项　目	允许偏差	检验方法
构件长度 l	±4.0	用钢尺检查
构件两端最外侧安装孔距离 l_1	±3.0	
构件弯曲矢高	l/1000，且不应大于10.0	用拉线和钢尺检查
截面尺寸	+5.0 −2.0	用钢尺检查

5.14.9 钢平台、钢梯、钢护栏外形尺寸允许偏差有何规定？

答：钢平台、钢梯和防护钢栏杆外形尺寸的允许偏差应符合表5-44的规定。

钢平台、钢梯和防护钢栏杆外形尺寸的允许偏差(mm)　　表5-44

项　目	允许偏差	检验方法	图　例
平台长度和宽度	±5.0	用钢尺检查	
平台两对角线差 $\|l_1-l_2\|$	6.0		l_1 l_2 b l f l
平台支柱高度	±3.0		
平台支柱弯曲矢高	5.0	用拉线和钢尺检查	
平台表面平面度(1m范围内)	6.0	用1m直尺和塞尺检查	

续表

项目	允许偏差	检验方法	图例
梯梁长度 l	±5.0	用钢尺检查	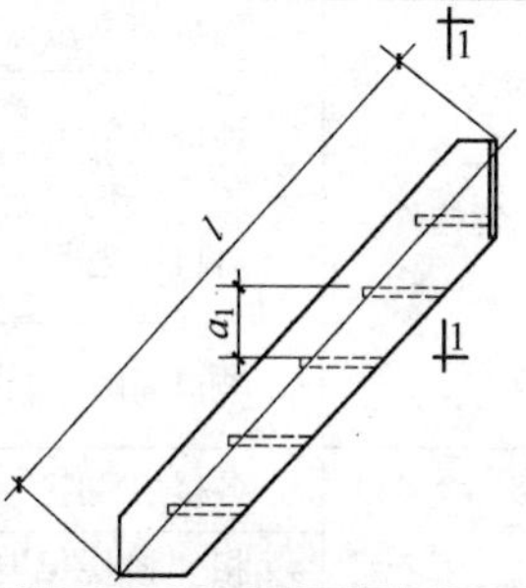
钢梯宽度 b	±5.0		
钢梯安装孔距离 a	±3.0		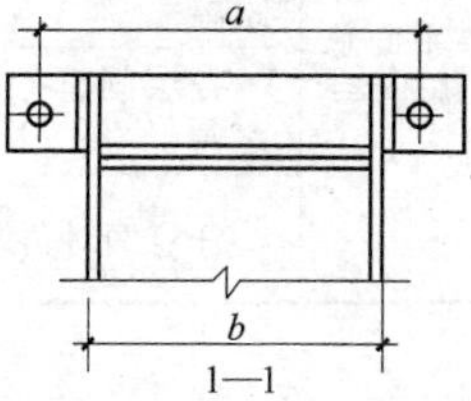
钢梯纵向挠曲矢高	$l/1000$	用拉线和钢尺检查	
踏步(棍)间距	±5.0	用钢尺检查	
栏杆高度	±5.0		
栏杆立柱间距	±10.0		

5.14.10 钢构件预拼装允许偏差有何规定?

答：钢构件预拼装允许偏差应符合表 5-45 的规定。

钢构件预拼装允许偏差 **表 5-45**

构件类型	项目		允许偏差	检验方法
多节柱	预拼装单元总长		±5.0	用钢尺检查
	预拼装单元弯曲矢高		$l/1500$，且不应大于 10.0	用拉线和钢尺检查
	接口错边		2.0	用焊缝量规检查
	预拼装单元柱身扭曲		$h/200$，且不应大于 5.0	用拉线、吊线和钢尺检查
	顶紧面至任一牛腿距离		±2.0	用钢尺检查
梁、桁架	跨度最外两端安装孔或两端支承面最外侧距离		+5.0 −10.0	
	接口截面错位		2.0	用焊缝量规检查
	拱度	设计要求起拱	$\pm l/5000$	用拉线和钢尺检查
		设计未要求起拱	$l/2$	
	节点处杆件轴线错位		4.0	划线后用钢尺检查

续表

构件类型	项目	允许偏差	检验方法
管构件	预拼装单元总长	±5.0	用钢尺检查
	预拼装单元弯曲矢高	$l/1500$，且不应大于 10.0	用拉线和钢尺检查
	对口错边	$l/10$，且不应大于 3.0	用焊缝量规检查
	坡口间隙	+2.0 −1.0	
构件平面总体预拼装	各楼层柱距	±4.0	用钢尺检查
	相邻楼层梁与梁之间距离	±3.0	
	各层间框架两对角线之差	$H/2000$，且不应大于 5.0	
	任意两对角线之差	$\Sigma H/2000$，且不应大于 8.0	

5.14.11 钢结构安装的允许偏差有何规定？

答：(1) 单层钢结构中柱子安装的允许偏差应符合表 5-46 的规定。

单层钢结构中柱子安装的允许偏差(mm) **表 5-46**

项目		允许偏差	图例	检验方法
柱脚底座中心线对定位轴线的偏移		5.0	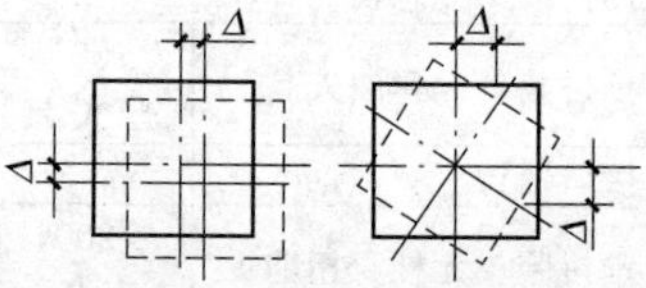	用吊线和钢尺检查
柱基准点标高	有吊车梁的柱	+3.0 −5.0	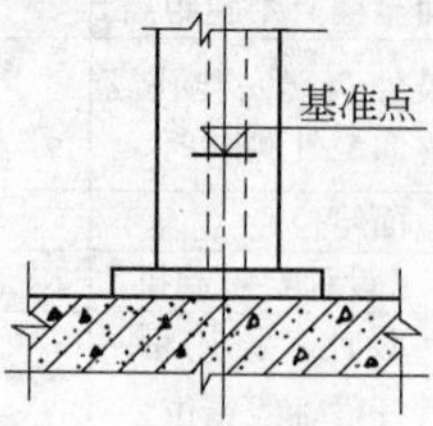 基准点	用水准仪检查
	无吊车梁的柱	+5.0 −8.0		

续表

项目			允许偏差	图例	检验方法
弯曲矢高			$H/1200$，且不应大于 15.0		用经纬仪或拉线和钢尺检查
柱轴线垂直度	单层柱	$H\leqslant 10m$	$H/1000$	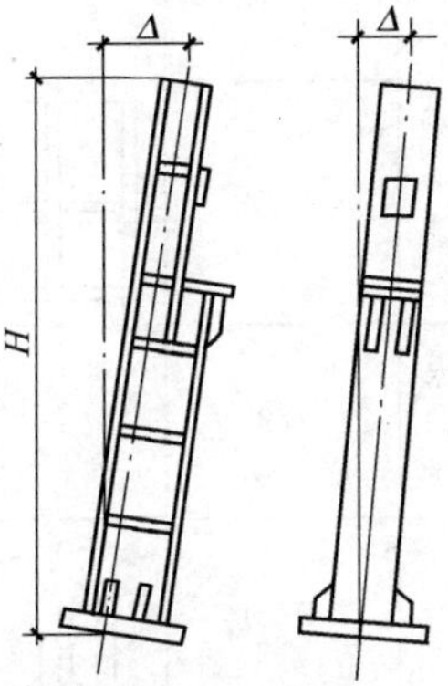	用经纬仪或吊线和钢尺检查
		$H>10m$	$H/1000$，且不应大于 25.0		
	多节柱	单节柱	$H/1000$，且不应大于 10.0		
		柱全高	35.0		

(2) 钢吊车梁安装的允许偏差符合表 5-47 的规定。

钢吊车梁安装的允许偏差(mm) **表 5-47**

项目	允许偏差	图例	检验方法
梁的跨中垂直度 Δ	$h/500$	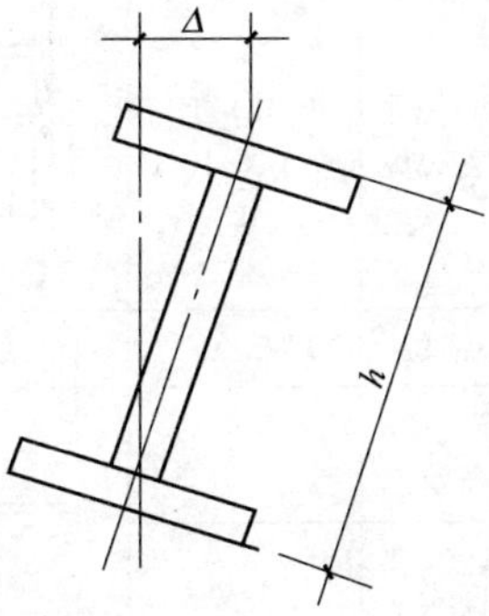	用吊线和钢尺检查

续表

项目		允许偏差	图例	检验方法
侧向弯曲矢高		$l/1500$，且不应大于 10.0		用拉线和钢尺检查
垂直上拱矢高		10.0		
两端支座中心位移 Δ	安装在钢柱上时，对牛腿中心的偏移	5.0	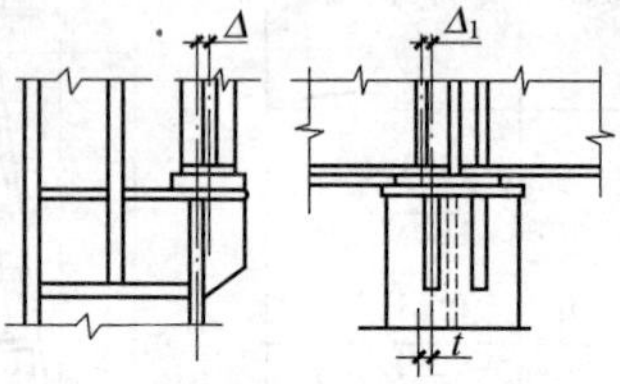	
	安装在混凝土柱上时，对定位轴线的偏移	5.0		
吊车梁支座加劲板中心与柱子承压加劲板中心的偏移 Δ_1		$t/2$		用吊线和钢尺检查
同跨间内同一横截面吊车梁顶面高差 Δ	支座处	10.0	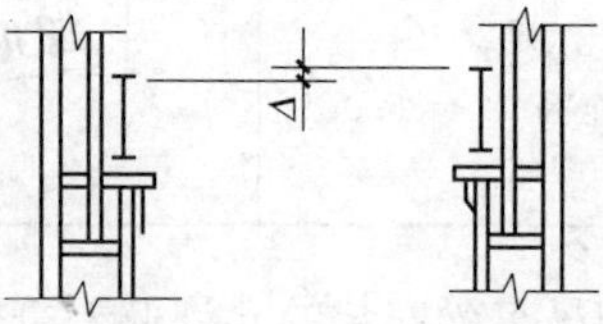	用经纬仪、水准仪和钢尺检查
	其他处	15.0		
同一跨间内同一横截面下挂式吊车梁底面高差 Δ		10.0	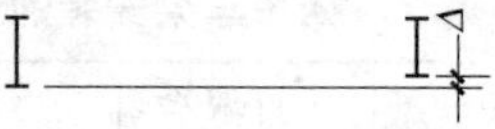	
同列相邻两柱间吊车梁顶面高差 Δ		$l/1500$，且不应大于 10.0	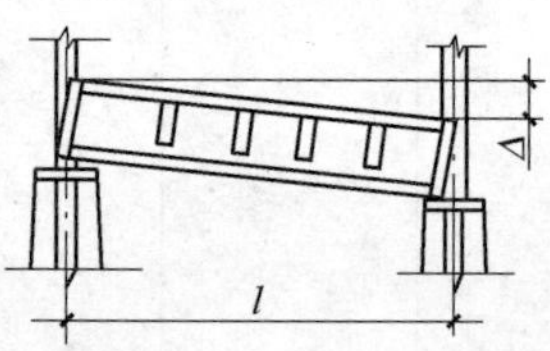	用水准仪和钢尺检查
同列相邻两吊车梁接头部位 Δ	中心错位	3.0	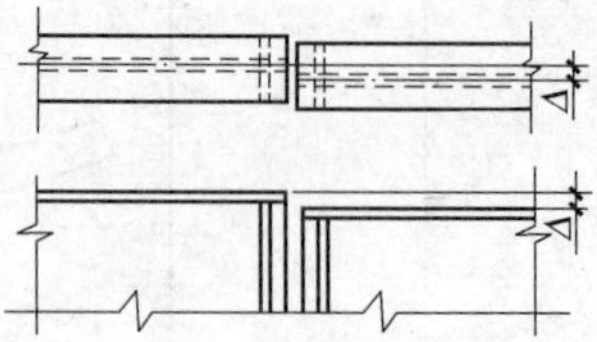	用钢尺检查
	上承式顶面高差	1.0		
	下承式底面高差	1.0		

续表

项　　目	允许偏差	图　　例	检验方法
同跨间任一截面的吊车梁中心跨距Δ	±10.0		用经纬仪和光电测距仪检查；跨度小时，可用钢尺检查
轨道中心对吊车梁腹板轴线的偏移Δ	$t/2$		用吊线和钢尺检查

(3) 墙架、檩条等次要构件安装的允许偏差应符合表 5-48 的规定。

墙架、檩条等次要构件安装的允许偏差(mm)　　**表 5-48**

项　　目		允许偏差	检验方法
墙架立柱	中心线定位轴线的偏移	10.0	用钢尺检查
	垂直度	$H/1000$，且不应大于 10.0	用经纬仪或吊线和钢尺检查
	弯曲矢高	$H/1000$，且不应大于 10.0	用经纬仪或吊线和钢尺检查
抗风桁架的垂直度		$h/250$，且不应大于 15.0	用吊线和钢尺检查

续表

项　　目	允许偏差	检验方法
檩条、墙梁的间距	±5.0	用钢尺检查
檩条的弯曲矢高	$L/750$，且不应大于12.0	用拉线和钢尺检查
墙梁的弯曲矢高	$L/750$，且不应大于10.0	用拉线和钢尺检查

注：1. H为墙架立柱的高度；

2. h为抗风桁架的高度；

3. L为檩条或墙梁的长度。

（4）钢平台、钢梯和防护栏杆安装的允许偏差应符合表5-49的规定。

钢平台、钢梯和防护栏杆安装的允许偏差　　　表5-49

项　　目	允许偏差	检验方法
平台高度	±15.0	用水准仪检查
平台梁水平度	$l/1000$，且不应大于20.0	用水准仪检查
平台支柱垂直度	$H/1000$，且不应大于15.0	用经纬仪和钢尺检查
承重平台梁侧向弯曲	$l/1000$，且不应大于10.0	用吊线和钢尺检查
承重平台梁垂直度	$h/250$，且不应大于15.0	用吊线和钢尺检查
直梯垂直度	$l/1000$，且大应大于15.0	用吊线和钢尺检查
栏杆高度	±15.0	用钢尺检查
栏杆立柱间距	±15.0	用钢尺检查

（5）多层及高层钢结构中构件安装的允许偏差符合表5-50的规定。

多层及高层钢结构中构件安装的允许偏差　　　表5-50

项　　目	允许偏差	图　　例	检验方法
上、下柱连接处的错口Δ	3.0	Δ　Δ	用钢尺检查

续表

项　目	允许偏差	图　例	检验方法
同一层柱的各柱顶高度差Δ	5.0	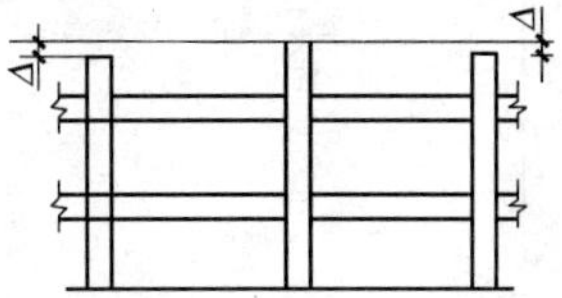	用水准仪检查
同一根梁两端顶面的高差Δ	l/1000，且不应大于10.0	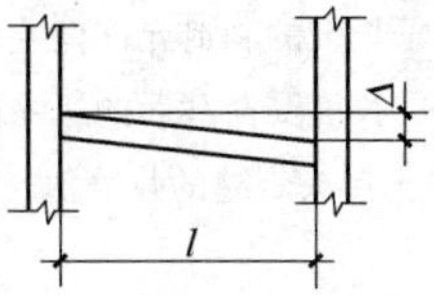	用水准仪检查
主梁与次梁表面的高差Δ	±2.0	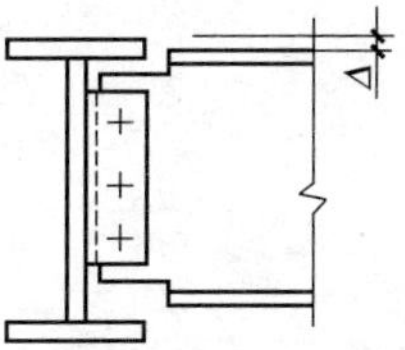	用直尺和钢尺检查
压型金属板在钢梁上相邻列的错位Δ	15.00	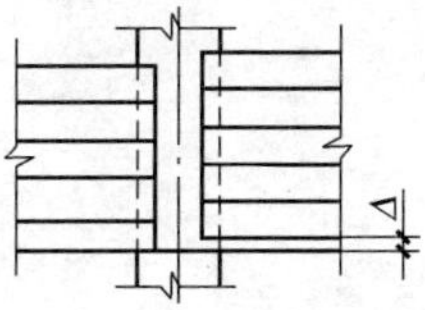	用直尺和钢尺检查

(6) 多层及高层钢结构主体结构总高度的允许偏差符合表5-51的规定。

多层及高层结构主体结构总高度的允许偏差(mm)　表 5-51

项　目	允许偏差	图　例
用相对标高控制安装	$\pm\Sigma(\Delta_h+\Delta_Z+\Delta_W)$	H
用设计标高控制安装	$H/1000$，且不应大于 30.0 $-H/1000$，且不应小于−30.0	

注：1. Δ_h 为每节柱子长度的制造允许偏差；

2. Δ_Z 为每节柱子长度受荷载后的压缩值；

3. Δ_W 为每节柱子接头焊缝的收缩值。

6 屋面工程

6.1 屋面工程基本规定

6.1.1 屋面工程对材料有何规定?

答：屋面工程所采用的防水、保温隔热材料应有产品合格证书和性能检测报告，材料的品种、规格、性能等应符合现行国家产品标准和设计要求。

材料进场后，应按第6.9节的规定抽样复验，并提出试验报告；不合格的材料，不得在屋面工程中使用。

6.1.2 屋面保温厚度有何规定?

答：屋面工程应根据工程特点、地区自然条件等，按照屋面防水等级的设防要求，进行防水构造设计，重要部位应有详图；对屋面保温层的厚度，应通过计算确定。

6.1.3 屋面工程有何一般规定?

答：(1) 屋面工程施工前，施工单位应进行图纸会审，并应编制屋面工程施工方案或技术措施。

(2) 屋面工程施工时，应建立各道工序的自检、交接检和专职人员检查的“三检”制度，并有完整的检查记录。每道工序完成，应经监理单位(或建设单位)检查验收，合格后方可进行下道工序的施工。

(3) 屋面工程的防水层应由经资质审查合格的防水专业队伍进行施工。作业人员应持有当地建设行政主管部门颁发的上岗证。

(4) 当下道工序或相邻工程施工时，对屋面已完成的部分应采取保护措施。

(5) 伸出屋面的管道、设备或预埋件等，应在防水层施工前安设完毕。屋面防水完工后，不得在其上凿孔打洞或重物冲击。

(6) 屋面工程完工后，应按规范的有关规定对细部构造、接缝、保护层等进行外观检验，并应进行淋水或蓄水检验。

6.1.4 屋面工程的施工对气候环境有何要求?

答：屋面的保温层和防水层严禁在下雨天、雪天和五级风及其以上时施工。施工环境气温宜符合表 6-1 的要求。

屋面保温层和防水层施工环境气温 **表 6-1**

项　目	施工环境气温
粘结保温层	热沥青不低于－10℃；水泥砂浆不低于 5℃
沥青防水卷材	不低于 5℃
高聚物改性沥青防水卷材	冷粘法不低于 5℃；热熔法不低－10℃
合成高分子防水卷材	冷粘法不低于 5℃；热风焊接法不低－10℃
高聚物改性沥青防水涂料	溶剂型不低于－5℃，水溶型不低于 5℃
合成高分子防水涂料	溶剂型不低于－5℃，水溶型不低于 5℃
刚性防水层	不低于 5℃

6.1.5 屋面防水等级有何要求?

答：屋面工程应根据建筑物的性质、重要程度、使用功能要求以及防水层合理使用年限，按不同等级进行设防，并应符合表 6-2 的要求。

屋面防水等级和设防要求 **表 6-2**

项　目	屋面防水等级			
	Ⅰ	Ⅱ	Ⅲ	Ⅵ
建筑物类别	特别重要或对防水有特殊要求的建筑	重要的建筑和高层建筑	一般的建筑	非永久性的建筑

续表

项目	屋面防水等级			
	Ⅰ	Ⅱ	Ⅲ	Ⅵ
防水层合理使用年限	25年	15年	10年	5年
防水层选用材料	宜选用合成高分子防水卷材、高聚物改性沥青防水卷材、金属板材合成高分子防水涂料、细石混凝土等材料	宜选用高聚物改性沥青防水卷材合成高分子防水卷材、金属板材、合成高分子防水涂料、高聚物改性沥青防水涂料、细石混凝土、平瓦、油毡瓦等材料	宜选用三毡四油沥青防水卷材、高聚物改性沥青防水卷材、合成高分子防水卷材、金属板材、高聚物改性沥青防水涂料、合成高分子防水涂料、细石混凝土、平瓦、油毡瓦等材料	可选用二毡三油沥青防水卷材、高聚物改性沥青防水涂料等材料
设防要求	三道或三道以上防水设防	二道防水设防	一道防水设防	一道防水设防

6.1.6 层面工程的划分有何规定?

答：屋面工程各子分部工程和分项工程的划分，应符合表6-3的要求。

屋面工程各子分部工程和分项工程的划分　　　表6-3

分部工程	子分部工程	分项工程
屋面工程	卷材防水屋面	保温层，找平层，卷材防水层，细部构造
	涂膜防水屋面	保温层，找平层，涂膜防水层，细部构造
	刚性防水屋面	细石混凝土防水层，密封材料嵌缝，细部构造
	瓦屋面	平瓦屋面，油毡瓦屋面，金属板材屋面，细部构造
	隔热屋面	架空屋面，蓄水屋面，种植屋面

6.1.7 屋面工程各子分部工程的施工质量检验批量有何规定?

答：屋面工程各子分部工程的施工质量检验批量应符合下列规定：

(1) 卷材防水屋面、涂膜防水屋面、刚性防水屋面、瓦屋面和隔热屋面工程，应按屋面面积每 $100m^2$ 抽查一处，每处 $10m^2$，且不得少于3处。

(2) 接缝密封防水，每50m应抽查一处，每处5m，且不得少于3处。

(3) 细部构造根据分部工程的内容，应全部进行检查。

6.2 卷材防水屋面工程

6.2.1 找平层的厚度和技术要求有何规定?

答：找平层的厚度和技术要求应符合 表6-4 的规定。

找平层的厚度和技术要求 表6-4

<table>
<tr><th>类别</th><th>基层种类</th><th>厚度(mm)</th><th>技术要求</th></tr>
<tr><td rowspan="3">水泥砂浆找平层</td><td>整体混凝土</td><td>15～20</td><td rowspan="3">1∶2.5～3(水泥∶砂)体积比，水泥强度等级不低于32.5级</td></tr>
<tr><td>整体或板状材料保温层</td><td>20～25</td></tr>
<tr><td>装配式混凝土板，松散材料保温层</td><td>20～30</td></tr>
<tr><td>细石混凝土找平层</td><td>松散材料保温层</td><td>30～35</td><td>混凝土强度等级不低于C20</td></tr>
<tr><td rowspan="2">沥青砂浆找平层</td><td>整体混凝土</td><td>15～20</td><td rowspan="2">1∶8(沥青∶砂)重量比</td></tr>
<tr><td>装配式混凝土板，整体或板状材料保温层</td><td>20～25</td></tr>
</table>

6.2.2 找平层有哪些规定?

答：(1) 找平层的排水坡度应符合设计要求。平屋面采用结构找坡不应小于3%，采用材料找坡宜为2%；天沟、檐沟纵向找坡不应小于1%，沟底水落差不得超过200mm。

(2) 基层与突出屋面结构(女儿墙、山墙、天窗壁、变形缝、烟囱等)的交接处和基层的转角处，找平层均做成圆弧形，圆弧半径应符合表6-5的要求。内部排水的水落口周围，找平层应做成略低的凹坑。

转角处圆弧半径 **表6-5**

卷材种类	圆弧半径(mm)
沥青防水卷材	100～150
高聚物改性沥青防水卷材	50
合成高分子防水卷材	20

(3) 找平层宜设分格缝，并嵌填密封材料。分格缝应留设在板端缝处，其纵横缝的最大间距：水泥砂浆或细石混凝土找平层，不宜大于6m；沥青砂浆找平层，不宜大于4m。

(4) 屋面(天沟、檐沟)找平层的排水坡度，必须符合设计要求。

检验方法：用水平仪(水平尺)、拉线和尺量检查。

(5) 基层与突出屋面结构的交接处和基层的转角处，均应做成圆弧形，且整齐平顺。

(6) 水泥砂浆、细石混凝土找平层应平整、压光，不得有酥松、起砂、起皮现象；沥青砂浆找平层不得有拌合不匀、蜂窝现象。

检验方法：观察检查。

(7) 找平层分格缝的位置和间距应符合设计要求。

检验方法：观察和尺量检查。

(8) 找平层表面平整度的允许偏差为5mm。

检验方法：用2m靠尺和楔形塞尺检查。

(9) 找平层的基层采用装配式钢筋混凝土板时，应符合下列规定：

1）板端、侧缝应用细石混凝土灌缝，其强度等级不应低于C20。

2）板缝宽度大于40mm或上窄下宽时，板缝内应设置构造钢筋。

3）板端缝应进行密封处理。

6.2.3 保温层的施工有哪些规定？

答：(1) 保温层应干燥，封闭式保温层的含水率应相当于该材料在当地自然风干状态下的平衡含水率。

(2) 屋面保温层干燥有困难时，应采用排汽措施。

(3) 倒置式屋面应采用吸水率小、长期浸水不腐烂的保温材料。保温层上应用混凝土等块材、水泥砂浆或卵石做保护层；卵石保护层与保温层之间，应干铺一层无纺聚酯纤维布做隔离层。

6.2.4 松散材料保温层施工有何规定？

答：松散材料保温层施工应符合下列规定：

(1) 铺设松散材料保温层的基层应平整、干燥和干净。

(2) 保温层含水率应符合设计要求。

(3) 松散保温材料应分层铺设并压实，压实的程度与厚度应经试验确定。

(4) 保温层施工完成后，应及时进行找平层和防水层的施工；雨期施工时，保温层应采取遮盖措施。

6.2.5 板状材料保温层施工有规定？

答：板状材料保温层施工应符合下列规定：

(1) 板状材料保温层的基层应平整、干燥和干净。

(2) 板状保温材料应紧靠在需保温的基层表面上，并应铺平垫稳。

(3) 分层铺设的板块上下层接缝应相互错开；板间缝隙应采用同类材料嵌填密实。

（4）粘贴的板状保温材料应贴严、粘牢。

6.2.6 整体现浇(喷)保温层施工有何规定?

答：整体现浇(喷)保温层施工应符合下列规定：

（1）沥青膨胀蛭石、沥青膨胀珍珠岩宜用机械搅拌，并应色泽一致，无沥青团；压实程度根据试验确定，其厚度应符合设计要求，表面应平整。

（2）硬质聚氨酯泡沫塑料应按配比准确计量，发泡厚度均匀一致。

6.2.7 保温材料的选用有何规定?

答：（1）保温材料的堆积密度或表观密度、导热系数以及板材的强度、吸水率，必须符合设计要求。

检验方法：检验出厂合格证、质量检验报告和现场抽样复验报告。

（2）保温层含水率应符合设计要求。

检验方法：检查现场抽样检验报告。

6.2.8 保温层的铺设有何规定?

答：保温层的铺设应符合下列规定：

（1）松散保温材料：分层铺设，压实适当，表面平整，找坡正确。

（2）板状保温材料：紧贴(靠)基层，铺平垫稳，拼缝严密，找坡正确。

（3）整体现浇保温层：拌合均匀，分层铺设，压实适当，表面平整，找坡正确。

检验方法：观察检查。

6.2.9 保温层厚度的允许偏差有何规定?

答：（1）保温层厚度的允许偏差：松散保温材料和整体现浇保

温层为+10%，-5%；板状保温材料为±5%，且不得大于4mm。

检验方法：用钢针插入和尺量检查。

(2) 当倒置式屋面保护层采用卵石铺压时，卵石应分布均匀，卵石的质(重)量应符合设计要求。

检验方法：观察检查和按堆积密度计算其质(重)量。

6.2.10 卷材防水层接缝胶有何规定？

答：(1) 卷材防水层应采用高聚物改性沥青防水卷材、合成高分子防水卷材或沥青防水卷材。所选用的基层处理剂、接缝胶粘剂、密封材料等配套材料应与铺贴的卷材材性相容。

(2) 在坡度大于25%的屋面上采用卷材作防水层时，应采取固定措施。固定点应密封严密。

6.2.11 铺设屋面隔汽防水层有何规定？

答：铺设屋面隔汽层和防水层前，基层必须干净、干燥。

干燥程度的简易检验方法，是将1m^{2}卷材平坦地干铺在找平层上，静置3～4h后掀开检查，找平层覆盖部位与卷材上未见水印即可铺设。

6.2.12 卷材铺贴方向有何规定？

答：(1) 屋面坡度小于3%时，卷材宜平行屋脊铺贴。

(2) 屋面坡度在3%～15%时，卷材可平行或垂直屋脊铺贴。

(3) 屋面坡度大于15%或屋面受振动时，沥青卷材应垂直屋脊铺贴，高聚物改性沥青防水卷材和合成高分子防水卷材可平行或垂直屋脊铺贴。

(4) 上下层卷材不得相互垂直铺贴。

6.2.13 卷材厚度有何规定？

答：卷材厚度选用应符合表6-6的规定。

卷材厚度选用表 **表 6-6**

屋面防水等级	设防道数	合成高分子防水卷材	高聚物改性沥青防水卷材	沥青防水卷材
Ⅰ级	三道或三道以上设防	不应小于 1.5mm	不应小于 3mm	—
Ⅱ级	二道设防	不应小于 1.2mm	不应小于 3mm	—
Ⅲ级	一道设防	不应小于 1.2mm	不应小于 3mm	三毡四油
Ⅳ级	一道设防	—	—	二毡三油

6.2.14 卷材搭接宽度有何规定?

答：铺贴卷材采用搭接法时，上下层及相邻两幅卷材的搭接缝应错开。各种卷材搭接宽度应符合表 6-7 的要求。

卷材搭接宽度(mm) **表 6-7**

<table>
<tr><th colspan="2" rowspan="2">铺贴方法
卷材种类</th><th colspan="2">短边搭接</th><th colspan="2">长边搭接</th></tr>
<tr><th>满粘法</th><th>空铺、点粘、条粘法</th><th>满粘法</th><th>空铺、点粘、条粘法</th></tr>
<tr><td colspan="2">沥青防水卷材</td><td>100</td><td>150</td><td>70</td><td>100</td></tr>
<tr><td colspan="2">高聚物改性沥青防水卷材</td><td>80</td><td>100</td><td>80</td><td>100</td></tr>
<tr><td rowspan="4">合成高分子防水卷材</td><td>胶粘剂</td><td>80</td><td>100</td><td>80</td><td>100</td></tr>
<tr><td>胶粘带</td><td>50</td><td>60</td><td>50</td><td>60</td></tr>
<tr><td>单缝焊</td><td colspan="4">60，有效焊接宽度不小于 25</td></tr>
<tr><td>双缝焊</td><td colspan="4">80，有效焊接宽度 10×2＋空腔宽</td></tr>
</table>

6.2.15 冷粘法铺贴卷材有何规定?

答：冷粘法铺贴卷材应符合下列规定：

(1) 胶粘剂涂刷应均匀，不露底，不堆积。

(2) 根据胶粘剂的性能应控制胶粘剂涂刷与卷材铺贴的间隔时间。

（3）铺贴的卷材下面的空气应排尽，并辊压粘结牢固。

（4）铺贴卷材应平整顺直，搭接尺寸准确，不得扭曲、皱折。

（5）接缝口应用密封材料封严，宽度不应小于10mm。

6.2.16 热熔法铺贴卷材有何规定？

答：热熔法铺贴卷材应符合下列规定：

（1）火焰加热器加热卷材应均匀，不得过分加热或烧穿卷材；厚度小于3mm的高聚物改性沥青防水卷材严禁采用热熔法施工。

（2）卷材表面热熔后应立即滚铺卷材，卷材下面的空气应排尽，并辊压粘结牢固，不得空鼓。

（3）卷材接缝部位必须溢出热熔的改性沥青胶。

（4）铺贴的卷材应平整顺直，搭接尺寸准确，不得扭曲、皱折。

6.2.17 自粘法铺贴卷材有何规定？

答：自粘法铺贴卷材应符合下列规定：

（1）铺贴卷材前基层表面应均匀涂刷基层处理剂，干燥后应及时铺贴卷材。

（2）铺贴卷材时，应将自粘胶底面的隔离纸全部撕净。

（3）卷材下面的空气应排尽，并辊压粘结牢固。

（4）铺贴的卷材应平整顺直，搭接尺寸准确，不得扭曲、皱折。搭接部位宜采用热风加热，随即粘贴牢固。

（5）接缝口应用密封材料封严，宽度不应小于10mm。

6.2.18 卷材热风焊接施工有何规定？

答：卷材热风焊接施工应符合下列规定：

（1）焊接前卷材的铺设应平整顺直，搭接尺寸准确，不得扭曲、皱折。

（2）卷材的焊接面应清扫干净，无水滴、油污及附着物。

（3）焊接时应先焊长边搭接缝，后焊短边搭接缝。

(4) 控制热风加热温度和时间，焊接处不得有漏焊、跳焊、焊焦或焊接不牢现象。

(5) 焊接时不得损害非焊接部位的卷材。

6.2.19 沥青玛𤧛脂配制和使用有何规定?

答：沥青玛𤧛脂的配制和使用应符合下列规定：

(1) 配制沥青玛𤧛脂的配比应视使用条件、坡度和当地历年极端最高气温，并根据所用的材料经试验确定；施工中应按确定的配合比严格配料，每工作班应检查软化点和柔韧性。

(2) 热沥青玛𤧛脂的加热温度不应高于 240℃，使用温度不应低于 190℃。

(3) 冷沥青玛𤧛脂使用时应搅匀，稠度太大时可加少量溶剂稀释搅匀。

(4) 冷沥青玛𤧛脂应涂刮均匀，不得过厚或堆积。

粘结层厚度：热沥青玛𤧛脂宜为 1～1.5mm，冷沥青玛𤧛脂宜为 0.5～1mm。

面层厚度：热沥青玛𤧛脂宜为 2～3mm，冷沥青玛𤧛脂宜为1～1.5mm。

6.2.20 沟口、泛水和立面的卷材收头有何规定?

答：天沟、檐沟、檐口、泛水和立面卷材收头的端部应裁齐，塞入预留凹槽内，用金属压条钉压固定，最大钉距不应大于 900mm，并用密封材料嵌填封严。

6.2.21 卷材防水层完工后的成品保护有何规定?

答：卷材防水层完工并经验收合格后，应做好成品保护。保护层的施工应符合下列规定：

(1) 绿豆砂应清洁、预热、铺撒均匀，并使其与沥青玛𤧛脂粘结牢固，不得残留未粘结的绿豆砂。

(2) 云母或蛭石保护层不得有粉料，撒铺应均匀，不得露底，多余的云母或蛭石应清除。

(3) 水泥砂浆保护层的表面应抹平压光，并设表面分格缝，分格面积宜为 $1m^2$。

(4) 块体材料保护层应留设分格缝，分格面积不宜大于 $100m^2$，分格缝宽度不宜小于 20mm。

(5) 细石混凝土保护层，混凝土应密实，表面抹平压光，并留设分格缝，分格面积不大于 $36m^2$。

(6) 浅色涂料保护层应与卷材粘结牢固，厚薄均匀，不得漏涂。

(7) 水泥砂浆、块材或细石混凝土保护层与防水层之间应设置隔离层。

(8) 刚性保护层与女儿墙、山墙之间应预留宽度为 30mm 的缝隙，并用密封材料嵌填严密。

6.2.22 卷材、材质有何规定?

答：卷材防水层所用卷材及其配套材料，必须符合设计要求。

检验方法：检查出厂合格证、质量检验报告和现场抽样复验报告。

6.2.23 卷材防水屋面施工完成后有哪些要求?

答：(1) 卷材防水层不得有渗漏或积水现象。

检验方法：雨后或淋水、蓄水检验。

(2) 卷材防水层在天沟、檐沟、檐口、水落口、泛水、变形缝和伸出屋面管道的防水构造，必须符合设计要求。

(3) 卷材防水层的搭接缝应粘(焊)结牢固，密封严密，不得有皱折、翘边和鼓泡等缺陷；防水层的收头应与基层粘结并固定牢固，缝口封严，不得翘边。

检验方法：观察检查。

(4) 卷材防水层上的撒布材料和浅色涂料保护层应铺撒或涂刷均匀，粘结牢固；水泥砂浆、块材或细石混凝土保护层与卷材防水层间应设置隔离层；刚性保护层的分格缝留置应符合设计要求。

检验方法：观察检查。

(5) 排汽屋面的排汽道应纵横贯通，不得堵塞。排汽管应安装牢固，位置正确，封闭严密。

检验方法：观察检查。

(6) 卷材的铺贴方向应正确，卷材搭接宽度的允许偏差为－10mm。

检验方法：观察和尺量检查。

6.3 涂膜防水层面工程

6.3.1 防水涂膜施工有哪些规定？

答：(1) 防水涂膜施工应符合下列规定：

1) 涂膜应根据防水涂料的品种分层、分遍涂布，不得一次涂成。

2) 应待先涂的涂层干燥成膜后，方可涂后一遍涂料。

3) 需铺设胎体增强材料时，屋面坡度小于15%时可平行屋脊铺设，屋面坡度大于15%时应垂直于屋脊铺设。

4) 胎体长边搭接宽度不应小于50mm，短边搭接宽度不应小于70mm。

5) 采用二层胎体增强材料时，上下层不得相互垂直铺设，搭接缝应错开，其间距不应小于幅宽的1/3。涂膜厚度选用应符合表6-8的规定。

涂膜厚度选用表 **表 6-8**

屋面防水等级	设防道数	高聚物改性沥青防水涂料	合成高分子防水涂料
Ⅰ级	三道或三道以上设防	—	不应小于1.5mm
Ⅱ级	二道设防	不应小于3mm	不应小于1.5mm
Ⅲ级	一道设防	不应小于3mm	不应小于2mm
Ⅳ级	一道设防	不应小于2mm	—

(2) 屋面基屋的干燥程度应视所用涂料特性确定。当采用溶剂型涂料时，屋面基层应干燥。

(3) 多组分涂料应按配合比准确计量，搅拌均匀，并应根据有效时间确定使用量。

(4) 天沟、檐沟、檐口、泛水和立面涂膜防水层的收头，应用防水涂料多遍涂刷或用密封材料封严。

(5) 涂膜防水层完工并经验收合格后，应做好成品保护。保护层的施工应符合规范的规定。

(6) 防水涂料和胎体增强材料必须符合设计要求。

检验方法：检查出厂合格证、质量检验报告和现场抽样复验报告。

6.3.2 涂膜防水层施工完成后质量有何要求？

答：(1) 涂膜防水层不得有渗漏或积水现象。

检验方法：雨后或淋水、蓄水检验。

(2) 涂膜防水层在天沟、檐沟、檐口、水落口、泛水、变形缝和伸出屋面管道的防水构造，必须符合设计要求。

检验方法：观察检查和检查隐蔽工程验收记录。

(3) 涂膜防水层的平均厚度应符合设计要求，最小厚度不应小于设计厚度的80%。

检验方法：针测法或取样量测。

(4) 涂膜防水层与基层应粘结牢固，表面平整，涂刷均匀，无流淌、皱折、鼓泡、露胎体和翘边等缺陷。

检验方法：观察检查。

(5) 涂膜防水层上的撒布材料或浅色涂料保护层应铺撒或涂刷均匀，粘结牢固；水泥砂浆、块材或细石混凝土保护层与涂膜防水层间应设置隔离层；刚性保护层的分格缝留置应符合设计要求。

检验方法：观察检查。

6.4 刚性防水屋面工程

6.4.1 刚性防水屋面工程施工有何一般规定?

答：(1) 细石混凝土适用于防水等级为Ⅰ～Ⅲ级的屋面防水；不适用于设有松散材料保温层的屋面以及受较大振动或冲击的和坡度大于15%的建筑屋面。

(2) 细石混凝土不得使用火山灰水泥；当采用矿渣硅酸盐水泥时，应采用减少泌水性的措施。粗骨料含泥量不应大于1%，细骨料含泥量不应大于2%。

混凝土水灰比不应大于0.55；每立方米混凝土水泥用量不得少于330kg；含砂率宜为35%～40%；灰砂比宜为1∶2～1∶2.5；混凝土强度等级不应低于C20。

(3) 混凝土中掺加膨胀剂、减水剂、防水剂等外加剂时，应按配合比准确计量，投料顺序得当，并应用机械搅拌，机械振捣。

(4) 细石混凝土防水层的分格缝，应设在屋面板的支承端、屋面转折处、防水层与突出屋面结构的交接处，其纵横间距不宜大于6m。分格缝内应嵌填密封材料。

(5) 细石混凝土防水层的厚度不应小于40mm，并应配置双向钢筋网片。钢筋网片在分格缝处应断开，其保护层厚度不应小于10mm。

(6) 细石混凝土防水层与立墙及突出屋面结构等交接处，均应做柔性密封处理；细石混凝土防水层与基层间宜设置隔离层。

6.4.2 细石混凝土的配合比有何规定?

答：细石混凝土的原材料及配合比必须符合设计要求。

检验方法：检查出厂合格证、质量检验报告、计量措施和现场抽样复验报告。

6.4.3 细石混凝土施工完成后有何要求?

答:(1)细石混凝土防水层不得有渗漏或积水现象。

检验方法:雨后或淋水、蓄水检验。

(2)细石混凝土防水层在天沟、檐沟、檐口、水落口、泛水、变形缝和伸出屋面管道的防水构造,必须符合设计要求。

检验方法:观察检查和检查隐蔽工程验收记录。

(3)细石混凝土防水层应表面平整、压实抹光,不得有裂缝、起壳、起砂等缺陷。

检验方法:观察检查。

(4)细石混凝土防水层的厚度和钢筋位置应符合设计要求。

检验方法:观察和尺量检查。

(5)细石混凝土分格缝的位置和间距应符合设计要求。

检验方法:观察和尺量检查。

(6)细石混凝土防水层表面平整度的允许偏差为5mm。

检验方法:用2m靠尺和楔形塞尺检查。

6.4.4 密封材料的使用有何规定?

答:(1)密封防水部位的基层质量应符合下列要求:

1)基层应牢固,表面应平整、密实,不得有蜂窝、麻面、起皮和起砂现象。

2)嵌填密封材料的基层应干净、干燥。

(2)密封防水处理连接部位的基层,应涂刷与密封材料相配套的基层处理剂。基层处理剂应配比准确,搅拌均匀。采用多组分基层处理剂时,应根据有效时间确定使用量。

(3)接缝处的密封材料底部应填放背衬材料,外露的密封材料上应设置保护层,其宽度不应小于200mm。

(4)密封材料嵌填完成后不得碰损及污染,固化前不得踩踏。

(5)密封材料的质量必须符合设计要求。

检验方法:检查产品出厂合格证、配合比和现场抽样复验报告。

(6) 密封材料嵌填必须密实、连续、饱满，粘结牢固，无气泡、开裂、脱落等缺陷。

检验方法：观察检查。

(7) 嵌填密封材料的基层应牢固、干净、干燥，表面应平整、密实。

检验方法：观察检查。

(8) 密封防水接缝宽度的允许偏差为±10%，接缝深度为宽度的0.5～0.7倍。

(9) 嵌填的密封材料表面应平滑，缝边应顺直，无凹凸不平现象。

检验方法：观察检查。

6.5 瓦屋面工程

6.5.1 平瓦、挂瓦屋面工程施工有何规定?

答：(1) 平瓦适用于防水等级为Ⅱ、Ⅲ级以及坡度不小于20%的屋面。

(2) 平瓦屋面与立墙及突出屋面结构等交接处，均应做泛水处理。天沟、檐沟的防水层，应采用合成高分子防水卷材、高聚物改性沥青防水卷材、沥青防水卷材、金属板材或塑料板材等材料铺设。

(3) 平瓦屋面的有关尺寸应符合下列要求：

1) 脊瓦在两坡面瓦上的搭盖宽度，每边不小于40mm。

2) 瓦伸入天沟、檐沟的长度为50～70mm。

3) 天沟、檐沟的防水层伸入瓦内宽度不小于150mm。

4) 瓦头挑出封檐板的长度为50～70mm。

5) 突出屋面的墙或烟囱的侧面瓦伸入泛水宽度不小于50mm。

(4) 平瓦及其脊瓦的质量必须符合设计要求。

检验方法：观察检查和检查出厂合格证或质量检验报告。

(5) 平瓦必须铺置牢固。地震设防地区或坡度大于50%的屋面，应采取固定加强措施。

检验方法：观察和手扳检查。

(6) 挂瓦条应分档均匀，铺钉平整、牢固；瓦面平整，行列整齐，搭接紧密，檐口平直。

检验方法：观察检查。

(7) 脊瓦应搭盖正确，间距均匀，封固严密；屋脊和斜脊应顺直，无起伏现象。

检验方法：观察或手扳检查。

(8) 泛水做法应符合设计要求，顺直整齐，结合严密，无渗漏。

检验方法：观察检查和雨后或淋水检验。

6.5.2 油毡瓦屋面工程施工有何规定?

答：(1) 油毡瓦适用于防水等级为Ⅱ、Ⅲ级以及坡度不小于20%的屋面。

(2) 油毡瓦屋面与立墙及突出屋面结构等交接处，均应做泛水处理。

(3) 油毡瓦的基层应牢固平整。如为混凝土基层，油毡瓦应用专用水泥钢钉与冷沥青玛琋脂粘结固定在混凝土基层上；如为木基层，铺瓦前应在木基层上铺设一层沥青防水卷材垫毡，用油毡钉铺钉，钉帽应盖在垫毡下面。

(4) 油毡瓦所有固定钉必须钉平、钉牢，严禁钉帽外露油毡瓦表面。

检验方法：观察检查。

(5) 油毡瓦的铺设方法应正确；油毡瓦之间的对缝，上下层不得重合。

检验方法：观察检查。

(6) 油毡瓦应与基层紧贴，瓦面平整，檐口顺直。

检验方法：观察检查。

(7) 泛水做法应符合设计要求，顺直整齐，结合严密，无渗漏。

检验方法：观察检查和雨后或淋水检验。

6.5.3 油毡瓦屋面的有关尺寸有何要求?

答：油毡瓦屋面的有关尺寸应符合下列要求：

(1) 脊瓦与两坡面油毡瓦搭盖宽度每边不小于100mm。

(2) 脊瓦与脊瓦的压盖面不小于脊瓦面积的1/2。

(3) 油毡瓦在屋面与突出屋面结构的交接处铺贴高度不小于250mm。

6.5.4 油毡瓦的质量有何要求?

答：油毡瓦的质量必须符合设计要求。

检验方法：检查出厂合格证和质量检验报告。

6.5.5 金属板材屋面施工有何规定?

答：(1) 金属板材适用于防水等级为Ⅰ～Ⅲ级的屋面。

(2) 金属板材屋面与立墙及突出屋面结构等交接处，均应做泛水处理。两板间应放置通长密封条；螺栓拧紧后，两板的搭接口处应用密封材料封严。

(3) 压型板应采用带防水垫圈的镀锌螺栓(螺钉)固定，固定点应设在波峰上。所有外露的螺栓(螺钉)，均应涂抹密封材料保护。

(4) 金属板材屋面的檐口线、泛水段应顺直，无起伏现象。

6.5.6 压型板屋面的有关尺寸有何要求?

答：压型板屋面的有关尺寸应符合下列要求：

(1) 压型板的横向搭接不小于一个波，纵向搭接不小于200mm。

(2) 压型板挑出墙面的长度不小于200mm。

(3) 压型板伸入檐沟内的长度不小于150mm。

(4) 压型板与泛水的搭接宽度不小于200mm。

6.5.7 金属板材及辅助材料的规格和质量，有何要求?

答：(1) 金属板材及辅助材料的规格和质量，必须符合设计要求。

检验方法：检查出厂合格证和质量检验报告。

(2) 金属板材的连接和密封处理必须符合设计要求，不得有渗漏现象。

检验方法：观察检查和雨后或淋水检验。

(3) 金属板材屋面应安装平整，固定方法正确，密封完整；排水坡度应符合设计要求。

检验方法：观察和尺量检查。

6.6 隔热屋面工程

6.6.1 架空屋面工程施工有何规定?

答：(1) 架空隔热层的高度应按照屋面宽度或坡度大小的变化确定。如设计无要求，一般以100～300mm为宜。当屋面宽度大于10m时，应设置通风屋脊。

(2) 架空隔热制品支座底面的卷材、涂膜防水层上应采取加强措施，操作时不得损坏已完工的防水层。

(3) 架空隔热制品的质量应符合下列要求：

1) 非上人屋面的黏土砖强度等级不应低于MU7.5；上人屋面的黏土砖强度等级不应低于MU10。

2) 混凝土板的强度等级不应低于C20，板内宜加放钢丝网片。

(4) 架空隔热制品的质量必须符合设计要求，严禁有断裂和露筋等缺陷。

检验方法：观察检查和检查构件合格证或试验报告。

(5) 架空隔热制品的铺设应平整、稳固、缝隙勾填应密实；架空隔热制品距山墙或女儿墙不得小于 250mm，架空层中不得堵塞，架空高度及变形缝做法应符合设计要求。

检验方法：观察和尺量检查。

(6) 相邻两块制品的高低差不得大于 3mm。

检验方法：用直尺和楔形塞尺检查。

6.6.2 蓄水屋面工程施工有何规定?

答：(1) 蓄水屋面应采用刚性防水层或在卷材、涂膜防水层上面再做刚性防水层，防水层应采用耐腐蚀、耐霉烂、耐穿刺性能好的材料。

(2) 蓄水屋面应划分为若干蓄水区，每区的边长不宜大于 10m，在变形缝的两侧应分成两个互不连通的蓄水区；长度超过 40m 的蓄水屋面应做横向伸缩缝。蓄水屋面应设置人行通道。

(3) 蓄水屋面所设排水管、溢水口和给水管等，应在防水层施工前安装完毕。

(4) 每个蓄水区的防水混凝土应一次浇筑完毕，不得留施工缝。

(5) 蓄水屋面上设置的溢水口、过水孔、排水管、溢水管，其大小、位置、标高的留设必须符合设计要求。

检验方法：观察和尺量检查。

(6) 蓄水屋面防水层施工必须符合设计要求，不得有渗漏现象。

检验方法：蓄水至规定高度观察检查。

6.6.3 种植屋面施工有何规定?

答：(1) 种植屋面的防水层应采用耐腐蚀、耐霉烂、耐穿刺性能好的材料。

(2) 种植屋面采用卷材防水层时，上部应设置细石混凝土保护层。

(3) 种植屋面应有1%～3%的坡度。种植屋面四周应设挡墙，挡墙下部设泄水孔，孔内侧放置疏水粗细骨料。

(4) 种植覆盖层的施工应避免损坏防水层；覆盖材料的厚度、质(重)量应符合设计要求。

(5) 种植屋面挡墙泄水孔的留设必须符合设计要求，并不得堵塞。

检验方法：观察和尺量检查。

(6) 种植屋面防水层施工必须符合设计要求，不得有渗漏现象。

检验方法：蓄水至规定高度观察检查。

6.7 细部构造

6.7.1 天沟、檐沟的防水构造施工有何要求?

答：天沟、檐沟的防水构造应符合下列要求：

(1) 沟内附加层在天沟、檐沟与屋面交接处宜空铺，空铺的宽度不应小于200mm。

(2) 卷材防水层应由沟底翻上至沟外檐顶部，卷材收头应用水泥钉固定，并用密封材料封严。

(3) 涂膜收头应用防水涂料多遍涂刷或用密封材料封严。

(4) 在天沟、檐沟与细石混凝土防水层的交接处，应留凹槽并用密封材料嵌填严密。

6.7.2 檐口的防水构造施工有何要求?

答：檐口的防水构造应符合下列要求：

(1) 檐口800mm范围内铺贴的卷材应采取满粘法。

(2) 卷材收头应压入凹槽，采用金属压条钉压，并用密封材料封口。

(3) 涂膜收头应用防水涂料多遍涂刷或用密封材料封严。

(4) 檐口下端应抹出鹰嘴和滴水槽。

6.7.3 女儿墙泛水的防水构造施工有何规定?

答：女儿墙泛水的防水构造应符合下列要求：

(1) 铺贴泛水处的卷材应采取满粘法。

(2) 砖墙上的卷材收头可直接铺压在女儿墙压顶下，压顶应做防水处理；也可压入砖墙凹槽内固定密封，凹槽距屋面找平层不应小于250mm，凹槽上部的墙体应做防水处理。

(3) 涂膜防水层应直接涂刷至女儿墙的压顶下，收头处理应用防水涂料多遍涂刷封严，压顶应做防水处理。

(4) 混凝土墙上的卷材收头应采用金属压条钉压，并用密封材料封严。

6.7.4 水落口的防水构造施工有何规定?

答：水落口的防水构造应符合下列要求：

(1) 水落口杯上口的标高应设置在沟底的最低处。

(2) 防水层贴入水落口杯内不应小于50mm。

(3) 水落口周围直径500mm范围内的坡度不应小于5%，并采用防水涂料或密封材料涂封，其厚度不应小于2mm。

(4) 水落口杯与基层接触处应留宽20mm、深20mm凹槽，并嵌填密封材料。

6.7.5 变形缝的防水构造施工有何规定?

答：变形缝的防水构造应符合下列要求：

(1) 变形缝的泛水高度不应小于250mm。

(2) 防水层应铺贴到变形缝两侧砌体的上部。

(3) 变形缝内应填充聚苯乙烯泡沫塑料，上部填放衬垫材料，并用卷材封盖。

(4) 变形缝顶部加扣混凝土或金属盖板，混凝土盖板的接缝应用密封材料嵌填。

6.7.6 伸出屋面管道的防水构造施工有何规定？

答：伸出屋面管道的防水构造应符合下列要求：

(1) 管道根部直径 500mm 范围内，找平层应抹出高度不小于 30mm 的圆台。

(2) 管道周围与找平层或细石混凝土防水层之间，应预留 20mm×20mm 的凹槽，并用密封材料嵌填严密。

(3) 管道根部四周应增设附加层，宽度和高度均不应小于 300mm。

(4) 管道上的防水层收头处应用金属箍紧固，并用密封材料封严。

6.7.7 屋面工程细部构造的施工有何一般规定？

答：防水卷材适用于屋面的天沟、檐沟、檐口、泛水、水落口、变形缝、伸出屋面管道等防水构造：

(1) 用于细部构造处理的防水卷材、防水涂料和密封材料的质量，均应符合规范有关规定的要求。

(2) 卷材涂膜防水层在天沟、檐沟与屋面交接处、泛水、阴阳角等部位，应增加卷材或涂膜附加层。

(3) 天沟、檐沟的排水坡度，必须符合设计要求。

检验方法：用水平仪(水平尺)、拉线和尺量检查。

(4) 天沟、檐沟、檐口、水落口、泛水、变形缝和伸出屋面管道的防水构造，必须符合设计要求。

检验方法：观察检查和检查隐蔽工程验收记录。

6.8 分部工程验收

6.8.1 屋面工程验收技术资料有何要求？

答：屋面工程验收的文件和记录应按表 6-9 要求执行。

屋面工程验收的文件和记录　　表 6-9

序号	项　　目	文件和记录
1	防水设计	设计图纸及会审记录、设计变更通知单和材料代用核定单
2	施工方案	施工方法、技术措施、质量保证措施
3	技术交底记录	施工操作要求及注意事项
4	材料质量证明文件	出厂合格证、质量检验报告和试验报告
5	中间检查记录	分项工程质量验收记录、隐蔽工程验收记录、施工检验记录、淋水或蓄水检验记录
6	施工日志	逐日施工情况
7	工程检验记录	抽样质量检验及观察检查
8	其他技术资料	事故处理报告、技术总结

(1) 屋面工程隐蔽验收记录应包括以下主要内容：

1) 卷材、涂膜防水层的基层。

2) 密封防水处理部位。

3) 天沟、檐沟、泛水和变形缝等细部做法。

4) 卷材、涂膜防水层的搭接宽度和附加层。

5) 刚性保护层与卷材、涂膜防水层之间设置的隔离层。

(2) 屋面工程验收后，应填写分部工程质量验收记录，交建设单位和施工单位存档。

6.8.2　屋面工程质量有何要求?

答：(1) 屋面工程质量应符合下列要求：

1) 防水层不得有渗漏或积水现象。

2) 使用的材料应符合设计要求和质量标准的规定。

3) 找平层表面应平整，不得有酥松、起砂、起皮现象。

4) 保温层的厚度、含水率和表观密度应符合设计要求。

5) 天沟、檐沟、泛水和变形缝等构造，应符合设计要求。

6) 卷材铺贴方法和搭接顺序应符合设计要求，搭接宽度正确，接缝严密，不得有皱折、鼓泡和翘边现象。

7) 涂膜防水层的厚度应符合设计要求，涂层无裂纹、皱褶、流淌、鼓泡和露胎体现象。

8）刚性防水层表面应平整、压光，不起砂，不起皮，不开裂。分格缝应平直，位置正确。

9）嵌缝密封材料应与两侧基层粘牢，密封部位光滑、平直，不得有开裂、鼓泡、下塌现象。

10）平瓦屋面的基层应平整、牢固，瓦片排列整齐、平直，搭接合理，接缝严密，不得有残缺瓦片。

（2）检查屋面有无渗漏、积水和排水系统是否畅通，应在雨后或持续淋水 2h 后进行。有可能作蓄水检验的屋面，其蓄水时间不应少于 24h。

6.8.3 屋面工程验收有何规定?

答：屋面工程施工应按工序或分项工程进行验收，构成分项工程的各检验批应符合相应质量标准的规定。

6.9 屋面工程防水和保温材料的质量指标

6.9.1 防水卷材的质量指标有何规定?

答：防水卷材的质量指标

（1）高聚物改性沥青防水卷材的外观质量和物理性能应符合表 6-10 和表 6-11 的要求。

高聚物改性沥青防水卷材外观质量　　表 6-10

项　目	质 量 要 求
孔洞、缺边、裂口	不允许
边缘不整齐	不超过 10mm
胎体露白、未浸透	不允许
撒布材料粒度、颜色	均匀
每卷卷材的接头	不超过 1 处，较短的一段不应小于 1000mm，接头处应加长 150mm

高聚物改性沥青防水卷材物理性能　　　表 6-11

<table>
<tr><th colspan="2" rowspan="2">项　　目</th><th colspan="3">性　能　要　求</th></tr>
<tr><th>聚酯毡胎体</th><th>玻纤胎体</th><th>聚乙烯胎体</th></tr>
<tr><td colspan="2">拉力(N/50mm)</td><td>≥450</td><td>纵向 0≥350，横向≥250</td><td>≥100</td></tr>
<tr><td colspan="2">延伸率(%)</td><td>最大拉力时，≥30</td><td>—</td><td>断裂时，≥200</td></tr>
<tr><td colspan="2">耐热度(℃，2h)</td><td colspan="2">SBS 卷材 90，APP 卷材 110，无滑动、流淌、滴落</td><td>PEE 卷材 90，无流淌，起泡</td></tr>
<tr><td colspan="2">低温柔度(℃)</td><td colspan="3">SBS 卷材-18，APP 卷材-5，PEE 卷材-10。3mm 厚 r=15mm；4mm 厚 r=25mm；3s 弯 180°，无裂纹</td></tr>
<tr><td rowspan="2">不透水性</td><td>压力(MPa)</td><td>≥0.3</td><td>≥0.2</td><td>≥0.3</td></tr>
<tr><td>保持时间(min)</td><td colspan="3">≥30</td></tr>
</table>

注：SBS——弹性体改性沥青防水卷材；APP——塑性体改性沥青防水卷材；PEE——改性沥青聚乙烯胎防水卷材。

(2) 合成高分子防水卷材的外观质量和物理性能应符合表 6-12 和表 6-13 的要求。

合成高分子防水卷材外观质量　　　表 6-12

项　　目	质　量　要　求
折　　痕	每卷不超过 2 处，总长度不超过 20mm
杂　　质	大于 0.5mm 颗粒不允许，每 1m 不超过 9mm^2
胶　　块	每卷不超过 6 处，每处面积不大于 4mm^2
凹　　痕	每卷不超过 6 处，深度不超过本身厚度的 30%；树脂类深度不超过 15%
每卷卷材的接头	橡胶类每 20m 不超过 1 处，较短的一段不应小于 3000mm，接头处应加长 150mm；树脂类 20m 长度内不允许有接头

合成高分子防水卷材物理性能　　表 6-13

项目		性能要求			
		硫化橡胶类	非硫化橡胶类	树脂类	纤维增强类
断裂拉伸强度(MPa)		≥6	≥3	≥10	≥9
扯断伸长率(%)		≥400	≥200	≥200	≥10
低温弯折(℃)		−30	−20	−20	−20
不透水性	压力(MPa)	≥0.3	≥0.2	≥0.3	≥0.3
	保持时间(min)	≥30			
加热收缩率(%)		<1.2	<2.0	<2.0	<1.0
热老化保持率(80℃，168h)	断裂拉伸强度	≥80%			
	扯断伸长率	≥70%			

(3) 沥青防水卷材的外观质量和物理性能应符合表 6-14 和表 6-15 的要求。

沥青防水卷材外观质量　　表 6-14

项目	质量要求
孔洞、硌伤	不允许
露胎、涂盖不匀	不允许
折纹、皱折	距卷芯 1000mm 以外，长度不大于 100mm
裂纹	距卷芯 1000mm 以外，长度不大于 10mm
裂口、缺边	边缘裂口小于 20mm；缺边长度小于 50mm，深度小于 20mm
每卷卷材的接头	不超过 1 处，较短的一段不应小于 2500mm，接头处应加长 150mm

沥青防水卷材物理性能　　表 6-15

项目	性能要求	
	350 号	500 号
纵向拉力(25±2℃)(N)	≥340	≥440
耐热度(85±2℃，2h)	不流淌，无集中性气泡	

续表

项目		性能要求	
		350号	500号
柔度(18±2℃)		绕 ϕ20mm 圆棒无裂纹	绕 ϕ25mm 圆棒无裂纹
不透水性	压力(MPa)	≥0.10	≥0.15
	保持时间(min)	≥30	≥30

6.9.2 卷材胶粘剂的质量有何规定?

答：卷材胶粘剂的质量应符合下列规定：

(1) 改性沥青胶粘剂的粘结剥离强度不应小于 8N/10mm。

(2) 合成高分子胶粘剂的粘结剥离强度不应小于 15N/10mm，浸水 168h 后的保持率不应小于 70%。

(3) 双面胶粘带剥离状态下的粘合性不应小于 10N/25mm，浸水 168h 后的保持率不应小于 70%。

6.9.3 防水涂料的质量指标有何规定?

答：(1) 高聚物改性沥青防水涂料的物理性能应符合表 6-16 的要求。

高聚物改性沥青防水涂料物理性能　　表 6-16

项目		性能要求
固体含量(%)		≥43
耐热度(80℃，5h)		无流淌、起泡和滑动
柔性(−10℃)		3mm 厚，绕 ϕ20mm 圆棒无裂纹、断裂
不透水性	压力(MPa)	≥0.1
	保持时间(min)	≥30
延伸(20±2℃拉伸，mm)		≥4.5

(2) 合成高分子防水涂料的物理性能应符合表 6-17 的要求。

合成高分子防水涂料物理性能 **表 6-17**

项目		性能要求		
		反应固化型	挥发固化型	聚合物水泥涂料
固体含量(%)		≥94	≥65	≥65
拉伸强度(MPa)		≥1.65	≥1.5	≥1.2
断裂延伸率(%)		≥350	≥300	≥200
柔性(℃)		−30，弯折无裂纹	−20，弯折无裂纹	−10，绕 ϕ10mm 棒无裂纹
不透水性	压力(MPa)	≥0.3		
	保持时间(min)	≥30		

(3) 胎体增强材料的质量应符合表 6-18 的要求。

胎体增强材料质量要求 **表 6-18**

项目		质量要求		
		聚酯无纹布	化纤无纹布	玻纤网布
外观		均匀，无团状，平整无折		
拉力(N/50mm)	纵向	≥150	≥45	≥90
	横向	≥100	≥35	≥50
延伸率(%)	纵向	≥10	≥20	≥3
	横向	≥20	≥25	≥3

6.9.4 密封材料的质量指标有何规定?

答：(1) 改性石油沥青密封材料的物理性能应符合表 6-19 的要求。

改性石油沥青密封材料物理性能 **表 6-19**

项目		性能要求	
		Ⅰ	Ⅱ
耐热度	拉伸强度(MPa)	70	80
	延伸率(%)	≤4.0	

续表

项目		性能要求	
		Ⅰ	Ⅱ
低温柔性	温度(℃)	−20	−10
	粘结状态	无裂纹和剥离现象	
拉伸粘结性(%)		≥125	
浸水后拉伸粘结性(%)		≥125	
挥发性(%)		≤2.8	
施工度(mm)		≥22.0	≥20.0

注：改性石油沥青密封材料按耐热度和低温柔性分为Ⅰ类和Ⅱ类。

(2) 合成高分子密封材料的物理性能应符合表 6-20 的要求。

合成高分子密封材料物理性能　　表 6-20

项目		性能要求	
		弹性体密封材料	塑性体密封材料
拉伸粘结性	拉伸强度(MPa)	≥0.2	≥0.02
	延伸率(%)	≥200	≥250
柔性(℃)		−30，无裂纹	−20，无裂纹
拉伸-压缩循环性能	拉伸-压缩率(%)	≥±20	≥±10
	粘结和内聚破坏面积(%)	≤25	

6.9.5 保温材料的质量指标有何规定?

答：(1) 松散保温材料的质量应符合表 6-21 的要求。

松散保温材料质量要求　　表 6-21

项　目	膨胀蛭石	膨胀珍珠岩
粒　径	3～15mm	≥0.15mm，<0.15mm 的含量不大于 8%
堆积密度	≤300kg/m³	≤120kg/m³
导热系数	≤0.14W/(m·K)	≤0.07W/(m·K)

（2）板状保温材料的质量应符合表 6-22 的要求。

板状保温材料质量要求　　　　表 6-22

项　　目	聚苯乙烯泡沫塑料类		硬质聚氨酯泡沫塑料	泡沫玻璃	微孔混凝土类	膨胀蛭石（珍珠岩）制品
	挤压	模压				
表观密度（kg/m^3）	≥32	15～30	≥30	≥150	500～700	300～800
导热系数[W/(m·K)]	≤0.03	≤0.041	≤0.027	≤0.062	≤0.22	≤0.26
抗压强度(MPa)	—	—	—	≥0.4	≥0.4	≥0.3
在 10%形变下的压缩应力(MPa)	≥0.15	≥0.06	≥0.15	—	—	—
70℃，48h 后尺寸变化率(%)	≤2.0	≤5.0	≤5.0	≤0.5	—	—
吸水率(V/V，%)	≤1.5	≤6	≤3	≤0.5	—	—
外观质量	板的外形基本平整，无严重凹凸不平；厚度允许偏差为 5%，且不大于 4mm					

7 建设工程施工质量评价

7.1 质量评价基本规定

7.1.1 评价基础有何规定?

答:(1) 建筑工程质量应实施目标管理,施工单位在工程开工前应制定质量目标,进行质量策划。实施创优良的工程,还应在承包合同中明确质量目标以及各方责任。

(2) 建筑工程质量应推行科学管理,强化工程项目的工序质量管理,重视管理机制的质量保证能力及持续改进能力。

(3) 建筑工程质量控制的重点应突出原材料、过程工序质量控制及功能效果测试。应重视提高管理效率及操作技能。

(4) 建筑工程施工质量优良评价应综合检查评价结构的安全性、使用功能和观感质量效果等。

(5) 建筑工程施工质量优良评价应注重科技进步、环保和节能等先进技术的应用。

(6) 建筑工程施工质量优良评价,应在工程质量按《建筑工程施工质量验收统一标准》及其配套的各专业工程质量验收规范验收合格基础上评价优良等级。

7.1.2 评价框架体系由哪些组成?

答:(1) 建筑工程施工质量评价应根据建筑工程特点按照工程部位、系统分为地基及桩基工程、结构工程、屋面工程、装饰装修工程及安装工程等五部分,其框架体系应符合图 7-1 的规定。

(2) 每个工程部位、系统应根据其在整个工程中所占工作量大小及重要程度给出相应的权重值，工程部位、系统权重值分配应符合表 7-1 的规定。

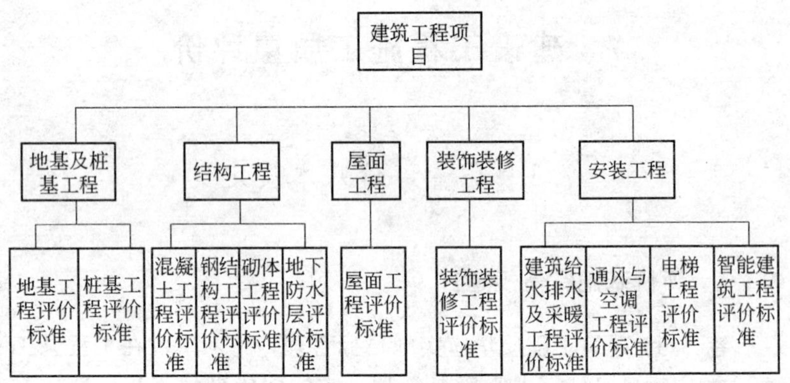

图 7-1　工程质量评价框架体系

工程部位、系统权重值分配表　　表 7-1

工程部位 \ 权重分值	权 重 分 值
地基及桩基工程	10
结构工程	40
屋面工程	5
装饰装修工程	25
安装工程	20

注：安装工程有五项内容：建筑给水排水及采暖工程、建筑电气、通风与空调、电梯、智能建筑工程各 4 分，缺项时按实际工程量分配但应为整数。

（3）每个工程部位、系统按照工程质量的特点，其质量评价应包括施工现场质量保证条件、性能检测、质量记录、尺寸偏差及限值实测、观感质量等五项评价内容。

（4）每项评价内容应根据其在该工程部位、系统内所占的工作量大小及重要程度给出相应的权重值，各项评价内容的权重分配应符合表 7-2 的规定。

评价项目权重值分配表 表 7-2

序号	评价项目	地基及桩基工程	结构工程	屋面工程	装饰装修工程	安装工程
1	施工现场质量保证条件	10	10	10	10	10
2	性能检测	35	30	30	20	30
3	质量记录	35	25	20	20	30
4	尺寸偏差及限值实测	15	20	20	10	10
5	观感质量	5	15	20	40	20

注：1. 用各检查评分表检查评分后，将所得分值换算为本表分值，再按规定变为表 7-1 的权重值。

2. 地下防水层评价权重值没有单独列出，包含在结构工程中，当有地下防水层时，其权重值占结构工程的 5%。

(5) 每个检查项目包括若干项具体检查内容，对每一具体检查内容应按其重要性给出标准分值，其判定结果分为一、二、三共三个档次。一档为 100%的标准分值；二档为 85%的标准分值；三档为 70%的标准分值。

(6) 建筑工程施工质量优良评价应分为工程结构和单位工程两个阶段分别进行评价。

(7) 工程结构、单位工程施工质量优良工程的评价总得分均应大于等于 85 分。总得分达到 92 分及其以上时为高质量等级的优良工程。

7.1.3 质量评价规定有哪些内容?

答：(1) 建筑工程实行施工质量优良评价的工程，应在施工组织设计中制定具体的创优措施。

(2) 建筑工程施工质量优良评价，应先由施工单位按规定自行检查评定，然后由监理或相关单位验收评价。评价结果应以验收评价结果为准。

(3) 工程结构和单位工程施工质量优良评价均应出具评价

报告。

(4) 工程结构施工质量优良评价应在地基及桩基工程、结构工程以及附属的地下防水层完工，且主体工程质量验收合格的基础上进行。

(5) 工程结构施工质量优良评价，应在施工过程中对施工现场进行必要的抽查，以验证其验收资料的准确性。多层建筑至少抽查一次，高层、超高层、规模较大工程及结构较复杂的工程应增加抽查次数。现场抽查应做好记录，对抽查项目的质量状况进行详细记载。

现场抽查采取随机抽样的方法。

(6) 单位工程施工质量优良评价应在工程结构施工质量优良评价的基础上，经过竣工验收合格之后进行，工程结构质量评价达不到优良的，单位工程施工质量不能评为优良。

(7) 单位工程施工质量优良的评价，应对工程实体质量和工程档案进行全面的检查。

7.1.4 质量评价内容有哪些规定?

答：(1) 工程结构、单位工程施工质量优良评价的内容应包括工程质量评价得分，科技、环保、节能项目加分和否决项目。

(2) 工程结构施工质量优良评价应按 第 7.4～7.6 节的评价表格，按施工现场质量保证条件、地基及桩基工程、结构工程的评价内容逐项检查。结合施工现场的抽查记录和各检验批、分项、分部(子分部)工程质量验收记录，进行统计分析，按规定对相应表格的各项检查项目给出评分。

(3) 单位工程施工质量优良评价应按第 7.4～7.9 节的评价表格，按各表格的具体项目逐项检查，对工程的抽查记录和验收记录，进行统计分析，按规定对相应表格的各项检查项目给出评分。

(4) 工程结构、单位工程施工质最凡出现下列情况之一的不得进行优良评价：

1) 使用国家明令淘汰的建筑材料、建筑设备、耗能高的产品及民用建筑挥发性有害物质含量释放量超过国家规定的产品。

2）地下工程渗漏超过有关规定、屋面防水出现渗漏、超过标准的不均匀沉降、超过规范规定的结构裂缝，存在加固补强工程以及施工过程出现重大质量事故的。

3）评价项目中设置否决项目，确定否决的条件是：其评价得分达不到二档，实得分达不到85％的标准分值；没有二档的为一档，实得分达不到100 ％的标准分值。设置的否决项目为：

地基及桩基工程：地基承载力、复合地基承载力及单桩竖向抗压承载力；

结构工程：混凝土结构工程实体钢筋保护层厚度、钢结构工程焊缝内部质量及高强度螺栓连接副紧固质量；

安装工程：给水排水及采暖工程承压管道、设备水压试验，电气安装工程接地装置、防雷装置的接地电阻测试，通风与空调工程通风管道严密性试验，电梯安装工程电梯安全保护装置测试，智能建筑工程系统检测等。

（5）有以下特色的工程可适当加分，加分为权重值计算后的直接加分，加分只限一次。

1)获得部、省级及其以上科技进步奖，以及使用节能、节地、环保等先进技术获得部、省级奖的工程可加0.5～3分；

2)获得部、省级科技示范工程或使用先进施工技术并通过验收的工程可加0.5～1分。

7.1.5　性能检测检查评价方法有何规定？

答：性能检测检查评价方法应符合下列规定：

检查标准：检查项目的检测指标(参数)一次检测达到设计要求及规范规定的为一档，取100％的标准分值；按有关规范规定、经过处理后达到设计要求及规范规定的为三档，取70％的标准分值。

检查方法：现场检测或检查检测报告。

7.1.6 质量记录检查评价方法有何规定？

答：质量记录检查评价方法应符合下列规定：

检查标准：材料、设备合格证(出厂质量证明书)、进场验收记录、施工记录、施工试验记录等资料完整、数据齐全并能满足设计及规范要求，真实、有效、内容填写正确，分类整理规范，审签手续完备的为一档，取100%的标准分值；资料完整、数据齐全并能满足设计及规范要求，真实、有效，整理基本规范，审签手续基本完备的为二档，取85%的标准分值；资料基本完整并能满足设计及规范要求，真实、有效，内容审签手续基本完备的为三档，取70 %的标准分值。

检查方法：检查资料的数量及内容。

7.1.7 尺寸偏差检查评价有何规定？

答：尺寸偏差及限值实测检查评价方法应符合下列规定：

检查标准：检查项目为允许偏差项目时，项目各测点实测值均达到规范规定值，且有80%及其以上的测点平均实测值小于等于规范规定值0.8倍的为一档，取100%的标准分值；检查项目各测点实测值均达到规范规定值，且有50%及其以上，但不足80%的测点平均实测值小于等于规范规定值0.8倍的为二档，取85%的标准分值；检查项目各测点实测值均达到规范规定的为三档，取70%的标准分值。

检查项目为双向限值项目时，项目各测点实测值均能满足规范规定值，且其中有50%及其以上测点实测值接近限值的中间值的为一档，取100%的标准分值；各测点实测值均能满足规范规定限值范围的为二档，取85%的标准分值；凡有测点经过处理后达到规范规定的为三档，取70%的标准分值。

检查项目为单向限值项目时，项目各测点实测值均能满足规范规定值的为一档，取100%的标准分值；凡有测点经过处理后达到规范规定的为三档，取70%的标准分值。

当允许偏差、限值两者都有时，取较低档项目的判定值。

检查方法：在各相关同类检验批或分项工程中，随机抽取10

个检验批或分项工程，不足10个的取全部进行分析计算。必要时，可进行现场抽测。

7.1.8 观感质量评价方法有何规定？

答：观感质量检查评价方法应符合下列规定：

检查标准：每个检查项目的检查点按“好”、“一般”、“差”给出评价，项目检查点90％及其以上达到“好”，其余检查点达到一般的为一档，取100％的标准分值；项目检查点“好”的达到70％及其以上但不足90％，其余检查点达到“一般”的为二档，取85％的标准分值；项目检查点“好”的达到30％及其以上但不足70％，其余检查点达到“一般”的为三档，取70％的标准分值。

检查方法：观察辅以必要的量测和检查分部(子分部)工程质量验收记录，并进行分析计算。

7.2 施工现场质量保证条件评价

7.2.1 施工现场质量保证检查评价项目有哪些？

答：(1) 施工现场应具备基本的质量管理及质量责任制度：

1) 现场项目部组织机构健全，建立质量保证体系并有效运行；

2) 材料、构件、设备的进场验收制度和抽样检验制度；

3) 岗位责任制度及奖罚制度。

(2) 施工现场应配置基本的施工操作标准及质量验收规范。

(3) 施工前应制定较完善的施工组织设计、施工方案。

(4) 施工前应制定质量目标及措施。

7.2.2 施工现场质量保证条件检查评价方法有哪些？

答：(1) 施工现场质量保证条件应符合下列检查标准：

1) 质量管理及责任制度健全，能落实的为一档，取100％的标准分值；质量管理及责任制度健全，能基本落实的为二档，取85％

的标准分值；有主要质量管理及责任制度，能基本落实的为三档，取 70％的标准分值。

2）施工操作标准及质量验收规范配置。工程所需的工程质量验收规范齐全、主要工序有施工工艺标准（企业标准、操作规程）的为一档，取 100％的标准分值；工程所需的工程质量验收规范齐全、1/2 及其以上主要工序有施工工艺标准（企业标准、操作规程）的为二档，取 85％的标准分值；主要项目有相应的工程质量验收规范、主要工序施工工艺标准（企业标准、操作规程）达到 1/4 不足 1/2 为三档，取 70％的标准分值。

3）施工组织设计、施工方案编制审批手续齐全、可操作性好，针对性强，并认真落实的为一档，取 100％的标准分值；施工组织设计、施工方案、编制审批手续齐全，可操作性、针对性较好，并基本落实的为二档，取 85％的标准分值；施工组织设计、施工方案经过审批、落实一般为为三档，取 70％的标准分值。

4）质量目标及措施明确、切合实际、措施有效性好、实施好的为一档，取 100％的标准分值；实施较好的为二档，取 85％的标准分值；实施一般的为三档，取 70％的标准分值。

（2）施工现场质量保证条件检查方法应符合下列规定：

检查有关制度、措施资料，抽查其实施情况，综合进行判定。

（3）施工现场质量保证条件评分应符合表 7-3 的规定。

施工现场质量保证条件评分表　　　表 7-3

<table>
<tr><td colspan="2">工程名称</td><td></td><td>施工阶段</td><td colspan="2"></td><td>检查日期</td><td colspan="2">年　月　日</td></tr>
<tr><td colspan="2">施工单位</td><td colspan="2"></td><td>评价单位</td><td colspan="4"></td></tr>
<tr><td rowspan="2">序号</td><td colspan="2" rowspan="2">检 查 项 目</td><td rowspan="2">应得分</td><td colspan="3">判定结果</td><td rowspan="2">实得分</td><td rowspan="2">备注</td></tr>
<tr><td>100％</td><td>85％</td><td>70％</td></tr>
<tr><td>1</td><td>施工现场质量管理及质量责任制度</td><td>现场组织机构、质保体系，材料、设备进场验收制度，岗位责任制及奖罚制度</td><td>30</td><td></td><td></td><td></td><td></td><td></td></tr>
</table>

续表

<table>
<tr><td>2</td><td>施工操作标准及质量验收规范配置</td><td>30</td><td></td><td></td><td></td><td></td><td></td></tr>
<tr><td>3</td><td>施工组织设计、施工方案</td><td>20</td><td></td><td></td><td></td><td></td><td></td></tr>
<tr><td>4</td><td>质量目标及措施</td><td>20</td><td></td><td></td><td></td><td></td><td></td></tr>
<tr><td>检查结果</td><td colspan="7">权重值10分。
应得分合计：
实得分合计：
施工现场质量保证条件评分＝$\frac{实得分}{应得分}\times10=$
评价人员：　　　　年　　月　　日</td></tr>
</table>

7.3 地基及桩基工程质量评价

7.3.1 地基及桩基工程性能检测应检查的项目有哪些？

答：地基及桩基工程性能检测应检查的项目包括：

(1) 地基强度、压实系数、注浆体强度；

(2) 地基承载力；

(3) 复合地基桩体强度（土和灰土桩、夯实水泥土桩测桩体干密度）；

(4) 复合地基承载力；

(5) 单桩竖向抗压承载力；

(6) 桩身完整性。

7.3.2 地基及桩基工程检测检查评价方法有何规定？

答：地基及桩基工程性能检测检查评价方法应符合下列规定：

(1) 检查标准：

1) 地基强度、压实系数、承载力；复合地基桩体强度或桩体干密度及承载力；桩基承载力。

检查标准和方法应符合 第 7.1.5 条的规定。

2）桩身完整性。桩身完整性一次检测 95%及其以上达到Ⅰ类桩，其余达到Ⅱ类桩时为一档，取 100%的标准分值；一次检测 90%及其以上，不足 95%达到Ⅰ类桩，其余达到Ⅱ类桩时为二档，取 85%的标准分值；一次检测 70%及其以上不足 90%达到Ⅰ类桩，且Ⅰ、Ⅱ类桩合计达到 98%及以上，且其余桩验收合格的为三档，取 70%的标准分值。

（2）检查方法：检查有关检测报告。

7.3.3 地基及桩基工程检测评分有何规定？

答：地基及桩基工程性能检测评分应符合表 7-4 的规定。

地基及桩基工程性能检测评分表 **表 7-4**

<table>
<tr><td>工程名称</td><td colspan="2"></td><td>施工阶段</td><td colspan="2"></td><td>检查日期</td><td colspan="3">年 月 日</td></tr>
<tr><td>施工单位</td><td colspan="3"></td><td>评价单位</td><td colspan="5"></td></tr>
<tr><td rowspan="2">序号</td><td rowspan="2" colspan="3">检 查 项 目</td><td rowspan="2">应得分</td><td colspan="3">判定结果</td><td rowspan="2">实得分</td><td rowspan="2">备注</td></tr>
<tr><td>100%</td><td>85%</td><td>70%</td></tr>
<tr><td rowspan="2">1</td><td rowspan="2">地基</td><td colspan="2">地基强度、压实系数、注浆体强度</td><td>50</td><td>/</td><td></td><td></td><td></td><td></td></tr>
<tr><td colspan="2">地基承载力</td><td>50</td><td>/</td><td></td><td></td><td></td><td></td></tr>
<tr><td rowspan="2">2</td><td rowspan="2">复合地基</td><td colspan="2">桩体强度、桩体干密度</td><td>(50)</td><td>/</td><td></td><td></td><td></td><td></td></tr>
<tr><td colspan="2">复合地基承载力</td><td>(50)</td><td>/</td><td></td><td></td><td></td><td></td></tr>
<tr><td rowspan="2">3</td><td rowspan="2">桩基</td><td colspan="2">单桩竖向抗压承载力</td><td>(50)</td><td>/</td><td></td><td></td><td></td><td></td></tr>
<tr><td colspan="2">桩身完整性</td><td>(50)</td><td>/</td><td></td><td></td><td></td><td></td></tr>
<tr><td>检查结果</td><td colspan="9">权重值 35 分。
应得分合计：
实得分合计：
地基及桩基工程性能检测评分$=\frac{实得分}{应得分}\times 35=$
评价人员： 年 月 日</td></tr>
</table>

7.3.4　地基及桩基工程质量应检查项目记录有哪些?

答：地基及桩基工程质量记录应检查的项目包括：

(1) 材料、预制桩合格证(出厂试验报告)及进场验收记录及水泥、钢筋复试报告。

(2) 施工记录：

1) 地基处理、验槽、钎探施工记录；

2) 预制桩接头施工记录；

3) 打(压)桩试桩记录及施工记录；

4) 灌注桩成孔、钢筋笼及混凝土灌注检查记录及施工记录；

5) 检验批、分项、分部(子分部)工程质量验收记录。

(3) 施工试验：

1) 各种地基材料的配合比试验报告；

2) 钢筋连接试验报告；

3) 混凝土强度试验报告；

4) 预制桩龄期及强度试验报告。

7.3.5　地基及桩基工程质量记录评分有何规定?

答：地基及桩基工程质量记录评分应符合表 7-5 的规定。

地基及桩基工程质量记录评分表　　　　**表 7-5**

<table>
<tr><td>工程名称</td><td colspan="2"></td><td>施工阶段</td><td colspan="2"></td><td>检查日期</td><td colspan="2">年　月　日</td></tr>
<tr><td>施工单位</td><td colspan="3"></td><td>评价单位</td><td colspan="4"></td></tr>
<tr><td rowspan="2">序号</td><td rowspan="2" colspan="2">检查项目</td><td rowspan="2">应得分</td><td colspan="3">判定结果</td><td rowspan="2">实得分</td><td rowspan="2">备注</td></tr>
<tr><td>100%</td><td>85%</td><td>70%</td></tr>
<tr><td rowspan="2">1</td><td rowspan="2">材料、预制桩合格证(出厂试验报告)及进场验收记录</td><td>材料合格证(出厂试验报告)及进场验收记录及钢筋、水泥复试报告</td><td>30</td><td></td><td></td><td></td><td></td><td></td></tr>
<tr><td>预制桩合格证(出厂试验报告)及进场验收记录</td><td>(30)</td><td></td><td></td><td></td><td></td><td></td></tr>
</table>

续表

2	施工记录	地基处理、验槽、钎探施工记录	30					
		预制桩接头施工记录	(10)					
		打(压)桩试桩记录及施工记录	(20)					
		灌注桩成孔、钢筋笼、混凝土灌注检查记录及施工记录	(30)					
		检验批、分项、分部(子分部)工程质量验收记录	10					
3	施工试验	灰土、砂石、注浆桩及水泥、粉煤灰、碎石桩配合比试验报告	30					
		钢筋连接试验报告	(15)					
		混凝土试件强度试验报告	(15)					
		预制桩龄期及试件强度试验报告	(30)					
检查结果	权重值35分。 应得分合计： 实得分合计： 地基及桩基工程质量记录评分 $=\frac{实得分}{应得分}\times 35=$ 评价人员：　　　　年　月　日							

7.3.6 地基及桩基尺寸偏差及限值实测项目有哪些？

答：地基及桩基工程尺寸偏差及限值实测应检查的项目包括：

(1) 天然地基基槽工程尺寸偏差及限值实测检查项目：

基底标高允许偏差－50mm；长度、宽度允许偏差＋200mm、－50mm。

(2) 复合地基工程尺寸偏差及限值实测检查项目：

桩位允许偏差：振冲桩允许偏差≤100mm；高压喷射注浆桩允许偏差≤0.2D；水泥土搅拌桩允许偏差<50mm；土和灰土挤密桩、水泥粉煤灰碎石桩、夯实水泥土桩的满堂桩允许偏差≤0.4D。

注：D 为桩体直径或边长。

(3) 打(压)入桩工程尺寸偏差及限值实测检查项目：

桩位允许偏差应符合表 7-6 的规定。

预制桩(钢桩)桩位允许偏差 **表 7-6**

序号	项目	允许偏差(mm)
1	有基础梁的桩：(1)垂直基础梁的中心线 (2)沿基础梁的中心线	$100+0.01H$ $150+0.01H$
2	桩数为 1～3 根桩基中的桩	100
3	桩数为 4～16 根桩基中的桩	1/2 桩径或边长
4	桩数大于 16 根桩基中的桩：(1) 最外边的桩 (2) 中间桩	1/3 桩径或边长 1/2 桩径或边长

注：H 为施工现场地面标高与桩顶设计标高的距离。

(4) 灌注桩工程尺寸偏差及限值实测检查项目：

灌注桩允许偏差应符合表 7-7 的规定。

灌注桩桩位允许偏差(mm) **表 7-7**

序号	成孔方法		1～3 根、单排桩基垂直于中心线方向和群桩基础的边桩	条形桩基沿中心线方向和群桩基础的中间桩
1	泥浆护壁钻孔桩	D≤1000mm	D/6，且不大于 100	D/4，且不大于 150
		D>1000mm	$100+0.01H$	$150+0.01H$
2	套管成孔灌注桩	D≤500mm	70	150
		D>500mm	100	150
3	人工挖孔桩	混凝土护壁	50	150
		钢套管护壁	100	200

注：1. D 为桩径。

2. H 为施工现场地面标高与桩顶设计标高的距离。

7.3.7 地基及桩基工程尺寸偏差及限值评分方法有何规定?

答：地基及桩基工程尺寸偏差及限值实测检查评价方法应符合7-8的规定。

地基及桩基工程尺寸偏差及限值实测检查评分表　　表 7-8

<table>
<tr><td colspan="2">工程名称</td><td></td><td>施工阶段</td><td colspan="2"></td><td colspan="2">检查日期</td><td>年　月　日</td></tr>
<tr><td colspan="2">施工单位</td><td colspan="2"></td><td colspan="2">评价单位</td><td colspan="3"></td></tr>
<tr><td rowspan="2">序号</td><td rowspan="2" colspan="2">检 查 项 目</td><td rowspan="2">应得分</td><td colspan="3">判定结果</td><td rowspan="2">实得分</td><td rowspan="2">备注</td></tr>
<tr><td>100%</td><td>85%</td><td>70%</td></tr>
<tr><td>1</td><td colspan="2">天然地基标高及基槽宽度偏差</td><td>100</td><td></td><td></td><td></td><td></td><td></td></tr>
<tr><td>2</td><td colspan="2">复合地基桩位偏差</td><td>(100)</td><td></td><td></td><td></td><td></td><td></td></tr>
<tr><td>3</td><td colspan="2">打(压)桩桩位偏差</td><td>(100)</td><td></td><td></td><td></td><td></td><td></td></tr>
<tr><td>4</td><td colspan="2">灌注桩桩位偏差</td><td>(100)</td><td></td><td></td><td></td><td></td><td></td></tr>
<tr><td>检查结果</td><td colspan="8">权重值 15 分。
应得分合计：
实得分合计：
地基及桩基工程质量记录评分 $=\frac{\text{实得分}}{\text{应得分}}\times 15=$
评价人员：　　　　年　月　日</td></tr>
</table>

7.3.8 地基及桩基工程观感质量检查项目有哪些?

答：地基及桩基工程观感质量应检查的项目包括：

(1) 地基、复合地基：标高、表面平整、边坡等。

(2) 桩基：桩头、桩顶标高、场地平整等。

7.3.9 地基及桩基工程观感质量评分有何规定?

答：地基及桩基工程观感质量检查评分应符合表 7-9 的规定。

地基及桩基工程观感质量评分表 **表 7-9**

工程名称		施工阶段			检查日期	年 月 日	
施工单位		评价单位					
序号	检查项目		应得分	判定结果			实得分	备注
				100%	85%	70%		
1	地基、复合地基	标高、表面平整、边坡	100					
2	桩基	桩头、桩顶标高、场地平整	(100)					
检查结果	权重值 5 分。 应得分合计： 实得分合计： 地基及桩基工程观感质量记录评分$=\frac{实得分}{应得分}\times 5=$ 评价人员： 年 月 日							

7.4 结构工程质量评价

7.4.1 结构工程性能检测应检查的项目有哪些？

答：结构工程性能检测应检查的项目包括：

（1）混凝土结构工程：

1）结构实体混凝土强度；

2）结构实体钢筋保护层厚度。

（2）钢结构工程：

1）焊缝内部质量；

2）高强度螺栓连接副紧固质量；

3）钢结构涂装质量。

（3）砌体工程：

1）砌体每层垂直度；

2）砌体全高垂直度。

（4）地下防水层渗漏水。

7.4.2 结构工程性能检测检查评价方法有何规定？

答：结构工程性能检测检查评价方法应符合下列规定：

（1）混凝土结构工程

1）结构实体混凝土强度

检查标准：同条件养护试件检验结果符合规范要求的为一档，取100%的标准分值；同条件养护试件检验结果达不到要求，经采用非破损或局部破损检测符合有关标准的为三档，取70%的标准分值。

检查方法：检查检测报告。

2）结构实体钢筋保护层厚度检测

检查标准：对梁类、板类构件纵向受力钢筋的保护层厚度允许偏差：梁类构件为+10mm，−7mm；板类构件为+8mm，−5mm。一次检测合格率达到100%时为一档，取100%的标准分值；一次检测合格率达到90%及以上时为二档，取85%的标准分值；一次检测合格率小于90%但不小于80%时，可再抽取相同数量的构件进行检测，当按两次抽样总和计算合格率为90%及以上时为三档，取70%的标准分值。

检查方法：检查检测报告。

（2）钢结构工程

1）焊缝内部质量检测

检查标准：设计要求全焊透的一、二级焊缝应采用无损探伤进行内部缺陷的检验，其质量等级、缺陷等级及探伤比例应符合表7-10的规定。

当焊缝经检验后返修率≤2%时为一档，取100%的标准分值；2%<返修率≤5%时为二档，取85%的标准分值，返修率>5%时为三档，取70%的标准分值。所有焊缝经返修后均应达到合格质量标准。

一、二级焊缝质量等级及缺陷分级 表 7-10

焊缝质量等级		一 级	二 级
内部缺陷超声波探伤	评定等级	Ⅱ	Ⅲ
	检验等级	B级	B级
	探伤比例	100%	20%
内部缺陷射线探伤	评定等级	Ⅱ	Ⅲ
	检验等级	AB级	AB级
	探伤比例	100%	20%

检查方法：检查超声波或射线探伤记录并统计计算。

2）高强度螺栓连接副紧固质量检测

检查标准：高强度螺栓连接副终拧完成1h后，48h内应进行紧固质量检查，其检查标准应符合表7-11的规定。

高强度螺栓连接副紧固质量检测标准 表 7-11

紧固方法	判定结果	
	好的点	合格点
扭矩法紧固	终拧扭矩偏差 $\Delta T \leqslant 5\% T$	终拧扭矩偏差 $5\% T < \Delta T \leqslant 10\% T$
转角法紧固	终拧角度偏差 $\Delta\theta \leqslant 5°$	终拧扭矩偏差 $5° < \Delta\theta \leqslant 10°$
扭剪型高强度螺栓施工扭矩	尾部梅花头未拧掉比例 $\Delta \leqslant 2\%$	尾部梅花头未拧掉比例 $2\% < \Delta \leqslant 5\%$

注：T为扭矩法紧固时终拧扭矩值。

当全部高强螺栓连接副紧固质量检测点好的点达到95%及以上，其余点达到合格点时为一档，取100%的标准分值；当检测点好的点达到85%及以上，但不足95%，其余点达到合格点时为二档，取85%的标准分值；当检测点好的点不足85%，其余点均达到合格点时为三档，取70%的标准分值。

检查方法：检查扭矩法或转角法紧固检测报告并统计计算。

3）钢结构涂装质量检测

检查标准：钢结构涂装后，应对涂层干漆膜厚度进行检测，其检测标准应符合表 7-12 的规定。

钢结构涂装漆膜厚度质量检测标准 **表 7-12**

涂装类型	判定结果	
	好的点	合格点
防腐涂料	干漆膜总厚度允许偏差(Δ) $\Delta T \leqslant 10\mu m$	干漆膜总厚度允许偏差(Δ) $-10\mu m < \Delta \leqslant -25\mu m$
薄涂型防火涂料	涂层厚度(δ)允许偏差(Δ) $\Delta \leqslant -5\%\delta$	涂层厚度(δ)允许偏差(Δ) $-5\%\delta < \Delta \leqslant -10\%\delta$
厚涂型防火涂料	90%及上面积应符合设计厚度，且最薄处厚度不应低于设计厚度的 90%	80%及上面积应符合设计厚度，且最薄处厚度不应低于设计厚度的 85%

当全部涂装漆膜厚度检测点好的点达到 95%及以上，其余点达到合格点时为一档，取 100%的标准分值；当检测点好的点达到 85%及以上，其余点达到合格点时为三档，取 85%的标准分值；当检测点好的点不足 85%，其余点均达到合格点时为三档，取 70%的标准分值。

检查方法：用干漆膜测厚仪检查或检查检测报告，并统计计算。

(3) 砌体结构工程

检查标准：

1) 砌体每层垂直度允许偏差≤5mm。

2) 全高≤10m 时垂直度允许偏差≤10mm。

全高＞10m 时垂直度允许偏差≤20mm。

每层垂直度允许偏差各检测点检测值均达到规范规定值，且其平均值≤3mm 时为一档，取 100%的标准分值；其平均值≤4mm 时为二档，取 85%的标准分值；其各检测点均达到规范规定值时为三档，取 70%的标准分值。

全高垂直度允许偏差各检测点检测值均达到规范规定值，当层高≤10m 时，其平均值≤6mm、当层高>10m 时，其平均值≤12mm 时为一档，取 100%的标准分值；当层高≤10m 时，其平均值≤8mm、当层高>10m 时，其平均值≤16mm 时为二档，取 85%的标准分值；其各检测点均达到规范规定值时为三档，取 70%的标准分值。

检查方法：尺量检查、检查分项工程质量验收记录，并进行统计计算。

(4) 地下防水层渗漏水检验

检查标准：无渗水，结构表面无湿渍的为一档，取 100%的标准分值；结构表面有少量湿渍，整个工程湿渍总面积不大于总防水面积的 1‰，单个湿渍面积不大于 0.1m^2，任意 100m^2 防水面积不超过 1 处的为三档，取 70%的标准分值。

检查方法：现场全面观察检查。

7.4.3 结构工程性能检测检查评分有何规定?

答：结构工程性能检测检查评分应符合表 7-13 的规定。

结构工程性能检测评分表 **表 7-13**

工程名称			施工阶段		检查日期		年 月 日		
施工单位				评价单位					
序号	检查项目			应得分	判定结果			实得分	备注
					100%	85%	70%		
1	混凝土	实体混凝土强度		50		/			
		结构实体钢筋保护层厚度		50					
2	钢结构	焊缝内部质量		(60)					
		高强度螺栓连接副紧固质量		60					
		钢结构涂装	防 腐	20					
			防 水	20					

续表

<table>
<tr><td rowspan="3">3</td><td rowspan="3">砌体</td><td rowspan="3">砌体垂直度</td><td colspan="2">每层</td><td>50</td><td></td><td></td><td></td><td></td><td></td></tr>
<tr><td rowspan="2">全高</td><td>≤10m</td><td>50</td><td></td><td></td><td></td><td></td><td></td></tr>
<tr><td>>10m</td><td>(50)</td><td></td><td></td><td></td><td></td><td></td></tr>
<tr><td>4</td><td colspan="4">地下防水层渗漏水</td><td>(100)</td><td></td><td>／</td><td></td><td></td><td></td></tr>
<tr><td>检查结果</td><td colspan="10">权重值30分。
应得分合计：
实得分合计：
$$结构工程性能检测评分=\frac{实得分}{应得分}\times 30=$$
评价人员：　　　　　　　年　　月　　日</td></tr>
</table>

注：1. 当一个工程项目中同时有混凝土结构、钢结构、砌体结构，或只有其中两种时，其权重值按各自在项目中占的工程量比例进行分配。但各项应为整数。当砌体结构仅为填充墙时，只能占10%的权重值。其施工现场质量保证条件、质量记录、尺寸偏差及限值实测和观感质量的权重值分配与性能检测比例相同。

2. 当有地下防水层时，其权重值占结构权重值的5%，其他项目同样按5%来计算。

7.4.4　结构工程质量检查项目有哪些?

答：结构工程质量记录应检查的项目包括：

(1) 混凝土结构工程

1）材料合格证及进场验收记录

① 砂、碎(卵)石、掺合料、水泥、钢筋、外加剂等材料出厂合格证(出厂检验报告)、进场验收记录及水泥、钢筋复试报告；

② 预制构件合格证(出厂检验报告)及进场验收记录；

③ 预应力筋用锚夹具、连接器合格证(出厂检验报告)、进场验收记录及锚夹具、连接器复试报告。

2）施工记录

① 预拌混凝土合格证及进场坍落度试验报告；

② 混凝土施工记录；

③ 装配式结构吊装记录；

④ 预应力筋安装、张拉及灌浆记录；

⑤ 隐蔽工程验收记录；

⑥ 检验批、分项、分部(子分部)工程质量验收记录。

3) 施工试验

① 混凝土配合比试验报告；

② 混凝土试件强度评定及混凝土试件强度试验报告；

③ 钢筋连接试验报告。

(2) 钢结构工程

1) 钢结构材料合格证(出厂检验报告)及进场验收记录

① 钢材、焊材、紧固连接件材料合格证(出厂检验报告)、进场验收记录及钢材、焊接材料复试报告；

② 加工构件合格证(出厂检验报告)及进场验收记录；

③ 防腐、防火涂装材料合格证(出厂检验报告)及进场验收记录。

2) 施工记录

① 焊接施工记录；

② 构件吊装记录；

③ 预拼装检查记录；

④ 高强度螺栓连接副施工扭矩检验记录；

⑤ 焊缝外观及尺寸检查记录；

⑥ 柱脚及网架支座检查记录；

⑦ 隐蔽工程验收记录；

⑧ 检验批、分项、分部(子分部)工程质量验收记录。

3)施工试验

① 螺栓最小荷载试验报告；

② 高强度螺栓预拉力复验报告；

③ 高强度大六角头螺栓连接副扭矩系数复试报告；

④ 高强度螺栓连接摩擦面抗滑移系数检验报告；

⑤ 网架节点承载力试验报告。

(3) 砌体结构工程

1）材料合格证（出厂检验报告）及进场验收记录

水泥、外加剂、砌块等材料合格证（出厂检验报告）、进场验收记录及水泥、砌块复试报告。

2)施工记录

① 砌筑砂浆使用施工记录；

② 隐蔽工程验收记录；

③ 检验批、分项、分部（子分部）工程质量验收记录。

3）施工试验

① 砂浆配合比试验报告；

② 水平灰缝砂浆饱满度检测记录；

③ 砂浆试件强度评定及砂浆试件强度试验报告。

（4）地下防水层

1）防水材料合格证、进场验收记录及复试报告；

2）防水层施工及质量验收记录；

3）防水材料配合比试验报告。

7.4.5 结构工程质量记录检查评分有何规定？

答：结构工程质量记录检查评分应符合表 7-14 的规定。

结构工程质量记录评分表 **表 7-14**

<table>
<tr><td colspan="3">工程名称</td><td></td><td>施工阶段</td><td colspan="2"></td><td colspan="2">检查日期</td><td colspan="2">年　月　日</td></tr>
<tr><td colspan="3">施工单位</td><td colspan="2"></td><td>评价单位</td><td colspan="5"></td></tr>
<tr><td rowspan="2">序号</td><td colspan="3" rowspan="2">检 查 项 目</td><td rowspan="2">应得分</td><td colspan="3">判定结果</td><td rowspan="2">实得分</td><td rowspan="2">备注</td></tr>
<tr><td>100%</td><td>85%</td><td>70%</td></tr>
<tr><td rowspan="2">1</td><td rowspan="2">混凝土结构</td><td rowspan="2">材料合格证及进场验收记录</td><td>砂、碎（卵）石，掺合料、水泥、钢筋、外加剂合格证（出厂检验报告）、进场验收记录及水泥、钢筋复试报告</td><td>10</td><td></td><td></td><td></td><td></td><td></td></tr>
<tr><td>预制构件合格证（出厂检验报告）及进场验收记录</td><td>10</td><td></td><td></td><td></td><td></td><td></td></tr>
</table>

续表

1	混凝土结构	材料合格证及进场验收记录	预应力锚夹具、连接器合格证(出厂检验报告)、进场验收记录及复试报告	10					
		施工记录	预拌混凝土合格证及进场坍落度试验报告	5					
			混凝土施工记录	5					
			装配式结构吊装记录	10					
			预应力筋安装、张拉及灌浆记录	5					
			隐蔽工程验收记录	5					
			检验批、分项、分部(子分部)工程质量验收记录	10					
		施工试验	混凝土配合比试验报告	10					
			混凝土试件强度评定及混凝土试件强度试验报告	10					
			钢筋连接试验报告	10					
2	钢结构	材料合格证及进场验收记录	钢材、焊材、紧固连接件原材料出厂合格证(出厂检验报告)及进场验收记录及钢材、焊接材料复试报告	10					

续表

2	钢结构	材料合格证及进场验收记录	加工件出厂合格证(出厂检验报告)及进场验收记录	10					
			防火、防腐涂装材料出厂合格证(出厂检验报告)及进场验收记录	10					
		施工记录	焊接施工记录	5					
			构件吊装记录	5					
			预拼装检查记录	5					
			高强度螺栓连接副施工扭矩检验记录	5					
			焊缝外观及焊缝尺寸检查记录	5					
			柱脚及网架支座检查记录	5					
			隐蔽工程验收记录	5					
			检验批、分项、分部(子分部)工程质量验收记录	5					
		施工试验	螺栓最小荷载试验报告	5					
			高强度螺栓预拉力复验报告	5					
			高强度大六角头螺栓连接副扭矩系数复试报告	5					
			高强度螺栓连接摩擦面抗滑移系数检验报告	5					
			网架节点承载力试验报告	10					

续表

<table>
<tr><td rowspan="7">3</td><td rowspan="7">砌体结构</td><td>材料合证证及进场验收报告</td><td>水泥、砌块、外加剂合格证（出厂检验报告）、进场验收记录及水泥、砌块复试报告</td><td>30</td><td></td><td></td><td></td><td></td><td></td></tr>
<tr><td rowspan="3">施工记录</td><td>砌筑砂浆使用施工记录</td><td>10</td><td></td><td></td><td></td><td></td><td></td></tr>
<tr><td>隐蔽工程验收记录</td><td>15</td><td></td><td></td><td></td><td></td><td></td></tr>
<tr><td>检验批、分项、分部（子分部）工程质量验收记录</td><td>15</td><td></td><td></td><td></td><td></td><td></td></tr>
<tr><td rowspan="3">施工试验</td><td>砂浆配合比试验报告</td><td>10</td><td></td><td></td><td></td><td></td><td></td></tr>
<tr><td>砂浆试件强度评定及砂浆试件强度试验报告</td><td>10</td><td></td><td></td><td></td><td></td><td></td></tr>
<tr><td>水平灰缝砂浆饱满度检测记录</td><td>10</td><td></td><td></td><td></td><td></td><td></td></tr>
<tr><td rowspan="3">4</td><td rowspan="3">地下防水层</td><td>材料合格证及进场验收记录</td><td>防水材料合格证、进场验收记录及复试报告</td><td>(30)</td><td></td><td></td><td></td><td></td><td></td></tr>
<tr><td>施工记录</td><td>防水层施工及质量验收记录</td><td>(40)</td><td></td><td></td><td></td><td></td><td></td></tr>
<tr><td>施工试验</td><td>防水材料配合比试验报告</td><td>(30)</td><td></td><td></td><td></td><td></td><td></td></tr>
<tr><td>检查结果</td><td colspan="9">权重值 25 分。
应得分合计：
实得分合计：
结构工程性能质量记录评分 $=\frac{实得分}{应得分}\times 25=$
评价人员：　　　　年　　月　　日</td></tr>
</table>

7.4.6 结构工程尺寸偏差及限值实测项目有哪些？

答：结构工程尺寸偏差及限值实测项目应符合表 7-15 的规定。

结构工程尺寸偏差及限值实测项目表　　表 7-15

<table>
<tr><th>序号</th><th colspan="4">项　目</th><th>允许偏差(mm)</th></tr>
<tr><td rowspan="7">1</td><td rowspan="7">混凝土结构</td><td rowspan="2">钢筋</td><td rowspan="2">受力钢筋保护厚度</td><td>柱、梁</td><td>±5</td></tr>
<tr><td>板、墙、壳</td><td>±3</td></tr>
<tr><td rowspan="5">混凝土</td><td rowspan="2">轴线位置</td><td>独立基础</td><td>10</td></tr>
<tr><td>墙、柱、梁</td><td>8</td></tr>
<tr><td rowspan="3">标高</td><td>层　高</td><td>±10</td></tr>
<tr><td>全　高</td><td>±30</td></tr>
<tr style="display:none"></tr>
<tr><td rowspan="4">2</td><td rowspan="4">钢结构</td><td rowspan="2">结构尺寸</td><td colspan="2">单层结构整体垂直度</td><td>$H/1000$，且≤25</td></tr>
<tr><td colspan="2">多层结构整体垂直度</td><td>$H/2500+100$，且≤50</td></tr>
<tr><td rowspan="2">网络结构</td><td colspan="2">总拼完成后挠度值</td><td>≤1.15 倍设计值</td></tr>
<tr><td colspan="2">屋面工程完成后挠度值</td><td>≤1.15 倍设计值</td></tr>
<tr><td rowspan="2">3</td><td colspan="2" rowspan="2">砌体结构</td><td>轴线位置偏移</td><td>砖砌体、混凝土小型空心砌块砌体</td><td>10</td></tr>
<tr><td></td><td>砌体表面平整度</td><td>5</td></tr>
<tr><td>4</td><td colspan="2">地下防水层</td><td colspan="2">防水卷材、塑料板搭接宽度</td><td>−10</td></tr>
</table>

7.4.7 结构工程尺寸偏差及限值实测检查评分有何规定？

答：结构工程尺寸偏差及限值实测检查评分应符合表 7-16 的规定。

结构工程尺寸偏差及限值实测评分表　　表 7-16

<table>
<tr><td colspan="3">工程名称</td><td colspan="2"></td><td>施工阶段</td><td colspan="2"></td><td colspan="2">检查日期</td><td colspan="2">年　月　日</td></tr>
<tr><td colspan="3">施工单位</td><td colspan="3"></td><td colspan="2">评价单位</td><td colspan="4"></td></tr>
<tr><td rowspan="2">序号</td><td colspan="5" rowspan="2">检查项目</td><td rowspan="2">应得分</td><td colspan="3">判定结果</td><td rowspan="2">实得分</td><td rowspan="2">备注</td></tr>
<tr><td>100%</td><td>85%</td><td>70%</td></tr>
<tr><td rowspan="6">1</td><td rowspan="6">混凝土结构</td><td rowspan="2">钢筋</td><td rowspan="2">受力钢筋保护厚度</td><td colspan="2">柱、梁</td><td>20</td><td></td><td></td><td></td><td></td><td></td></tr>
<tr><td colspan="2">板、墙、壳</td><td>20</td><td></td><td></td><td></td><td></td><td></td></tr>
<tr><td rowspan="4">混凝土</td><td rowspan="2">轴线位置</td><td colspan="2">独立基础 10mm</td><td>20</td><td></td><td></td><td></td><td></td><td></td></tr>
<tr><td colspan="2">墙、柱、梁 8mm</td><td>20</td><td></td><td></td><td></td><td></td><td></td></tr>
<tr><td rowspan="2">标高</td><td>层高</td><td>±10</td><td>10</td><td></td><td></td><td></td><td></td><td></td></tr>
<tr><td>全高</td><td>±30</td><td>10</td><td></td><td></td><td></td><td></td><td></td></tr>
<tr><td rowspan="4">2</td><td rowspan="4">钢结构</td><td rowspan="2">结构尺寸</td><td colspan="3">单层结构整体垂直度
$H/1000$，且≤25mm</td><td>50</td><td></td><td></td><td></td><td></td><td></td></tr>
<tr><td colspan="3">多层结构整体垂直度
($H/2500+10$)，且≤50mm</td><td>(50)</td><td></td><td></td><td></td><td></td><td></td></tr>
<tr><td rowspan="2">网络结构</td><td colspan="3">总拼完成后挠度值
≤1.15 倍设计值(mm)</td><td>50</td><td></td><td></td><td></td><td></td><td></td></tr>
<tr><td colspan="3">屋面工程完成后挠度值
≤1.15 倍设计值(mm)</td><td>(50)</td><td></td><td></td><td></td><td></td><td></td></tr>
<tr><td rowspan="2">3</td><td rowspan="2">砌体结构</td><td colspan="2">轴线位移</td><td colspan="2">10mm</td><td>50</td><td></td><td></td><td></td><td></td><td></td></tr>
<tr><td colspan="2">砌体表面平整度</td><td colspan="2">5mm</td><td>50</td><td></td><td></td><td></td><td></td><td></td></tr>
<tr><td>4</td><td>地下防水层</td><td colspan="4">卷材、塑料板搭接宽度－10mm</td><td>(100)</td><td></td><td></td><td></td><td></td><td></td></tr>
<tr><td colspan="2">检查结果</td><td colspan="10">权重值 20 分。
应得分合计：
实得分合计：

通风与空调工程尺寸偏差及限值实测评分＝$\frac{实得分}{应得分}\times 20=$

评价人员：　　　　年　月　日</td></tr>
</table>

7.4.8 结构工程观感质量应检查的项目有哪些？

答：结构工程观感质量应检查的项目包括：

(1) 混凝土结构工程观感质量检查项目

1）露筋；

2）蜂窝；

3）孔洞；

4）夹渣；

5）疏松；

6）裂缝；

7）连接部位缺陷；

8）外形缺陷；

9）外表缺陷。

(2) 钢结构工程观感质量检查项目

1）焊缝外观质量；

2）普通紧固件连接外观质量；

3）高强度螺栓连接外观质量；

4）钢结构表面质量；

5）钢网架结构表面质量；

6）普通涂层表面质量；

7）防火涂层表面质量；

8）压型金属板安装质量；

9）钢平台、钢梯、钢栏杆安装外观质量。

(3) 砌体工程观感质量检查项目

1）砌筑留槎；

2）组砌方法；

3）马牙槎拉结筋；

4）砌体表面质量；

5）网状配筋及位置；

6）组合砌体拉结筋；

7）细部质量（脚手眼留置、修补、洞口、管道、沟槽留置、梁垫及楼板顶面找平、灌浆等）。

（4）地下防水层

1）表面质量；

2）细部处理。

7.4.9 结构工程观感质量评分有何规定？

答：结构工程观感质量评分符合表 7-17 的规定。

结构工程观感质量评分表 **表 7-17**

<table>
<tr><td>工程名称</td><td colspan="2"></td><td colspan="2">施工阶段</td><td colspan="2"></td><td colspan="2">检查日期</td><td colspan="2">年 月 日</td></tr>
<tr><td>施工单位</td><td colspan="4"></td><td colspan="2">评价单位</td><td colspan="4"></td></tr>
<tr><td rowspan="2">序号</td><td colspan="2" rowspan="2">检查项目</td><td rowspan="2">应得分</td><td colspan="3">判定结果</td><td rowspan="2">实得分</td><td rowspan="2">备注</td></tr>
<tr><td>100%</td><td>85%</td><td>70%</td></tr>
<tr><td rowspan="8">1</td><td rowspan="8">混凝土结构</td><td>露筋</td><td>10</td><td></td><td></td><td></td><td></td><td></td></tr>
<tr><td>蜂窝</td><td>10</td><td></td><td></td><td></td><td></td><td></td></tr>
<tr><td>孔洞</td><td>10</td><td></td><td></td><td></td><td></td><td></td></tr>
<tr><td>夹渣</td><td>10</td><td></td><td></td><td></td><td></td><td></td></tr>
<tr><td>疏松</td><td>10</td><td></td><td></td><td></td><td></td><td></td></tr>
<tr><td>裂缝</td><td>15</td><td></td><td></td><td></td><td></td><td></td></tr>
<tr><td>连接部位缺陷</td><td>15</td><td></td><td></td><td></td><td></td><td></td></tr>
<tr><td>外形缺陷</td><td>10</td><td></td><td></td><td></td><td></td><td></td></tr>
<tr><td rowspan="10">2</td><td rowspan="10">钢结构</td><td>外表缺陷</td><td>10</td><td></td><td></td><td></td><td></td><td></td></tr>
<tr><td>焊缝外观质量</td><td>10</td><td></td><td></td><td></td><td></td><td></td></tr>
<tr><td>普通紧固件连接外观质量</td><td>10</td><td></td><td></td><td></td><td></td><td></td></tr>
<tr><td>高强度螺栓连接外观质量</td><td>10</td><td></td><td></td><td></td><td></td><td></td></tr>
<tr><td>钢结构表面质量</td><td>10</td><td></td><td></td><td></td><td></td><td></td></tr>
<tr><td>钢网架结构表面质量</td><td>10</td><td></td><td></td><td></td><td></td><td></td></tr>
<tr><td>普通涂层表面质量</td><td>15</td><td></td><td></td><td></td><td></td><td></td></tr>
<tr><td>防火涂层表面质量</td><td>15</td><td></td><td></td><td></td><td></td><td></td></tr>
<tr><td>压型金属板安装质量</td><td>10</td><td></td><td></td><td></td><td></td><td></td></tr>
<tr><td>钢平台、钢梯、钢栏杆安装外观质量</td><td>10</td><td></td><td></td><td></td><td></td><td></td></tr>
</table>

续表

3	砌体结构	砌筑留槎	20					
		组砌方法	10					
		马牙槎拉结筋	20					
		砌体表面质量	10					
		网状配筋及位置	10					
		组合砌体拉结筋	10					
		细部质量	20					
4	地下防水层	表面质量	(50)					
		细部处理	(50)					
检查结果	权重值15分。 应得分合计： 实得分合计： 结构工程观感质量评分＝$\frac{实得分}{应得分}\times 15=$ 评价人员：　　　　年　　月　　日							

7.5 屋面工程质量评价

7.5.1 屋面工程性能检测应检查的项目有哪些？

答：屋面工程性能检测应检查的项目包括：

（1）屋面防水层淋水、蓄水试验；

（2）保温层厚度测试。

7.5.2 屋面工程性能检测检查评价方法有何规定？

答：屋面工程性能检测检查评价方法应符合下列规定：

（1）检查标准：

1）防水层淋水或雨后检查，防水层及细部无渗漏和积水现象的为一档，取100％的标准分值；防水层及细部无渗漏，但局部有少量积水，水深不超过30mm的为二档，取85%的标准分值；经返修后达到无渗漏的为三档，取70 %的标准分值；

2）保温层厚度抽样测试达到+10%、-3%为一档，取100%的标准分值；抽样检测达到+10 %，-5%为二档，取85%的标准准分值，抽样检测80%点达到要求+10%、-5%，其余测点经返修达到厚度95%的为三档，取70%的标准分值。

（2）检查方法：检查检测记录。

7.5.3 屋面工程性能检测评分有何规定？

答：屋面工程性能检测评分应符合表7-18的规定。

屋面工程性能检测评分表 **表7-18**

<table>
<tr><td colspan="2">工程名称</td><td></td><td>施工阶段</td><td colspan="2"></td><td colspan="2">检查日期</td><td colspan="2">年 月 日</td></tr>
<tr><td colspan="2">施工单位</td><td colspan="2"></td><td colspan="2">评价单位</td><td colspan="4"></td></tr>
<tr><td rowspan="2">序号</td><td colspan="2" rowspan="2">检 查 项 目</td><td rowspan="2">应得分</td><td colspan="3">判定结果</td><td rowspan="2">实得分</td><td rowspan="2">备注</td></tr>
<tr><td>100%</td><td>85%</td><td>70%</td></tr>
<tr><td>1</td><td colspan="2">屋面防水层淋水、蓄水试验</td><td>60</td><td></td><td></td><td></td><td></td><td></td></tr>
<tr><td>2</td><td colspan="2">保温层厚度测试</td><td>40</td><td></td><td></td><td></td><td></td><td></td></tr>
<tr><td>检查结果</td><td colspan="8">权重值30分。
应得分合计：
实得分合计：
屋面工程性能检测评分=$\frac{实得分}{应得分}\times30=$
评价人员：年 月 日</td></tr>
</table>

7.5.4 屋面工程质量记录应检查项目有哪些？

答：屋面工程质量记录应检查的项目包括：

（1）材料合格证（出厂检测报告）及进场验收记录：

1）瓦及混凝土预制块出厂合格证（出厂试验报告）及进场验收记录；

2）防水卷材、涂膜防水材料、密封材料合格证（出厂试验报告）、进场验收记录及复试报告；

3）保温材料合格证(出厂试验报告)及进场验收记录。

(2) 施工记录：

1）卷材、涂膜防水层的基层施工记录；

2）天沟、檐沟、泛水和变形缝等细部做法施工记录；

3）卷材、涂膜防水层和附加层施工记录；

4）刚性保护层与卷材、涂膜防水层之间设备的隔离层施工记录；

5）隐蔽工程验收记录；

6）检验批、分项、分部(子分部)工程质量验收记录。

(3) 施工试验：

1）细石混凝土配合比试验报告；

2）防水涂料、密封材料配合比试验报告。

7.5.5 屋面工程质量记录评分有何规定?

答：屋面工程质量记录评分应符合表 7-19 的规定。

屋面工程质量记录评分表 **表 7-19**

<table>
<tr><td colspan="2">工程名称</td><td></td><td>施工阶段</td><td colspan="2"></td><td colspan="2">检查日期</td><td colspan="2">年　月　日</td></tr>
<tr><td colspan="2">施工单位</td><td colspan="2"></td><td>评价单位</td><td colspan="5"></td></tr>
<tr><td rowspan="2">序号</td><td rowspan="2" colspan="3">检 查 项 目</td><td rowspan="2">应得分</td><td colspan="3">判定结果</td><td rowspan="2">实得分</td><td rowspan="2">备注</td></tr>
<tr><td>100%</td><td>85%</td><td>70%</td></tr>
<tr><td rowspan="3">1</td><td rowspan="3">材料合格证及进场验收记录</td><td colspan="2">瓦及混凝土预制块合格证及进场验收记录</td><td>10</td><td></td><td></td><td></td><td></td><td></td></tr>
<tr><td colspan="2">卷材、涂膜材料、密封材料合格证、进场验收记录</td><td>10</td><td></td><td></td><td></td><td></td><td></td></tr>
<tr><td colspan="2">保温材料合格证及进场验收记录</td><td>10</td><td></td><td></td><td></td><td></td><td></td></tr>
<tr><td rowspan="2">2</td><td rowspan="2">施工记录</td><td colspan="2">卷材、涂膜防水层的基层施工记录</td><td>5</td><td></td><td></td><td></td><td></td><td></td></tr>
<tr><td colspan="2">天沟、檐沟、泛水和变形缝等细部做法施工记录</td><td>5</td><td></td><td></td><td></td><td></td><td></td></tr>
</table>

续表

<table>
<tr><td rowspan="4">2</td><td rowspan="4">施工记录</td><td>卷材、涂膜防水层之间隔离层施工记录</td><td>10</td><td></td><td></td><td></td><td></td><td></td></tr>
<tr><td>刚性保护层与防水层之间隔离层施工记录</td><td>5</td><td></td><td></td><td></td><td></td><td></td></tr>
<tr><td>隐蔽工程验收记录</td><td>5</td><td></td><td></td><td></td><td></td><td></td></tr>
<tr><td>检验批、分项、分部(子分部)工程质量验收记录</td><td>10</td><td></td><td></td><td></td><td></td><td></td></tr>
<tr><td rowspan="2">3</td><td rowspan="2">施工试验</td><td>细石混凝土配合比试验报告</td><td>15</td><td></td><td></td><td></td><td></td><td></td></tr>
<tr><td>防水涂料、密封材料配合比试验报告</td><td>15</td><td></td><td></td><td></td><td></td><td></td></tr>
<tr><td>检查结果</td><td colspan="8">权重值 20 分。
应得分合计：
实得分合计：
屋面工程质量记录评分＝$\frac{实得分}{应得分}$×20＝
评价人员：　　　　年　　月　　日</td></tr>
</table>

7.5.6 屋面工程尺寸偏差及限值实测项目有哪些？

答：屋面工程尺寸偏差及限值实测项目符合表 7-20 的规定。

屋面工程尺寸偏差及限值实测项目　　表 7-20

<table>
<tr><td>序号</td><td colspan="2">检　查　项　目</td><td>尺寸要求、允许偏差(mm)</td></tr>
<tr><td>1</td><td colspan="2">找平层及排水沟排水坡度</td><td>1%～3%</td></tr>
<tr><td>2</td><td colspan="2">卷材防水层卷材搭接宽度</td><td>－10</td></tr>
<tr><td>3</td><td colspan="2">涂料防水层厚度</td><td>不小于设计厚度 80%</td></tr>
<tr><td rowspan="3">4</td><td rowspan="3">瓦屋面</td><td>压型板纵向搭接及泛水搭接长度、挑出墙面长度</td><td>≥200</td></tr>
<tr><td>脊瓦搭盖坡瓦宽度</td><td>≥40</td></tr>
<tr><td>瓦伸入天沟、檐沟、檐口的长度</td><td>50～70</td></tr>
<tr><td rowspan="2">5</td><td rowspan="2">细部构造</td><td>防水层贴入水落口杯长度</td><td>≥50</td></tr>
<tr><td>变形缝、女儿墙防水层立面泛水高度</td><td>≥250</td></tr>
</table>

7.5.7 屋面工程尺寸偏差及限值实测评分有何规定?

答：屋面工程尺寸偏差及限值实测评分应符合表7-21的规定。

屋面工程尺寸偏差及限值实测评分表　　　　表7-21

<table>
<tr><td colspan="2">工程名称</td><td></td><td>施工阶段</td><td colspan="2"></td><td>检查日期</td><td colspan="2">年　月　日</td></tr>
<tr><td colspan="2">施工单位</td><td colspan="2"></td><td>评价单位</td><td colspan="4"></td></tr>
<tr><td rowspan="2">序号</td><td rowspan="2" colspan="3">检查项目</td><td rowspan="2">应得分</td><td colspan="3">判定结果</td><td rowspan="2">实得分</td><td rowspan="2">备注</td></tr>
<tr><td>100%</td><td>85%</td><td>70%</td></tr>
<tr><td>1</td><td colspan="3">找平层及排水沟排水坡度</td><td>20</td><td></td><td></td><td></td><td></td><td></td></tr>
<tr><td>2</td><td colspan="3">卷材防水层卷材搭接宽度</td><td>20</td><td></td><td></td><td></td><td></td><td></td></tr>
<tr><td>3</td><td colspan="3">涂料防水层厚度</td><td>(40)</td><td></td><td></td><td></td><td></td><td></td></tr>
<tr><td rowspan="3">4</td><td rowspan="3">瓦屋面</td><td colspan="2">压型板纵向搭接及泛水搭接长度、挑出墙面长度</td><td>(40)</td><td></td><td></td><td></td><td></td><td></td></tr>
<tr><td colspan="2">脊瓦搭盖坡瓦宽度</td><td>(20)</td><td></td><td></td><td></td><td></td><td></td></tr>
<tr><td colspan="2">瓦伸入天沟、檐沟、檐口的长度</td><td>(20)</td><td></td><td></td><td></td><td></td><td></td></tr>
<tr><td rowspan="2">5</td><td rowspan="2">细部构造</td><td colspan="2">防水层贴入水落口杯长度</td><td>30</td><td></td><td></td><td></td><td></td><td></td></tr>
<tr><td colspan="2">变形缝、女儿墙防水层立面泛水高度</td><td>30</td><td></td><td></td><td></td><td></td><td></td></tr>
<tr><td>检查结果</td><td colspan="9">权重值20分。
应得分合计：
实得分合计：
屋面工程尺寸偏差及限值实测评分 $=\frac{\text{实得分}}{\text{应得分}}\times 20=$
评价人员：　　　　年　月　日</td></tr>
</table>

7.5.8 屋面工程观感质量应检查项目有哪些?

答：屋面工程观感质量应检查的项目包括：

(1) 卷材屋面：

1) 卷材铺设质量；

2) 排气道设置质量；

3）保护层铺设质量及上人屋面面层。

（2）金属板材屋面金属板材铺设质量。

（3）平瓦及其他屋面铺设质量。

（4）细部构造。

7.5.9 屋面工程观感质量检查评分有何规定？

答：屋面工程观感质量检查评分应符合表 7-22 的规定。

屋面工程观感质量应检查评分表 **表 7-22**

<table>
<tr><td colspan="2">工程名称</td><td colspan="2"></td><td>施工阶段</td><td colspan="2">检查日期</td><td colspan="3">年 月 日</td></tr>
<tr><td colspan="2">施工单位</td><td colspan="2"></td><td>评价单位</td><td colspan="5"></td></tr>
<tr><td rowspan="2">序号</td><td colspan="2" rowspan="2">检 查 项 目</td><td rowspan="2">应得分</td><td colspan="3">判定结果</td><td rowspan="2">实得分</td><td rowspan="2">备注</td></tr>
<tr><td>100%</td><td>85%</td><td>70%</td></tr>
<tr><td rowspan="3">1</td><td rowspan="3">卷材屋面</td><td>卷材铺设质量</td><td>20</td><td></td><td></td><td></td><td></td><td></td></tr>
<tr><td>排气道设置质量</td><td>20</td><td></td><td></td><td></td><td></td><td></td></tr>
<tr><td>保护层铺设质量及上人屋面面层</td><td>10</td><td></td><td></td><td></td><td></td><td></td></tr>
<tr><td rowspan="2">2</td><td rowspan="2">瓦屋面</td><td>金属板材铺设质量</td><td>(50)</td><td></td><td></td><td></td><td></td><td></td></tr>
<tr><td>平瓦及其他屋面</td><td>(50)</td><td></td><td></td><td></td><td></td><td></td></tr>
<tr><td>3</td><td colspan="2">细部构造</td><td>50</td><td></td><td></td><td></td><td></td><td></td></tr>
<tr><td>检查结果</td><td colspan="8">权重值 20 分。
应得分合计：
实得分合计：
屋面工程观感质量评分$=\frac{实得分}{应得分}\times 20=$
评价人员： 年 月 日</td></tr>
</table>

7.6 装饰装修工程质量评价

7.6.1 装饰装修工程性能检测应检查项目有哪些？

答：装饰装修工程性能检测应检查的项目包括：

（1）外窗传热性能及建筑节能检测（设计有要求时）；

(2) 幕墙工程与主体结构连接的预埋件及金属框架的连接检测；

(3) 外墙块材镶贴的粘结强度检测；

(4) 室内环境质量检测。

7.6.2 装饰装修工程性能检测评分有何规定？

答：装饰装修工程性能检测评分应符合表 7-23 的规定。

装饰装修工程性能检测评分表　　表 7-23

<table>
<tr><td colspan="2">工程名称</td><td>施工阶段</td><td colspan="2"></td><td>检查日期</td><td colspan="2">年　月　日</td></tr>
<tr><td colspan="2">施工单位</td><td></td><td>评价单位</td><td colspan="4"></td></tr>
<tr><td rowspan="2">序号</td><td rowspan="2">检查项目</td><td rowspan="2">应得分</td><td colspan="3">判定结果</td><td rowspan="2">实得分</td><td rowspan="2">备注</td></tr>
<tr><td>100%</td><td>85%</td><td>70%</td></tr>
<tr><td>1</td><td>外窗传热性能及建筑节能检测(设计要求时)</td><td>30</td><td></td><td></td><td></td><td></td><td></td></tr>
<tr><td>2</td><td>幕墙工程与主体结构连接的预埋件及金属框架的连接检测</td><td>20</td><td></td><td></td><td></td><td></td><td></td></tr>
<tr><td>3</td><td>外墙块材镶贴的粘结强度检测</td><td>20</td><td></td><td></td><td></td><td></td><td></td></tr>
<tr><td>4</td><td>室内环境质量检测</td><td>30</td><td></td><td></td><td></td><td></td><td></td></tr>
<tr><td>检查结果</td><td colspan="7">权重值 20 分。
应得分合计：
实得分合计：
装饰装修工程性能检测评分 $=\frac{\text{实得分}}{\text{应得分}}\times 20=$
评价人员：　　　　年　月　日</td></tr>
</table>

7.6.3 装饰装修工程性能检测应检查项目有哪些？

答：装饰装修工程质量记录应检查的项目包括：

(1) 材料合格证及进场验收记录

1) 装饰装修、节能保温材料合格证、进场验收记录；

2) 幕墙的玻璃、石材、板材、结构材料合格证及进场验收记录，门窗及幕墙抗风压、水密性、结构胶相容性试验报告；

3）有环境质量要求的材料合格证、进场验收记录及复试报告。

（2）施工记录

1）吊顶、幕墙、外墙饰面板（砖）、各种预埋件及粘贴施工记录；

2）节能工程施工记录；

3）检验批、分项、分部（子分部）工程质量验收记录。

（3）施工试验

1）有防水要求的房间地面蓄水试验记录；

2）烟道、通风道通风试验记录；

3）有关胶料配合比试验单。

7.6.4 装饰装修工程质量记录评分有何规定？

答：装饰装修工程质量记录检查评分应符合表7-24条的规定。

装饰装修工程质量记录检查评分表 **表7-24**

<table>
<tr><td colspan="2">工程名称</td><td></td><td colspan="2">施工阶段</td><td colspan="2">检查日期</td><td colspan="2">年 月 日</td></tr>
<tr><td colspan="2">施工单位</td><td></td><td colspan="2">评价单位</td><td colspan="4"></td></tr>
<tr><td rowspan="2">序号</td><td colspan="2" rowspan="2">检查项目</td><td rowspan="2">应得分</td><td colspan="3">判定结果</td><td rowspan="2">实得分</td><td rowspan="2">备注</td></tr>
<tr><td>100%</td><td>85%</td><td>70%</td></tr>
<tr><td rowspan="3">1</td><td rowspan="3">材料合格证、进场验收记录</td><td>装饰装修、节能保温材料合格证、进场验收记录</td><td>10</td><td></td><td></td><td></td><td></td><td></td></tr>
<tr><td>幕墙的玻璃、石材、板材、结构材料合格证及进场验收记录，门窗及幕墙抗风压、水密性、气密性、结构胶相容性试验报告</td><td>10</td><td></td><td></td><td></td><td></td><td></td></tr>
<tr><td>有环境质量要求的合格证、进场验收记录及复试报告</td><td>10</td><td></td><td></td><td></td><td></td><td></td></tr>
</table>

续表

2	施工记录	吊顶、幕墙、外墙饰面板(砖)、预埋件及粘贴施工记录	15					
		节能工程施工记录	15					
		检验批、分项、分部(子分部)工程质量验收记录	10					
3	施工试验	有防水要求的房间地面蓄水试验记录	10					
		烟道、通风道通风试验记录	10					
		有关胶料配合比试验单	10					
检查结果	权重值 20 分。 应得分合计： 实得分合计： 装饰装修工程质量记录评分 $=\frac{实得分}{应得分}\times 20=$ 评价人员：　　　　年　月　日							

7.6.5 装饰装修工程尺寸偏差及限值实测检查项目有哪些?

答：装饰装修工程尺寸偏差及限值实测检查项目应符合表 7-25 的规定。

装饰装修工程尺寸偏差及限值实测项目表　　表 7-25

序号	子分部	检查项目	留缝限值、允许偏差(mm)	
			普通	高级
		立面垂直度	4	3
1	抹灰工程	表面平整度	4	3
2	门窗工程	门窗框正、侧面垂直度	2	1

续表

序号	子分部		检查项目		留缝限值、允许偏差(mm)	
					普通	高级
			立面垂直度		4	3
3	幕墙工程		幕墙垂直度	幕墙高度≤30m	10	
				30m<幕墙高度≤60m	15	
				60m<幕墙高度≤90m	20	
				幕墙高度>90m	25	
4	地面工程	整体地面	表面平整度		4	2
		板块地面	表面平整度		4	1

7.6.6 装饰装修工程尺寸偏差及限值实测评分有何规定?

答：装饰装修工程尺寸偏差及限值实测评分应符合表 7-26 的规定。

装饰装修工程尺寸偏差及限值实测评分表　　表 7-26

工程名称			施工阶段		检查日期		年　月　日
施工单位			评价单位				
序号	检查项目		应得分	100%	85%	70%	实得分	备注
1	抹灰工程	立面垂直度、表面平整度	30					
2	门窗工程	门窗框正、侧面垂直度	20					
3	幕墙工程	幕墙垂直度	20					
4	地面工程	表面平整度	30					
检查结果	权重值 10 分。 应得分合计： 实得分合计： 施工现场质量保证条件评分$=\frac{实得分}{应得分}\times 10=$ 评价人员：　　年　月　日							

7.6.7 装饰装修工程观感质量检查项目有哪些？

答：装饰装修工程观感质量应检查的项目包括：

（1）地面；

（2）抹灰；

（3）门窗；

（4）吊顶；

（5）轻质隔墙；

（6）饰面板(砖)；

（7）幕墙；

（8）涂饰工程；

（9）裱糊与软包；

（10）细部工程；

（11）外檐观感；

（12）室内观感。

7.6.8 装饰装修工程观感质量评分有何规定？

答：装饰装修工程观感质量评分应符合表7-27的规定。

装饰装修工程观感质量评分表 **表7-27**

工程名称			施工阶段		检查日期		年　月　日	
施工单位			评价单位					
序号	检查项目		应得分	100%	85%	70%	实得分	备注
1	地面	表面、分格缝、图案、有排水要求的地面的坡度	10					
2	抹灰	表面、护角、阴阳角、分格缝、滴水线	10					
3	门窗	固定、配件、位置、构造、密封等	10					

续表

4	吊顶	图案、颜色、灯具设备安装位置、交接缝处理、吊杆龙骨外观	5					
5	轻质隔墙	位置、墙面平整、连接件、接缝处理	5					
6	饰面板（砖）	表面质量、排砖、匀缝嵌缝、细部	10					
7	幕墙	主要构件外观、节点做法、打胶、配件、开启密闭	10					
8	涂饰工程	分色规矩、色泽协调	5					
9	裱糊与软包	端正、边框、拼角、接缝	5					
10	细部工程	柜、盒、护罩、栏杆、花式等安装、固定和表面质量	5					
11	外檐观感	室外墙面、大角、墙面横竖线（角）及滴水槽（线）、散水、台阶、雨罩、变形缝和泛水等	15					
12	室内观感	面砖、涂料、饰物、线条及不同做法的交接过渡	10					
检查结果	权重值40分。 应得分合计： 实得分合计： 施工现场质量保证条件评分＝$\frac{实得分}{应得分}$×40＝ 评价人员：　　　　年　　月　　日							

7.7 安装工程质量评价

7.7.1 建筑给水排水及采暖工程性能检测项目有哪些?

答：建筑给水排水及采暖工程性能检测应检查的项目包括：

(1) 生活给水系统管道交用前水质检测；

(2) 承压管道、设备系统水压试验；

(3) 非承压管道和设备灌水试验及排水干管管道通球、通水试验；

(4) 消火栓系统试射试验；

(5) 采暖系统调试、试运行、安全阀、报警装置联动系统测试。

7.7.2 建筑给水排水及采暖工程性能检测评分有何规定?

答：建筑给水排水及采暖工程性能检测评分应符合表 7-28 的规定。

建筑给水排水及采暖工程性能检测评分表　　表 7-28

<table>
<tr><td colspan="2">工程名称</td><td>施工阶段</td><td colspan="3"></td><td>检查日期</td><td colspan="2">年　月　日</td></tr>
<tr><td colspan="2">施工单位</td><td>评价单位</td><td colspan="6"></td></tr>
<tr><td rowspan="2">序号</td><td rowspan="2">检查项目</td><td rowspan="2">应得分</td><td colspan="3">判定结果</td><td rowspan="2">实得分</td><td rowspan="2">备注</td></tr>
<tr><td>100%</td><td>85%</td><td>70%</td></tr>
<tr><td>1</td><td>生活给水系统管道交用前水质检测</td><td>10</td><td></td><td></td><td></td><td></td><td></td></tr>
<tr><td>2</td><td>承压管道、设备系统水压试验</td><td>30</td><td></td><td></td><td></td><td></td><td></td></tr>
<tr><td>3</td><td>非压管道、设备系统水压试验</td><td>30</td><td></td><td></td><td></td><td></td><td></td></tr>
<tr><td>4</td><td>消火栓系统试射试验</td><td>20</td><td></td><td></td><td></td><td></td><td></td></tr>
</table>

续表

<table>
<tr><td>5</td><td>采暖系统调试、试运行、安全阀、报警装置联动系统测试</td><td>10</td><td></td><td></td><td></td><td></td><td></td></tr>
<tr><td>检查结果</td><td colspan="7">权重值 30 分。
应得分合计：
实得分合计：
建筑给水排水及采暖工程性能检测评分＝$\frac{\text{实得分}}{\text{应得分}}\times 20=$
评价人员：　　　　年　　月　　日</td></tr>
</table>

7.7.3 建筑给水排水及采暖工程质量检查记录有哪些?

答：建筑给水排水及采暖工程质量记录应检查的项目包括：

(1) 材料合格及进场验收记录：

1) 材料及配件出厂合格证及进场验收记录；

2) 器具及设备出厂合格证及进场验收记录。

(2) 施工记录：

1) 主要管道施工及管道穿墙、穿楼板套管安装施工记录；

2) 补偿器预拉伸记录；

3) 给水管道冲洗、消毒记录；

4) 隐蔽工程验收记录；

5) 检验批、分项、分部(子分部)工程质量验收记录。

(3) 施工试验：

1) 阀门安装前强度和严密性试验；

2) 给水系统及卫生器具交付使用前通水、满水试验；

3) 水泵安装试运转。

7.7.4 建筑给水排水及采暖工程质量记录检查评分有何规定?

答：建筑给水排水及采暖工程质量记录检查评分应符合表 7-29 的规定。

建筑给水排水及采暖工程质量记录检查评分表　　表 7-29

<table>
<tr><td>工程名称</td><td colspan="2"></td><td>施工阶段</td><td colspan="2"></td><td>检查日期</td><td colspan="3">年　月　日</td></tr>
<tr><td>施工单位</td><td colspan="3"></td><td>评价单位</td><td colspan="5"></td></tr>
<tr><td rowspan="2">序号</td><td colspan="2" rowspan="2">检 查 项 目</td><td rowspan="2">应得分</td><td colspan="3">判定结果</td><td rowspan="2">实得分</td><td rowspan="2">备注</td></tr>
<tr><td>100%</td><td>85%</td><td>70%</td></tr>
<tr><td rowspan="2">1</td><td rowspan="2">材料合格证、进场验收记录</td><td>材料及配件出厂合格证及进场验收记录</td><td>15</td><td></td><td></td><td></td><td></td><td></td></tr>
<tr><td>设备器具及出厂合格证及进场验收记录</td><td>15</td><td></td><td></td><td></td><td></td><td></td></tr>
<tr><td rowspan="5">2</td><td rowspan="5">施工记录</td><td>主管道施工及管道穿墙、穿楼板套安装施工记录</td><td>5</td><td></td><td></td><td></td><td></td><td></td></tr>
<tr><td>补偿器预拉伸记录</td><td>5</td><td></td><td></td><td></td><td></td><td></td></tr>
<tr><td>给水管道冲洗、消毒记录</td><td>10</td><td></td><td></td><td></td><td></td><td></td></tr>
<tr><td>隐蔽工程验收记录</td><td>10</td><td></td><td></td><td></td><td></td><td></td></tr>
<tr><td>检验批、分项、分部(子分部)工程质量验收记录</td><td>10</td><td></td><td></td><td></td><td></td><td></td></tr>
<tr><td rowspan="3">3</td><td rowspan="3">施工试验</td><td>阀门安装前强度和严密性试验</td><td>10</td><td></td><td></td><td></td><td></td><td></td></tr>
<tr><td>给水系统及卫生器具交付使用前通水、满水试验</td><td>10</td><td></td><td></td><td></td><td></td><td></td></tr>
<tr><td>水泵安装试运转</td><td>10</td><td></td><td></td><td></td><td></td><td></td></tr>
<tr><td>检查结果</td><td colspan="9">权重值 30 分。
应得分合计：
实得分合计：
建筑给水排水及采暖工程质量记录评分 $=\frac{\text{实得分}}{\text{应得分}}\times 30=$
评价人员：　　　　年　月　日</td></tr>
</table>

7.7.5 建筑给水排水及采暖工程尺寸及限值实测项目有哪些?

答：建筑给水排水及采暖工程尺寸偏差及限值实测应检查的项目包括：

(1) 给水、排水、采暖管道坡度按设计要求或下列规定检查：

生活污水排水管坡度：铸铁的为 5‰～35‰，塑料的为 4‰～25‰，给水管道坡管：2‰～5‰；采暖管道坡管：气(汽)水同向流动为 2‰～3‰，气(汽)水同向流动为不小于 5‰；散热器支管的坡度为 1%，坡向利于排气和泄水方向。

(2) 箱式消火栓安装位置，按设计安装高度安装允许偏差：距地±20mm，垂直度 3mm。

(3) 卫生器具按设计安装高度安装允许偏差±15mm；淋浴器喷头下沿高度允许偏差±15mm。

7.7.6 建筑给水排水及采暖工程偏差及限值实测评分有何规定?

答：建筑给水排水及采暖工程偏差及限值实测评分应符合表 7-30 的规定。

建筑给水排水及采暖工程偏差及限值实测评分表　　表 7-30

<table>
<tr><td>工程名称</td><td colspan="2"></td><td>施工阶段</td><td colspan="2"></td><td>检查日期</td><td colspan="2">年　月　日</td></tr>
<tr><td>施工单位</td><td colspan="3"></td><td>评价单位</td><td colspan="4"></td></tr>
<tr><td rowspan="2">序号</td><td rowspan="2" colspan="2">检查项目</td><td rowspan="2">应得分</td><td colspan="3">判定结果</td><td rowspan="2">实得分</td><td rowspan="2">备注</td></tr>
<tr><td>100%</td><td>85%</td><td>70%</td></tr>
<tr><td>1</td><td colspan="2">给水、排水、采暖管道坡度</td><td>50</td><td></td><td></td><td></td><td></td><td></td></tr>
<tr><td>2</td><td colspan="2">箱式消火栓安装位置</td><td>20</td><td></td><td></td><td></td><td></td><td></td></tr>
<tr><td>3</td><td colspan="2">卫生器具安装高度</td><td>30</td><td></td><td></td><td></td><td></td><td></td></tr>
<tr><td>检查结果</td><td colspan="8">权重值 10 分。
应得分合计：
实得分合计：
建筑给水排水及采暖尺寸偏差及限值实测评分 $=\frac{实得分}{应得分}\times 10=$
评价人员：　　　　年　月　日</td></tr>
</table>

7.7.7 建筑给水排水及采暖工程观感质量应检查项目有哪些?

答：建筑给水排水及采暖工程观感质量检查的项目包括：

(1) 管道及支架安装；

(2) 卫生洁具及给水配件安装；

(3) 设备及配件安装；

(4) 管道、支架及设备的防腐及保温；

(5) 有排水要求的设备机房、房间地面的排水口及地漏。

7.7.8 建筑给水排水及采暖工程观感质量评分有何规定?

答：建筑给水排水及采暖工程观感质量评分应符合表 7-31 的规定。

建筑给水排水及采暖工程观感质量评分表　　表 7-31

<table>
<tr><td colspan="2">工程名称</td><td></td><td>施工阶段</td><td colspan="2"></td><td>检查日期</td><td colspan="2">年　月　日</td></tr>
<tr><td colspan="2">施工单位</td><td colspan="2"></td><td colspan="2">评价单位</td><td colspan="3"></td></tr>
<tr><td rowspan="2">序号</td><td rowspan="2" colspan="2">检查项目</td><td rowspan="2">应得分</td><td colspan="3">判定结果</td><td rowspan="2">实得分</td><td rowspan="2">备注</td></tr>
<tr><td>100%</td><td>85%</td><td>70%</td></tr>
<tr><td>1</td><td colspan="2">管道及支架安装</td><td>20</td><td></td><td></td><td></td><td></td><td></td></tr>
<tr><td>2</td><td colspan="2">卫生洁具及给水配件安装</td><td>20</td><td></td><td></td><td></td><td></td><td></td></tr>
<tr><td>3</td><td colspan="2">设备及配件安装</td><td>20</td><td></td><td></td><td></td><td></td><td></td></tr>
<tr><td>4</td><td colspan="2">管道、支架及设备的防腐及保温</td><td>20</td><td></td><td></td><td></td><td></td><td></td></tr>
<tr><td>5</td><td colspan="2">有排水要求的设备机房、房间地面的排水口及地漏</td><td>20</td><td></td><td></td><td></td><td></td><td></td></tr>
<tr><td>检查结果</td><td colspan="8">权重值 20 分。
应得分合计：
实得分合计：
建筑给水排水及采暖观感质量评分 $=\frac{\text{实得分}}{\text{应得分}}\times 20=$
评价人员：　　　　年　　月　　日</td></tr>
</table>

7.7.9 建筑电气安装工程性能检测项目有哪些?

答：建筑电气安装工程性能检测应检查的项目包括：

(1) 接地装置、防雷装置的接地电阻测试；

(2) 照明全负荷试验；

(3) 大型灯具固定及悬吊装置测试。

7.7.10 建筑电气安装工程性能检测评分有何规定?

答：建筑电气安装工程性能检测评分应符合表 7-32 的规定。

建筑电气安装工程性能检测评分表　　表 7-32

<table>
<tr><td colspan="2">工程名称</td><td></td><td>施工阶段</td><td colspan="2"></td><td colspan="2">检查日期</td><td colspan="2">年　月　日</td></tr>
<tr><td colspan="2">施工单位</td><td colspan="2"></td><td colspan="2">评价单位</td><td colspan="4"></td></tr>
<tr><td rowspan="2">序号</td><td colspan="3" rowspan="2">检查项目</td><td rowspan="2">应得分</td><td colspan="3">判定结果</td><td rowspan="2">实得分</td><td rowspan="2">备注</td></tr>
<tr><td>100%</td><td>85%</td><td>70%</td></tr>
<tr><td>1</td><td colspan="3">接地装置、防雷装置的接地电阻测试</td><td>40</td><td></td><td></td><td></td><td></td><td></td></tr>
<tr><td>2</td><td colspan="3">照明全负荷试验</td><td>30</td><td></td><td></td><td></td><td></td><td></td></tr>
<tr><td>3</td><td colspan="3">大型灯具固定及悬吊装置测试</td><td>30</td><td></td><td></td><td></td><td></td><td></td></tr>
<tr><td>检查结果</td><td colspan="9">权重值 30 分。
应得分合计：
实得分合计：
建筑电气安装工程性能检测评分＝$\frac{实得分}{应得分}$×30＝
评价人员：　　年　月　日</td></tr>
</table>

7.7.11 建筑电气安装工程质量记录项目有哪些?

答：建筑电气安装工程质量记录应检查的项目包括：

(1) 材料、设备出厂合格证及进场验收记录：

1) 材料及元件出厂合格证及进场验收记录；

2) 设备及器具出厂合格证及进场验收记录。

（2）施工记录：

1）电气装置安装施工记录；

2）隐蔽工程验收记录；

3）检验批、分项、分部(子分部)工程质量验收记录。

（3）施工试验：

1）导线、设备、元件、器具绝缘电阻测试记录；

2）电气装置空载和负荷运行试验记录。

7.7.12　建筑电气安装工程质量记录评分有何规定？

答：建筑电气安装工程质量记录评分应符合表 7-33 的规定。

建筑电气安装工程质量记录评分表　　　　表 7-33

工程名称			施工阶段		检查日期		年　月　日	
施工单位			评价单位					
序号	检查项目		应得分	判定结果			实得分	备注
				100%	85%	70%		
1	材料合格证、进场验收记录	材料及配件出厂合格证及进场验收记录	15					
		设备及器具出厂合格证及进场验收记录	15					
2	施工记录	电气装置安装施工记录	10					
		隐蔽工程验收记录	10					
		检验批、分项、分部(子分部)工程质量验收记录	20					
3	施工试验	导线、设备、元件、器具绝缘电阻测试记录	15					
		电气装置空载和负荷运行试验记录	15					

续表

<table>
<tr><td>检
查
结
果</td><td>权重值 30 分。
应得分合计：
实得分合计：
建筑电气安装工程质量记录评分$=\frac{实得分}{应得分}\times 30=$
评价人员：　　　　　　年　　月　　日</td></tr>
</table>

7.7.13　建筑电气安装工程尺寸及限值实测项目有哪些？

答：建筑电气安装工程尺寸及限值实测检查项目见表 7-34。

建筑电气安装工程尺寸及限值实测检查项目　　　表 7-34

序号	项　目	允许偏差
1	柜、屏、台、箱、盘安装垂直度	1.5‰
2	同一场所成排灯具中心线偏差	5mm
3	同一场所的同一墙面，开关、插座面板的高度差	5mm

7.7.14　建筑电气安装工程尺寸及限值实测评分有何规定？

答：建筑电气安装工程尺寸及限值实测评分应符合表 7-35 的规定。

建筑电气安装工程尺寸及限值实测评分表　　　表 7-35

<table>
<tr><td>工程名称</td><td></td><td>施工阶段</td><td colspan="2"></td><td>检查日期</td><td colspan="3">年　月　日</td></tr>
<tr><td>施工单位</td><td colspan="2"></td><td>评价单位</td><td colspan="5"></td></tr>
<tr><td>序号</td><td colspan="2">检 查 项 目</td><td>应得分</td><td>100%</td><td>85%</td><td>70%</td><td>实得分</td><td>备注</td></tr>
<tr><td>1</td><td colspan="2">柜、屏、台、箱、盘安装垂直度</td><td>30</td><td></td><td></td><td></td><td></td><td></td></tr>
<tr><td>2</td><td colspan="2">同一场所成排灯具中心线偏差</td><td>30</td><td></td><td></td><td></td><td></td><td></td></tr>
</table>

续表

3	同一场所的同一墙面，开关、插座面板的高度差	40					
检查结果	权重值10。 应得分合计： 实得分合计： 建筑电气安装工程尺寸及限值实测评分$=\frac{实得分}{应得分}\times10=$ 评价人员：　　　　年　　月　　日						

7.7.15 建筑电气安装工程观感质量应检查项目有哪些？

答：建筑电气安装工程观感质量检查的项目包括：

(1) 电线管(槽)、桥架、母线槽及其支吊架安装；

(2) 导线及电缆敷设(含色标)；

(3) 接地、接零、跨接、防雷装置；

(4) 开关、插座安装及接线；

(5) 灯具及其他用电器具安装及接线；

(6) 配电箱、柜安装及接线。

7.7.16 建筑电气安装工程观感质量评分有何规定？

答：建筑电气安装工程观感质量评分应符合表7-36的规定。

建筑电气安装工程观感质量评分表　　　表7-36

工程名称		施工阶段		检查日期	年　月　日	
施工单位		评价单位				
序号	检查项目	应得分	判定结果			实得分	备注
			100%	85%	70%		
1	电线管(槽)、桥架、母线槽及其支吊架安装	20					
2	导线及电缆敷设(含色标)	10					

续表

3	接地、接零、跨接、防雷装置	20				
4	开关、插座安装及接线	20				
5	灯具及其他用电器具安装及接线	20				
6	配电箱、柜安装及接线	10				
检查结果	权重值20分。 应得分合计： 实得分合计： 建筑电气安装工程观感质量评分$=\frac{实得分}{应得分}\times 20=$ 评价人员：　　　　年　月　日					

7.7.17 通风与空调工程性能检测应检查项目有哪些？

答：通风与空调工程性能检测应检查的项目包括：

(1) 空调水管道系统水压试验；

(2) 通风管道严密性试验；

(3) 通风、除尘、空调、制冷、净化、防排烟系统无生产负荷联合试运转与调试；

(4) 室内环境质量检测。

7.7.18 通风与空调工程性能检测评分有何规定？

答：通风与空调工程性能检测评分应符合表7-37的规定。

通风与空调工程性能检测评分表　　表7-37

工程名称		施工阶段		检查日期	年　月　日	
施工单位		评价单位				
序号	检查项目	应得分	判定结果		实得分	备注
			100%	70%		
1	空调水管道系统水压试验	20				

续表

2	通风管道严密性试验	30				
3	通风、除尘系统联合试运转与调试	15				
	空调系统联合试运转与调试	15				
	制冷系统联合试运转与调试	(15)				
	净化系统联合试运转与调试	(10)				
	防排烟系统联合试运转与调试	15				
检查结果	权重值30分。 应得分合计： 实得分合计： 通风与空调工程性能检测评分＝$\frac{实得分}{应得分}\times 30=$ 评价人员：　　年　月　日					

7.7.19　通风与空调工程质量记录应检查的项目有哪些?

答：通风与空调工程质量记录应检查的项目包括：

(1) 材料、设备 出厂合格证及进场验收记录：

1) 材料、风管及部件出厂合格证及进场验收记录；

2) 仪表、设备出厂合格证及进场验收记录。

(2) 施工记录：

1) 风管及部件加工制作记录；

2) 风管系统、管道系统安装记录；

3) 防火阀、防排烟阀、防爆阀等安装记录；

4) 设备(含水泵、风机、空气处理设备、空调机组和制冷设备等)安装记录；

5) 隐蔽工程验收记录；

6) 检验批、分项、分部(子分部)工程质量验收记录。

(3) 施工试验：

1) 空调水系统阀门安装前试验；

2) 设备单机试运转及调试；

3) 防火阀、排烟阀(口)启闭联动试验。

7.7.20 通风与空调工程质量记录检查评分有何规定？

答：通风与空调工程质量记录应检查评分应符合表 7-38 的规定。

通风与空调工程质量记录应检查评分　　　　表 7-38

<table>
<tr><td colspan="2">工程名称</td><td></td><td>施工阶段</td><td colspan="2"></td><td colspan="2">检查日期</td><td colspan="2">年　月　日</td></tr>
<tr><td colspan="2">施工单位</td><td colspan="2"></td><td>评价单位</td><td colspan="5"></td></tr>
<tr><td rowspan="2">序号</td><td rowspan="2" colspan="3">检查项目</td><td rowspan="2">应得分</td><td colspan="3">判定结果</td><td rowspan="2">实得分</td><td rowspan="2">备注</td></tr>
<tr><td>100%</td><td>85%</td><td>70%</td></tr>
<tr><td rowspan="2">1</td><td rowspan="2">材料、设备出厂合格证及进场验收记录</td><td colspan="2">材料、风管及部件出厂合格证及进场验收记录</td><td>15</td><td></td><td></td><td></td><td rowspan="2"></td><td rowspan="2"></td></tr>
<tr><td colspan="2">仪表、设备出厂合格证及进场验收记录</td><td>15</td><td></td><td></td><td></td></tr>
<tr><td rowspan="6">2</td><td rowspan="6">施工记录</td><td colspan="2">风管及部件加工制作记录</td><td>5</td><td></td><td></td><td></td><td rowspan="6"></td><td rowspan="6"></td></tr>
<tr><td colspan="2">风管系统、管道系统安装记录</td><td>10</td><td></td><td></td><td></td></tr>
<tr><td colspan="2">防火阀、防排烟阀、防爆阀等安装记录</td><td>10</td><td></td><td></td><td></td></tr>
<tr><td colspan="2">设备(含水泵、风机、空气处理设备、空调机组和制冷设备等)安装记录</td><td>5</td><td></td><td></td><td></td></tr>
<tr><td colspan="2">隐蔽工程验收记录</td><td>5</td><td></td><td></td><td></td></tr>
<tr><td colspan="2">检验批、分项、分部(子分部)工程质量验收记录</td><td>5</td><td></td><td></td><td></td></tr>
</table>

续表

<table>
<tr><td rowspan="3">3</td><td rowspan="3">施工试验</td><td>空调水系统阀门安装前试验</td><td>10</td><td></td><td></td><td></td><td rowspan="3"></td><td rowspan="3"></td></tr>
<tr><td>设备单机试运转及调试</td><td>10</td><td></td><td></td><td></td></tr>
<tr><td>防火阀、排烟阀（口）启闭联动试验</td><td>10</td><td></td><td></td><td></td></tr>
<tr><td>检查结果</td><td colspan="8">权重值30分。
应得分合计：
实得分合计：
通风与空调工程质量记录应检查评分 $=\frac{\text{实得分}}{\text{应得分}}\times 30=$
评价人员：　　　　年　月　日</td></tr>
</table>

7.7.21　通风与空调工程尺寸偏差及限值实测项目有哪些？

答：通风与空调工程尺寸偏差及限值实测应检查的项目包括：

(1) 风口尺寸允许偏差：圆形 $\phi\leqslant 250$mm，0～－2mm；$\phi>$ 250mm，0～－3mm。矩形，边长≤300mm，0～－1mm；边长300～800mm，0～－2mm；边长＞800mm，0～－3mm。

(2) 风口水平安装水平度偏差≤3/1000；风口垂直安装的垂直度偏差≤2/1000。

(3) 防火阀距墙表面的距离不宜大于200mm。

7.7.22　通风与空调工程尺寸偏差及限值实测评分有何规定？

答：通风与空调工程尺寸偏差及限值实测评分应符合表7-39的规定。

通风与空调工程尺寸偏差及限值实测评分表　　表 7-39

工程名称		施工阶段		检查日期		年　月　日	
施工单位			评价单位				
序号	检 查 项 目	应得分	100%	85%	70%	实得分	备注
1	风口尺寸	40					
2	风口水平安装水平度，风口垂直安装的垂直度	30					
3	防火阀距墙表面的距离	30					
检查结果	权重值 10 分。 应得分合计： 实得分合计： 通风与空调工程尺寸偏差及限值实测评分 $=\frac{实得分}{应得分}\times10=$ 评价人员：　　　　年　　月　　日						

7.7.23　通风与空调工程观感质量检查项目有哪些？

答：通风与空调工程观感质量应检查的项目包括：

(1) 风管制作；

(2) 风管及其部件、支吊架安装；

(3) 设备及配件安装；

(4) 空调水管道安装；

(5) 风管及管道保温。

7.7.24　通风与空调工程观感质量评分有何规定？

答：通风与空调工程观感质量评分应符合表 7-40 的规定。

通风与空调工程观感质量评分表　　表 7-40

工程名称		施工阶段		检查日期		年　月　日	
施工单位			评价单位				
序号	检 查 项 目	应得分	100%	85%	70%	实得分	备注
1	风管制作	20					

续表

2	风管及其部件、支吊架安装	20					
3	设备及配件安装	20					
4	空调水管道安装	20					
5	风管及管道保温	20					
检查结果	权重值20分。 应得分合计： 实得分合计： 通风与空调工程观感质量评分$=\frac{实得分}{应得分}\times 20=$ 评价人员：　　　　年　月　日						

7.7.25 电梯安装工程性能检测项目有哪些？

答：电梯安装工程性能检测应检查的项目包括：

(1) 电梯、自动扶梯(人行道)电气装置接地、绝缘电阻测试；

(2) 层门与轿门试验；

(3) 曳引式电梯空载、额定载荷运行测试；

(4) 液压式电梯超载和额定载荷运行测试；

(5) 自动扶梯(人行道)制停距离测试。

7.7.26 电梯安装工程性能检测评分有何规定？

答：电梯安装工程性能检测评分应符合表7-41的规定。

电梯安装工程性能检测评分表　　表7-41

工程名称		施工阶段		检查日期	年　月　日		
施工单位		评价单位					
序号	检查项目	应得分	判定结果			实得分	备注
			100%	85%	70%		
1	电梯、自动扶梯(人行道)电气装置接地、绝缘电阻测试	30					

续表

2	层门与轿门试验	40					
3	曳引式电梯空载、额定载荷运行测试	30					
4	液压式电梯超载和额定载荷运行测试	(30)					
5	自动扶梯(人行道)制停距离测试	(30)					
检查结果	权重值30分。 应得分合计： 实得分合计： 电梯安装工程性能检测评分 $=\frac{\text{实得分}}{\text{应得分}}\times 30=$ 评价人员：　　　　年　　月　　日						

7.7.27 电梯安装工程质量检查项目有哪些？

答：电梯安装工程质量记录应检查的项目包括：

(1) 设备、材料出厂合格证、安装使用技术文件和进场验收记录：

1) 土建布置图；

2) 电梯产品(整机)出厂合格证；

3) 重要(安全)零(部)件和材料的产品出厂合格证型式试验证书；

4) 安装说明书(图)和使用维护说明书；

5) 动力电路和安全电路的电气原理图、液压系统图(如有液压电梯时)；

6) 装箱单；

7) 设备材料进场(含开箱)检查验收记录。

(2) 施工记录：

1）机房（如有时）井道土建交接验收检查记录；

2）机械、电气、零（部）件安装隐蔽工程验收记录；

3）机械、电气、零（部）件安装施工记录；

4）分项、分部（子分部）工程质量验收记录。

（3）施工试验：

1）安装过程的机械、电气零（部）件调整测试记录；

2）整机运行试验记录。

7.7.28 电梯安装工程尺寸偏差及限值实测项目有哪些？

答：电梯安装工程尺寸偏差及限值实测项目包括：

（1）层门地坎至轿厢地坎之间水平距离；

（2）平层准备度；

（3）扶手带的运行速度相对梯级、踏板或胶带的速度允许偏差。

7.7.29 电梯安装工程质量记录检查评分有何规定？

答：电梯安装工程质量记录检查评分应符合表7-42的规定。

电梯安装工程质量记录检查评分表　　表7-42

<table>
<tr><td colspan="2">工程名称</td><td></td><td>施工阶段</td><td colspan="2"></td><td colspan="2">检查日期</td><td colspan="2">年　月　日</td></tr>
<tr><td colspan="2">施工单位</td><td colspan="2"></td><td>评价单位</td><td colspan="5"></td></tr>
<tr><td rowspan="2">序号</td><td colspan="3" rowspan="2">检查项目</td><td rowspan="2">应得分</td><td colspan="3">判定结果</td><td rowspan="2">实得分</td><td rowspan="2">备注</td></tr>
<tr><td>100%</td><td>85%</td><td>70%</td></tr>
<tr><td rowspan="3">1</td><td rowspan="3">设备、材料出厂合格证、安装使用技术文件和进场验收记录</td><td colspan="2">土建布置图</td><td>5</td><td></td><td></td><td></td><td rowspan="3"></td><td rowspan="3"></td></tr>
<tr><td colspan="2">电梯产品（整机）出厂合格证</td><td>5</td><td></td><td></td><td></td></tr>
<tr><td colspan="2">重要（安全）零（部）件和材料的产品出厂合格证型式试验证书</td><td>5</td><td></td><td></td><td></td></tr>
</table>

续表

<table>
<tr><td rowspan="4">1</td><td rowspan="4">设备、材料出厂合格证、安装使用技术文件和进场验收记录</td><td>安装说明书（图）和使用维护说明书</td><td>3</td><td></td><td></td><td></td><td></td><td></td></tr>
<tr><td>动力电路和安全电路的电气原理图、液压系统图（如有液压电梯时）</td><td>5</td><td></td><td></td><td></td><td></td><td></td></tr>
<tr><td>装箱单</td><td>2</td><td></td><td></td><td></td><td></td><td></td></tr>
<tr><td>设备材料进场（含开箱）检查验收记录</td><td>5</td><td></td><td></td><td></td><td></td><td></td></tr>
<tr><td rowspan="4">2</td><td rowspan="4">施工记录</td><td>机房（如有时）井道土建交接验收检查记录</td><td>10</td><td></td><td></td><td></td><td></td><td></td></tr>
<tr><td>机械、电气、零（部）件安装隐蔽工程验收记录</td><td>10</td><td></td><td></td><td></td><td></td><td></td></tr>
<tr><td>机械、电气、零（部）件安装施工记录</td><td>10</td><td></td><td></td><td></td><td></td><td></td></tr>
<tr><td>分项、分部（子分部）工程质量验收记录</td><td>10</td><td></td><td></td><td></td><td></td><td></td></tr>
<tr><td rowspan="2">3</td><td rowspan="2">施工试验</td><td>安装过程的机械、电气零（部）件调整测试记录</td><td>15</td><td></td><td></td><td></td><td></td><td></td></tr>
<tr><td>整机运行试验记录</td><td>15</td><td></td><td></td><td></td><td></td><td></td></tr>
<tr><td>检查结果</td><td colspan="8">权重值 30 分。
应得分合计：
实得分合计：
$$电梯安装工程质量记录评分=\frac{实得分}{应得分}\times 30=$$
评价人员： 年 月 日</td></tr>
</table>

7.7.30 电梯安装工程尺寸及限值实测项目有哪些？

答：电梯安装工程尺寸偏差及限值实测项目检查评价方法应符合下列规定：

(1) 检查标准：

1) 层门地坎至轿厢地坎之间的水平距离偏差为 0～+1 mm，且最大距离≤35mm 为一档，取 100%的标准分值；偏差超过+1mm，但不超过+3mm 的为三档，取 70%的标准分值。

2) 平层准确度：

额定速度 V≤0.63m/s 的交流双速电梯和其他交直流调速方式的电梯：平层准确度偏差不超过±5mm 的为一档，取 100%的标准分值，偏差超过+5mm，但不超过±10mm 的为二档，取 85%的标准分值；偏差超过±10mm，但不超过±15mm 的为三档，取 70%的标准分值。0.63m/s<额定速度 V≤1.0m/s 的交流双速电梯：平层准确度偏差不超过±10mm 的为一档，取 100%的标准分值；偏差超过±10mm，但不超过±20mm 的为二档，取 85%的标准分值；偏差超过±20mm，但不超过±30mm 的为三档，取 70%的标准分值。

3) 扶手带的运行速度相对梯级、踏板或胶带的速度允许偏差：偏差值在 0～+0.5%的为一档，取 100%的标准分值；偏差值在 0～+(0.5～1)%为二档，取 85%的标准分值；偏差值在 0～+(1～2)%的为三档，取 70%的标准分值。

(2) 检查方法：抽测和检查检查记录，并进行统计计算。

7.7.31 电梯安装工程尺寸偏差及限值实测评分有何规定?

答：电梯安装工程尺寸偏差及限值实测评分应符合表 7-43 的规定。

电梯安装工程尺寸偏差及限值实测评分表　　　表 7-43

工程名称		施工阶段		检查日期	年　月　日		
施工单位		评价单位					
序号	检 查 项 目	应得分	判定结果			实得分	备注
			100%	85%	70%		
1	层门地坎至轿厢地坎之间的水平距离	50		/			

续表

<table>
<tr><td>2</td><td>平层准确度</td><td>50</td><td></td><td></td><td></td><td></td><td></td></tr>
<tr><td>3</td><td>扶手带的运行速度相对梯级、踏板或胶带的速度差</td><td>(100)</td><td></td><td></td><td></td><td></td><td></td></tr>
<tr><td>检查结果</td><td colspan="7">权重值10分。
应得分合计：
实得分合计：
电梯安装工程尺寸偏差及限值实测评分$=\frac{\text{实得分}}{\text{应得分}}\times 10=$
评价人员：　　　　年　　月　　日</td></tr>
</table>

7.7.32　电梯安装工程观感质量应检查项目有哪些？

答：电梯安装工程观感质量应检查的项目包括：

(1) 曳引式、液压式电梯：

1) 机房(如有时)及相关设备安装；

2) 井道及相关设备安装；

3) 门系统和层站设施安装；

4) 整机运行。

(2) 自动扶梯(人行道)：

1) 外观；

2) 机房及其设备安装；

3) 周边相关没施；

4) 整机运行。

7.7.33　电梯安装工程观感质量评分有何规定？

答：电梯安装工程观感质量评分应符合表7-44的规定。

电梯安装工程观感质量评分表　　表 7-44

<table>
<tr><td>工程名称</td><td></td><td>施工阶段</td><td></td><td colspan="2">检查日期</td><td colspan="3">年　月　日</td></tr>
<tr><td>施工单位</td><td colspan="2"></td><td colspan="6">评价单位</td></tr>
<tr><td rowspan="2">序号</td><td rowspan="2" colspan="2">检 查 项 目</td><td rowspan="2">应得分</td><td colspan="3">判定结果</td><td rowspan="2">实得分</td><td rowspan="2">备注</td></tr>
<tr><td>100%</td><td>85%</td><td>70%</td></tr>
<tr><td rowspan="4">1</td><td rowspan="4">曳引式
液压式
电梯</td><td>机房(如有时)及相关设备安装</td><td>30</td><td></td><td></td><td></td><td rowspan="4"></td><td rowspan="4"></td></tr>
<tr><td>井道及相关设备安装</td><td>30</td><td></td><td></td><td></td></tr>
<tr><td>门系统和层站设施安装</td><td>20</td><td></td><td></td><td></td></tr>
<tr><td>整机运行</td><td>20</td><td></td><td></td><td></td></tr>
<tr><td rowspan="4">2</td><td rowspan="4">自动扶梯(人行道)</td><td>外观</td><td>(30)</td><td></td><td></td><td></td><td rowspan="4"></td><td rowspan="4"></td></tr>
<tr><td>机房及其设备安装</td><td>(20)</td><td></td><td></td><td></td></tr>
<tr><td>周边相关没施</td><td>(30)</td><td></td><td></td><td></td></tr>
<tr><td>整机运行</td><td>(20)</td><td></td><td></td><td></td></tr>
<tr><td>检查结果</td><td colspan="8">权重值 20 分。
应得分合计：
实得分合计：
电梯安装工程观感质量评分＝$\frac{实得分}{应得分}\times 20=$
评价人员：　　　　年　月　日</td></tr>
</table>

7.7.34　智能建筑工程性能检测应检查的项目有哪些?

答：智能建筑工程性能检测应检查的项目包括：

(1) 系统检测；

(2) 系统集成检测；

(3) 接地电阻测试。

7.7.35　智能建筑工程性能检测检查评价方法有何规定?

答：智能建筑工程性能检测检查评价方法应符合下列规定：

（1）检查标准：火灾自动报警、安全防范、通信网络等系统应由专业检测机构进行检测，按先各系统后系统集成进行检测。一次检测主控项目达到合格，一般项目中有不超过10%的项目（且不超过3项）经整改后达到合格的为一档，取100%的标准分值；主控项目有一项不合格或一般项目超过10%，不超过20%，且不超过5项，整改后达到合格的为三档，取70%的标准分值。接地电阻测试一次检测达到设计要求的为一档，取100%的标准分值；经整改达到设计要求的为三档，取70%的标准分值。

（2）检查方法：检查承包商及专业机构出具的检验检测报告并统计计算。

7.7.36 智能建筑工程性能检测检查评分有何规定？

答：智能建筑工程性能检测应检查评分应符合表7-45的规定。

智能建筑工程性能检测应检查评分　　　　表7-45

<table>
<tr><td colspan="2">工程名称</td><td>施工阶段</td><td></td><td>检查日期</td><td colspan="2">年　月　日</td></tr>
<tr><td colspan="2">施工单位</td><td></td><td>评价单位</td><td colspan="3"></td></tr>
<tr><td rowspan="2">序号</td><td rowspan="2">检查项目</td><td rowspan="2">应得分</td><td colspan="2">判定结果</td><td rowspan="2">实得分</td><td rowspan="2">备注</td></tr>
<tr><td>100%</td><td>70%</td></tr>
<tr><td>1</td><td>系统检测</td><td>60</td><td></td><td></td><td></td><td></td></tr>
<tr><td>2</td><td>系统集成检测</td><td>30</td><td></td><td></td><td></td><td></td></tr>
<tr><td>3</td><td>接地电阻测试</td><td>10</td><td></td><td></td><td></td><td></td></tr>
<tr><td>检查结果</td><td colspan="6">权重值30分。
应得分合计：
实得分合计：
智能建筑工程性能检测应检查评分＝$\frac{实得分}{应得分}\times 30=$
评价人员：　　　　年　月　日</td></tr>
</table>

7.7.37 智能建筑质量记录应检查项目有哪些？

答：智能建筑工程质量记录应检查的项目包括：

（1）材料、设备、软件合格证及进场验收记录；

1）材料出厂合格证及进场验收记录；

2）设备、软件出厂合格证及进场验收记录；

3）随机文件：设备清单、产品说明书、软件资料清单、程序结构说明、安装调试说明书、使用和维护说明书、装箱清单及开箱检查验收记录。

（2）施工记录：

1）系统安装施工记录；

2）隐蔽工程验收记录；

3）检验批、分项、分部(子分部)工程质量验收记录。

（3）施工试验：

1）硬件、软件产品设备测试记录；

2）系统运行调试记录。

7.7.38 智能建筑质量记录检查评分有何规定？

答：智能建筑质量记录检查评分应符合表 7-46 的规定。

智能建筑质量记录检查评分 表 7-46

<table>
<tr><td colspan="2">工程名称</td><td></td><td colspan="2">施工阶段</td><td colspan="2"></td><td>检查日期</td><td>年 月 日</td></tr>
<tr><td colspan="2">施工单位</td><td colspan="2"></td><td colspan="2">评价单位</td><td colspan="3"></td></tr>
<tr><td rowspan="2">序号</td><td rowspan="2" colspan="2">检查项目</td><td rowspan="2">应得分</td><td colspan="3">判定结果</td><td rowspan="2">实得分</td><td rowspan="2">备注</td></tr>
<tr><td>100%</td><td>85%</td><td>70%</td></tr>
<tr><td rowspan="3">1</td><td rowspan="3">材料、设备、软件合格证及进场验收记录</td><td>材料出厂合格证及进场验收记录</td><td>30</td><td></td><td></td><td></td><td rowspan="3"></td><td rowspan="6"></td></tr>
<tr><td>设备、软件出厂合格证及进场验收记录</td><td>30</td><td></td><td></td><td></td></tr>
<tr><td>随机文件</td><td></td><td></td><td></td><td></td></tr>
<tr><td rowspan="3">2</td><td rowspan="3">施工记录</td><td>系统安装施工记录</td><td></td><td></td><td></td><td></td><td rowspan="3"></td></tr>
<tr><td>隐蔽工程验收记录</td><td></td><td></td><td></td><td></td></tr>
<tr><td>检验批、分项、分部(子分部)工程质量验收记录</td><td></td><td></td><td></td><td></td></tr>
</table>

续表

3	施工试验	硬件、软件产品设备测试记录						
		系统运行调试记录						
检查结果	权重值 20 分。 应得分合计： 实得分合计： 智能建筑质量记录检查评分$=\frac{实得分}{应得分}\times 20=$ 评价人员：　　　　年　月　日							

7.7.39 智能建筑工程尺寸偏差及限值应检查项目有哪些？

答：智能建筑工程尺寸偏差及限值实测应检查的项目包括：

(1) 机柜、机架安装垂直度偏差≤3mm；

(2) 桥架及线槽水平度≤2mm/m；垂直度≤3mm。

7.7.40 智能建筑工程尺寸偏差及限值实测评分有何规定？

答：智能建筑工程尺寸偏差及限值实测评分应符合表 7-47 的规定。

智能建筑工程尺寸偏差及限值实测评分表　　表 7-47

工程名称		施工阶段			检查日期	年　月　日	
施工单位		评价单位					
序号	检查项目	应得分	判定结果			实得分	备注
			100%	85%	70%		
1	机柜、机架安装垂直度偏差	50					
2	桥架及线槽水平度、垂直度	50					
检查结果	权重值 20 分。 应得分合计： 实得分合计： 智能建筑工程性能检测应检查评分$=\frac{实得分}{应得分}\times 20=$ 评价人员：　　　　年　月　日						

7.7.41 智能建筑工程观感质量应检查项目有哪些?

答：智能建筑工程观感质量应检查项目包括：

(1) 综合布线、电源及接地线等安装；

(2) 机柜、机架、配线架安装；

(3) 模块、信息插座等安装。

7.7.42 智能建筑工程观感质量评分有何规定?

答：智能建筑工程观感质量评分应符合表 7-48 的规定。

智能建筑工程观感质量评分表 表 7-48

<table>
<tr><td colspan="2">工程名称</td><td></td><td>施工阶段</td><td colspan="2"></td><td>检查日期</td><td colspan="2">年 月 日</td></tr>
<tr><td colspan="2">施工单位</td><td colspan="2"></td><td>评价单位</td><td colspan="5"></td></tr>
<tr><td rowspan="2">序号</td><td rowspan="2" colspan="2">检 查 项 目</td><td rowspan="2">应得分</td><td colspan="3">判定结果</td><td rowspan="2">实得分</td><td rowspan="2">备注</td></tr>
<tr><td>100%</td><td>85%</td><td>70%</td></tr>
<tr><td>1</td><td colspan="2">综合布线、电源及接地线等安装</td><td>35</td><td></td><td></td><td></td><td></td><td></td></tr>
<tr><td>2</td><td colspan="2">机柜、机架、配线架安装</td><td>35</td><td></td><td></td><td></td><td></td><td></td></tr>
<tr><td>3</td><td colspan="2">模块、信息插座等安装</td><td>35</td><td></td><td></td><td></td><td></td><td></td></tr>
<tr><td>检查结果</td><td colspan="8">权重值 20 分。
应得分合计：
实得分合计：
智能建筑工程性能检测应检查评分＝$\frac{\text{实得分}}{\text{应得分}}\times 20$＝
评价人员： 年 月 日</td></tr>
</table>

7.8 单位工程质量综合评价

7.8.1 工程结构质量评价包括哪些?

答：(1) 工程结构质量评价包括地基及桩基工程、结构工程

（含地下防水层），应在主体结构验收合格后进行。

（2）评价人员应在结构抽查的基础上，按有关评分表格内容进行核查，逐项作出评价。

（3）工程结构凡出现 第7.1.4条4款规定否决项目之一的不得评优。

（4）工程结构凡符合 第7.1.4条5款特色工程加分项目的，可按规定在综合评价后直接加分。加分只限一次。

7.8.2 工程结构质量综合评价有何规定？

答：工程结构质量综合评价应符合下列规定：

工程结构质量评价平分应按表7-49进行。

工程结构评价得分应符合下式规定：

$$P_{结}=\frac{A+B}{0.50}+F$$

式中 $P_{结}$——工程结构评价得分；

A——地基与桩基工程权重值实得分；

B——结构工程权重值实得分；

F——工程特色加分；

0.5——地基与桩基工程、结构工程在工程权重值中占的比例10%、40%之和。

工程结构质量综合评价表 **表7-49**

序号	检查项目	地基与桩基工程评价得分		结构工程评价得分（含地下防水层）		备注
		应得分	实得分	应得分	实得分	
1	现场质量保证条件	10		10		
2	性能检测	35		30		
3	质量记录	35		25		
4	尺寸偏差及限值实测	15		20		
5	观感质量	5		15		
6	合计	（100）		（100）		

续表

7	各部位权重值实得分	A=地基与桩基工程 评分×0.10	B=结构工程 评分×0.40	
8	工程结构质量评分($P_{结}$): 特色工程加分项目加分值(F): $P_{结}=\frac{A+B}{0.50}+F$ $P_{结}=\frac{A+(0.7B_1+0.2B_2+0.1B_3)}{0.50}+F$ $P_{结}=\frac{A+B}{0.50}\times 0.95+G\times 0.05+F$ 评价人员: 年 月 日			

7.8.3 当工程结构有混凝土结构、钢结构和砌体结构工程的二种或三种时，怎样评价?

答：当工程结构有混凝土结构、钢结构和砌体结构工程的二种或三种时，工程结构评价得分应是每种结构在工程中占的比重及重要程度来综合结构评分。

如：有一工程结构中有混凝土结构、钢结构及砌体结构三种结构工程，其中混凝土结构工程量占70%，钢结构占15%、砌体(填充墙)占15%，按4.3条规定，按砌体工程只能占10%、混凝土工程占70%、钢结构占20%的比取来综合结构工程的评分。即：

$$P_{结}=\frac{A+(0.7B_1+0.2B_2+0.1B_3)}{0.50}+F$$

式中 B_1——混凝土结构工程评价得分；

B_2——钢结构工程评价得分；

B_3——砌体结构工程评价得分。

7.8.4 当有地下防水层时，工程结构评价得分有何规定？

答：当有地下防水层时，工程结构评价得分应符合下式规定：

$$P_{结}=\frac{A+B}{0.50}\times 0.95+G\times 0.05+F$$

式中 G——地下防水层评价得分。

7.8.5 单位工程质量评价有何规定？

答：(1) 单位工程质量评价包括地基工程、结构工程(含地下防水层)、屋面工程、装饰装修工程及安装工程，应在工程竣工验收合格后进行。

(2) 评价人员应在工程实体质量和工程档案资料全面检查的基础上，分别按有关表格内容进行查对，逐项作出评价。

(3) 单位工程凡出现第 7.1.4 条 4 款规定否决项目之一的不得评优。

(4) 单位工程凡符合本标准第 7.1.4 条 5 款特色工程加分项目的，可在单位工程质量评价后按规定直接加分。工程结构和单位工程特色加分，只限加一次，选取一个最大加分项目。

7.8.6 单位工程质量综合评价有何规定？

答：单位工程质量综合评价应符合下列规定：

单位 工程质量评价评分应按表 7-50 进行。

单位工程质量评价评分应符合下式规定：

$$P_{竣}=A+B+C+D+E+F$$

式中 $P_{竣}$——单位工程质量评价得分；

C——屋面工程权重值实得分；

D——装饰装修工程权重值实得分；

E——安装工程权重值实得分；

F——特色工程加分。

单位工程质量综合评价表 **表 7-50**

序号	检查项目	地基及桩基工程评价得分		结构工程评价得分（含地下防水层）		屋面工程评价得分		装饰装修工程评价得分		安装工程评价得分		备注
		应得分	实得分	应得分	实得分	应得分	实得分	应得分	实得分	应得分	实得分	
1	现场质量保证条件	10		10		10		10		10		
2	性能检查	35		30		30		20		30		
3	质量记录	35		25		20		20		30		
4	尺寸偏差及限值实测	15		20		20		10		10		
5	观感质量	5		15		20		40		20		
6	合计	(100)		(100)		(100)		(100)		(100)		
7	各部位权重值实得分	A=地基及桩基工程评分×0.1=		B=结构工程评分×0.40=		C=屋面工程评分×0.05=		D=装饰装修工程评分×0.25		E=安装工程评分×0.20		
8	单位工程质量评分($P_{竣}$)： 特色工程加分项目加分值(F)： $P_{竣}=A+B+C+D+E+F$ 评价人员　　　　年　月　日											

7.8.7　安装工程权重值得分计算与调整有何规定?

答：安装工程权重值得分计算与调整应符合下列规定：

安装工程包括五项内容，当工程项目全有时每项权重值为 4 分；当安装工程项目有缺项时可按安装项目的工作量进行调整，调整时各项应当为整数。

7.8.8　单位工程各项目评分汇总及分析有何规定?

(1) 单位工程各工程部位、系统评分汇总应符合下列规定：

各项目评价得分应按表 7-51 进行汇总。

(2) 单位工程各部位、系统评分及分析应符合下列规定：

工程部位、系统的评价项目实际得分(即竖向部分)相加，可根据得分情况评价分析工程部位、系统的质量水平程度。

(3) 单位工程各项目评价得分及评价分析应符合下列规定：

各工程部位、系统相同项目实际评价得分(即横向部分)相加，可根据得分情况评价分析项目的质量水平程度；各项目实际评价得分(即竖向部分)相加，可根据得分情况评价分析工程部位、系统的质量水平程度。

单位工程质量各项目评价得分汇总表 **表 7-51**

序号	检查项目	地基几桩基工程	结构工程(含地下防水层)	屋面工程	装饰装修工程	安装工程	合计	备注
1	现场质量保证条件							
2	性能检测							
3	质量记录							
4	尺寸偏差及限值实测							
5	观感质量							
合计								

7.8.9 工程结构、单位工程质量评价报告有哪些内容？

答：工程结构、单位工程质量评价后均应出具评价报告，评价报告应由评价机构编制，应包括下列内容：

(1) 工程概况；

(2) 工程竣工验收情况；

(3) 附建设工程竣工验收备案表和有关消防、环保等部门出具的认可文件；

(4) 工程结构质量评价情况及结果；

(5) 单位工程质量评价情况及结果。

7.8.10　工程质量评价报告有何要求?

答：工程质量评价报告应符合下列要求：

(1) 工程概况中应说明建设工程的规模、施工工艺及主要的工程特点、施工过程的质量控制情况；

(2) 工程质量评价情况应说明委托评价机构，在组织、人员及措施方面所进行的准备工作和评价工作过程；

(3) 说明建设、监理、设计、勘察、施工等单位的竣工验收评价结果和意见，并附评价文件；

(4) 工程结构和单位工程评价应重点说明工程评价的否决条件及加分条件等审查情况；

(5) 工程结构和单位工程质量评价得分及等级情况。

8 节 能 工 程

8.1 节能工程的基本规定

8.1.1 节能工程的施工质量管理有何规定?

答：(1) 承担建筑节能工程的施工企业应具备相应的资质；施工现场应建立相应的质量管理体系、施工质量控制和检验制度，具有相应的施工技术标准。

(2) 设计变更不得降低建筑节能效果。当设计变更涉及建筑节能效果时，应经原施工图设计审查机构审查，在实施前应办理设计变更手续，并获得监理或建设单位的确认。

(3) 建筑节能工程采用的新技术、新设备、新材料、新工艺，应按照有关规定进行评审、鉴定及备案。施工前应对新的或首次采用的施工工艺进行评价，并制定专门的施工技术方案。

(4) 单位工程的施工组织设计应包括建筑节能工程施工内容。建筑节能工程施工前，施工单位应编制建筑节能工程施工方案并经监理(建设)单位审查批准。施工单位应对从事建筑节能工程施工作业的人员进行技术交底和必要的实际操作培训。

(5) 建筑节能工程的质量检测，除第 8.12.1 条第(5)款规定的以外，应由具备资质的检测机构承担。

8.1.2 节能工程材料与设备的选用有何规定?

答：(1) 建筑节能工程使用的材料、设备等，必须符合设计要求及国家有关标准的规定。严禁使用国家明令禁止使用与淘汰的材料和设备。

(2) 材料和设备进场验收应遵守下列规定：

1) 对材料和设备的品种、规格、包装、外观和尺寸等进行检查验收，并应经监理工程师(建设单位代表)确认，形成相应的验收记录。

2) 对材料和设备的质量证明文件进行核查，并应经监理工程师(建设单位代表)确认，纳入工程技术档案。进入施工现场用于节能工程的材料和设备均应具有出厂合格证、中文说明书及相关性能检测报告；定型产品和成套技术应有型式检验报告；进口材料和设备应按规定进行出入境商品检验。

3) 对材料和设备应按照第 8.13.8 条及各节的规定在施工现场抽样复验。复验应为见证取样送检。

(3) 建筑节能工程使用材料的燃烧性能等级和阻燃处理，应符合设计要求和现行国家标准《高层民用建筑设计防火规范》GB 50045、《建筑内部装修设计防火规范》GB 50222 和《建筑设计防火规范》GB 50016 等的规定。

(4) 建筑节能工程使用的材料应符合国家现行有关标准对材料有害物质限量的规定，不得对室内外环境造成污染。

(5) 现场配制的材料如保温浆料、聚合物砂浆等，应按设计要求或试验室给出的配合比配制。当未给出要求时，应按照施工方案和产品说明书配制。

(6) 节能保温材料在施工使用时的含水率应符合设计要求、工艺要求及施工技术方案要求。当无上述要求时，节能保温材料在施工使用时的含水率不应大于正常施工环境湿度下的自然含水率，否则应采取降低含水率的措施。

8.1.3 节能工程的施工与控制有何规定?

答：(1) 建筑节能工程应按照经审查合格的设计文件和经审查批准的施工方案施工。

(2) 建筑节能工程施工前，对于采用相同建筑节能设计的房间和构造做法，应在现场采用相同材料和工艺制作样板间或样板件，经有关各方确认后方可进行施工。

（3）建筑节能工程的施工作业环境和条件，应满足相关标准和施工工艺的要求。节能保温材料不宜在雨雪天气中露天施工。

8.1.4 节能工程分项和检验批验收的划分有何规定?

答：建筑节能工程为单位建筑工程的一个分部工程。其分项工程和检验批的划分，应符合下列规定：

（1）建筑节能分项工程应按照表 8-1 划分。

（2）建筑节能工程应按照分项工程进行验收。当建筑节能分项工程的工程量较大时，可以将分项工程划分为若干个检验批进行验收。

（3）当建筑节能工程验收无法按照上述要求划分分项工程或检验批时，可由建设、监理、施工等各方协商进行划分。但验收项目、验收内容、验收标准和验收记录均应遵守规范的规定。

（4）建筑节能分项工程和检验批的验收应单独填写验收记录，节能验收资料应单独组卷。

建筑节能工程分项工程划分　　表 8-1

序号	分项工程	主要验收内容
1	墙体节能工程	主体结构基层；保温材料；饰面层等
2	幕墙节能工程	主体结构基层；隔热材料；保温材料；隔汽层；幕墙玻璃；单元式幕墙板块；通风换气系统；遮阳设施；冷凝水收集排放系统等
3	门窗节能工程	门；窗；玻璃，遮阳设施等
4	屋面节能工程	基层；保温隔热层；保护层；防水层；面层等
5	地面节能工程	基层；保温层；保护层；面层等
6	采暖节能工程	系统制式；散热器；阀门与仪表；热力入口装置；保温材料；调试等
7	通风与空气调节节能工程	系统制式；通风与空调设备；阀门与仪表；绝热材料；调试等
8	空调与采暖系统的冷热源及管网节能工程	系统制式；冷热源设备；辅助设备；管网；阀门与仪表；绝热、保温材料；调试等

续表

序号	分项工程	主要验收内容
9	配电与照明节能工程	低压配电电源；照明光源、灯具；附属装置；控制功能；调试等
10	监测与控制节能工程	冷、热源系统的监测控制系统；空调水系统的监测控制系统；通风与空调系统的监测控制系统；监测与计量装置；供配电的监测控制系统；照明自动控制系统；综合控制系统等

8.2 墙体节能工程

8.2.1 建筑墙体节能工程的一般规定有哪些?

答：(1) 本节适用于采用板材、浆料、块材及预制复合墙板等墙体保温材料或构件的建筑墙体节能工程质量验收。

(2) 主体结构完成后进行施工的墙体节能工程，应在基层质量验收合格后施工，施工过程中应及时进行质量检查、隐蔽工程验收和检验批验收，施工完成后应进行墙体节能分项工程验收。与主体结构同时施工的墙体节能工程，应与主体结构一同验收。

(3) 墙体节能工程当采用外保温定型产品或成套技术时，其型式检验报告中应包括安全性和耐候性检验。

(4) 墙体节能工程应对下列部位或内容进行隐蔽工程验收，并应有详细的文字记录和必要的图像资料：

1) 保温层附着的基层及其表面处理；

2) 保温板粘结或固定；

3) 锚固件；

4) 增强网铺设；

5) 墙体热桥部位处理；

6) 预置保温板或预制保温墙板的板缝及构造节点；

7）现场喷涂或浇注有机类保温材料的界面；

8）被封闭的保温材料厚度；

9）保温隔热砌块填充墙体。

（5）墙体节能工程的保温材料在施工过程中应采取防潮、防水等保护措施。

（6）墙体节能工程验收的检验批划分应符合下列规定：

1）采用相同材料、工艺和施工做法的墙面，每 500～1000m^2面积划分为一个检验批，不足 500m^2 也为一个检验批。

2）检验批的划分也可根据与施工流程相一致且方便施工与验收的原则，由施工单位与监理(建设)单位共同商定。

8.2.2 墙体节能工程质量的主要控制项目有何规定?

答：（1）用于墙体节能工程的材料、构件等，其品种、规格应符合设计要求和相关标准的规定。

检验方法：观察、尺量检查；核查质量证明文件。

检查数量：按进场批次，每批随机抽取 3 个试样进行检查；质量证明文件应按照其出厂检验批进行核查。

（2）墙体节能工程使用的保温隔热材料，其导热系数、密度、抗压强度或压缩强度、燃烧性能应符合设计要求。

检验方法：核查质量证明文件及进场复验报告。

检查数量：全数检查。

（3）墙体节能工程采用的保温材料和粘结材料等，进场时应对其下列性能进行复验，复验应为见证取样送检：

1）保温材料的导热系数、密度、抗压强度或压缩强度；

2）粘结材料的粘结强度；

3）增强网的力学性能、抗腐蚀性能。

检验方法：随机抽样送检，核查复验报告。

检查数量：同一厂家同一品种的产品，当单位工程建筑面积在20000m^2 以下时各抽查不少于 3 次；当单位工程建筑面积在20000m^2 以上时各抽查不少于 6 次。

(4) 严寒和寒冷地区外保温使用的粘结材料，其冻融试验结果应符合该地区最低气温环境的使用要求。

检验方法：核查质量证明文件。

检查数量：全数检查。

(5) 墙体节能工程施工前应按照设计和施工方案的要求对基层进行处理，处理后的基层应符合保温层施工方案的要求。

检验方法：对照设计和施工方案观察检查；核查隐蔽工程验收记录。

检查数量：全数检查。

(6) 墙体节能工程各层构造做法应符合设计要求，并应按照经过审批的施工方案施工。

检验方法：对照设计和施工方案观察检查；核查隐蔽工程验收记录。

检查数量：全数检查。

(7) 墙体节能工程的施工，应符合下列规定：

1) 保温隔热材料的厚度必须符合设计要求。

2) 保温板材与基层及各构造层之间的粘结或连接必须牢固。粘结强度和连接方式应符合设计要求。保温板材与基层的粘结强度应做现场拉拔试验。

3) 保温浆料应分层施工。当采用保温浆料做外保温时。保温层与基层之间及各层之间的粘结必须牢固。不应脱层、空鼓和开裂。

4) 当墙体节能工程的保温层采用预埋或后置锚固件固定时。锚固件数量、位置、锚固深度和拉拔力应符合设计要求。后置锚固件应进行锚固力现场拉拔试验。

检验方法：观察；手扳检查；保温材料厚度采用钢针插入或剖开尺量检查；粘结强度和锚固力核查试验报告；核查隐蔽工程验收记录。

检查数量：每个检验批抽查不少于3处。

(8) 外墙采用预置保温板现场浇筑混凝土墙体时，保温板的验收应符合第 8.2.2 条第(2)款的规定；保温板的安装位置应正确、接缝严密，保温板在浇筑混凝土过程中不得移位、变形，保温板表面应采取界面处理措施，与混凝土粘结应牢固。

混凝土和模板的验收，应按《混凝土结构工程施工质量验收规范》GB 50204 的相关规定执行。

检验方法：观察检查；核查隐蔽工程验收记录。

检查数量：全数检查。

(9) 当外墙采用保温浆料做保温层时，应在施工中制作同条件养护试件，检测其导热系数、干密度和压缩强度。保温浆料的同条件养护试件应见证取样送检。

检验方法：核查试验报告。

检查数量：每个检验批应抽样制作同条件养护试块不少于 3 组。

(10) 墙体节能工程各类饰面层的基层及面层施工，应符合设计和《建筑装饰装修工程质量验收规范》GB 50210 的要求，并应符合下列规定：

1) 饰面层施工的基层应无脱层、空鼓和裂缝，基层应平整、洁净，含水率应符合饰面层施工的要求。

2) 外墙外保温工程不宜采用粘贴饰面砖做饰面层；当采用时，其安全性与耐久性必须符合设计要求。饰面砖应做粘结强度拉拔试验，试验结果应符合设计和有关标准的规定。

3) 外墙外保温工程的饰面层不得渗漏。当外墙外保温工程的饰面层采用饰面板开缝安装时，保温层表面应具有防水功能或采取其他防水措施。

4) 外墙外保温层及饰面层与其他部位交接的收口处，应采取密封措施。

检验方法：观察检查；核查试验报告和隐蔽工程验收记录。

检查数量：全数检查。

(11) 保温砌块砌筑的墙体，应采用具有保温功能的砂浆砌筑。砌筑砂浆的强度等级应符合设计要求。砌体的水平灰缝饱满度不应低于 90%，竖直灰缝饱满度不应低于 80%。

检验方法：对照设计核查施工方案和砌筑砂浆强度试验报告。用百格网检查灰缝砂浆饱满度。

检查数量：每楼层的每个施工段至少抽查一次，每次抽查 5 处，每处不少于 3 个砌块。

(12) 采用预制保温墙板现场安装的墙体，应符合下列规定：

1) 保温墙板应有型式检验报告，型式检验报告中应包含安装性能的检验；

2) 保温墙板的结构性能、热工性能及与主体结构的连接方法应符合设计要求，与主体结构连接必须牢固；

3) 保温墙板的板缝处理、构造节点及嵌缝做法应符合设计要求；

4) 保温墙板板缝不得渗漏。

检验方法：核查型式检验报告、出厂检验报告、对照设计观察和淋水试验检查；核查隐蔽工程验收记录。

检查数量：型式检验报告、出厂检验报告全数核查；其他项目每个检验批抽查 5%，并不少于 3 块(处)。

(13) 当设计要求在墙体内设置隔汽层时，隔汽层的位置、使用的材料及构造做法应符合设计要求和相关标准的规定。隔汽层应完整、严密，穿透隔汽层处应采取密封措施。隔汽层冷凝水排水构造应符合设计要求。

检验方法：对照设计观察检查；核查质量证明文件和隐蔽工程验收记录。

检查数量：每个检验批抽查 5%，并不少于 3 处。

(14) 外墙或毗邻不采暖空间墙体上的门窗洞口四周的侧面，墙体上凸窗四周的侧面，应按设计要求采取节能保温措施。

检验方法：对照设计观察检查，必要时抽样剖开检查；核查隐蔽工程验收记录。

检查数量：每个检验批抽查 5%，并不少于 5 个洞口。

(15) 严寒和寒冷地区外墙热桥部位，应按设计要求采取节能保温等隔断热桥措施。

检验方法：对照设计和施工方案观察检查；核查隐蔽工程验收记录。

检查数量：按不同热桥种类，每种抽查 20%，并不少于 5 处。

8.2.3 墙体节能工程质量的一般项目有何规定?

答：(1) 进场节能保温材料与构件的外观和包装应完整无破损，符合设计要求和产品标准的规定。

检验方法：观察检查。

检查数量：全数检查。

(2) 当采用加强网作为防止开裂的措施时，加强网的铺贴和搭接应符合设计和施工方案的要求。砂浆抹压应密实，不得空鼓，加强网不得皱褶、外露。

检验方法：观察检查；核查隐蔽工程验收记录。

检查数量：每个检验批抽查不少于 5 处，每处不少于 $2m^2$。

(3) 设置空调的房间，其外墙热桥部位应按设计要求采取隔断热桥措施。

检验方法：对照设计和施工方案观察检查；核查隐蔽工程验收记录。

检查数量：按不同热桥种类，每种抽查 10%，并不少于 5 处。

(4) 施工产生的墙体缺陷，如穿墙套管、脚手眼、孔洞等，应按照施工方案采取隔断热桥措施，不得影响墙体热工性能。

检验方法：对照施工方案观察检查。

检查数量：全数检查。

(5) 墙体保温板材接缝方法应符合施工方案要求。保温板接缝应平整严密。

检验方法：观察检查。

检查数量：每个检验批抽查 10%，并不少于 5 处。

(6) 墙体采用保温浆料时，保温浆料层宜连续施工；保温浆料厚度应均匀、接槎应平顺密实。

检验方法：观察、尺量检查。

检查数量：每个检验批抽查10%，并不少于10处。

(7) 墙体上容易碰撞的阳角、门窗洞口及不同材料基体的交接处等特殊部位，其保温层应采取防止开裂和破损的加强措施。

检验方法：观察检查；核查隐蔽工程验收记录。

检查数量：按不同部位，每类抽查10%，并不少于5处。

(8) 采用现场喷涂或模板浇注的有机类保温材料做外保温时，有机类保温材料应达到陈化时间后方可进行下道工序施工。

检查方法：对照施工方案和产品说明书进行检查。

检查数量：全数检查。

8.3 幕墙节能工程

8.3.1 幕墙工程的施工质量一般规定有哪些?

答：(1) 本节适用于透明和非透明的各类建筑幕墙的节能工程质量验收。

(2) 附着于主体结构上的隔汽层、保温层应在主体结构工程质量验收合格后施工。施工过程中应及时进行质量检查、隐蔽工程验收和检验批验收，施工完成后应进行幕墙节能分项工程验收。

(3) 当幕墙节能工程采用隔热型材时，隔热型材生产厂家应提供型材所使用的隔热材料的力学性能和热变形性能试验报告。

(4) 幕墙节能工程施工中应对下列部位或项目进行隐蔽工程验收，并应有详细的文字记录和必要的图像资料：

1) 被封闭的保温材料厚度和保温材料的固定；

2) 幕墙周边与墙体的接缝处保温材料的填充；

3) 构造缝、结构缝；

4) 隔汽层；

5) 热桥部位、断热节点；

6）单元式幕墙板块间的接缝构造；

7）冷凝水收集和排放构造；

8）幕墙的通风换气装置。

（5）幕墙节能工程使用的保温材料在安装过程中应采取防潮、防水等保护措施。

（6）幕墙节能工程检验批划分，可按照《建筑装饰装修工程质量验收规范》GB 50210 的规定执行。

8.3.2 幕墙工程质量的主要控制项目有何规定?

答：（1）用于幕墙节能工程的材料、构件等，其品种、规格应符合设计要求和相关标准的规定。

检验方法：观察、尺量检查；核查质量证明文件。

检查数量：按进场批次，每批随机抽取 3 个试样进行检查；质量证明文件应按照其出厂检验批进行核查。

（2）幕墙节能工程使用的保温隔热材料，其导热系数、密度、燃烧性能应符合设计要求。幕墙玻璃的传热系数、遮阳系数、可见光透射比、中空玻璃露点应符合设计要求。

检验方法：核查质量证明文件和复验报告。

检查数量：全数核查。

（3）幕墙节能工程使用的材料、构件等进场时，应对其下列性能进行复验，复验应为见证取样送检：

1）保温材料：导热系数、密度；

2）幕墙玻璃：可见光透射比、传热系数、遮阳系数、中空玻璃露点；

3）隔热型材：抗拉强度、抗剪强度。

检验方法：进场时抽样复验，验收时核查复验报告。

检查数量：同一厂家的同一种产品抽查不少于一组。

（4）幕墙的气密性能应符合设计规定的等级要求。当幕墙面积大于 3000m^2 或建筑外墙面积 50％时，应现场抽取材料和配件，在检测试验室安装制作试件进行气密性能检测，检测结果应符合设计规定的等级要求。密封条应镶嵌牢固、位置正确、对接严密。单元幕墙板块之间的密封应符合设计要求。开启扇应关闭严密。

检验方法：观察及启闭检查；核查隐蔽工程验收记录、幕墙气密性能检测报告、见证记录。

气密性能检测试件应包括幕墙的典型单元、典型拼缝、典型可开启部分。试件应按照幕墙工程施工图进行设计。试件设计应经建筑设计单位项目负责人、监理工程师同意并确认。气密性能的检测应按照国家现行有关标准的规定执行。

检查数量：核查全部质量证明文件和性能检测报告。现场观察及启闭检查按检验批抽查 30%，并不少于 5 件(处)。气密性能检测应对一个单位工程中面积超过 1000m^2 的每一种幕墙均抽取一个试件进行检测。

(5) 幕墙节能工程使用的保温材料，其厚度应符合设计要求，安装牢固，且不得松脱。

检验方法：对保温板或保温层采取针插法或剖开法，尺量厚度；手扳检查。

检查数量：按检验批抽查 10%，并不少于 5 处。

(6) 遮阳设施的安装位置应满足设计要求。遮阳设施的安装应牢固。

检验方法：观察；尺量；手扳检查。

检查数量：检查全数的 10%，并不少于 5 处；牢固程度全数检查。

(7) 幕墙工程热桥部位的隔断热桥措施应符合设计要求，断热节点的连接应牢固。

检验方法：对照幕墙节能设计文件，观察检查。

检查数量：按检验批抽查 10%，并不少于 5 处。

(8) 幕墙隔汽层应完整、严密、位置正确，穿透隔汽层处的节点构造应采取密封措施。

检验方法：观察检查。

检查数量：按检验批抽查 10%，并不少于 5 处。

(9) 冷凝水的收集和排放应通畅，并不得渗漏。

检验方法：通水试验、观察检查。

检查数量：按检验批抽查10%，并不少于5处。

8.3.3 幕墙工程质量的一般项目有何规定?

答：(1) 镀(贴)膜玻璃的安装方向、位置应正确。中空玻璃应采用双道密封。中空玻璃的均压管应密封处理。

检验方法：观察；检查施工记录。

检查数量：每个检验批抽查10%，并不少于5件(处)。

(2) 单元式幕墙板块组装应符合下列要求：

1) 密封条：规格正确，长度无负偏差，接缝的搭接符合设计要求；

2) 保温材料：固定牢固，厚度符合设计要求；

3) 隔汽层：密封完整、严密；

4) 冷凝水排水系统通畅，无渗漏。

检验方法：观察检查；手扳检查；尺量；通水试验。

检查数量：每个检验批抽查10%，并不少于5件(处)。

(3) 幕墙与周边墙体间的接缝处应采用弹性闭孔材料填充饱满，并应采用耐候密封胶密封。

检查方法：观察检查。

检查数量：每个检验批抽查10%，并不少于5件(处)。

(4) 伸缩缝、沉降缝、抗震缝的保温或密封做法应符合设计要求。

检验方法：对照设计文件观察检查。

检查数量：每个检验批抽查10%，并不少于10件(处)。

(5) 活动遮阳设施的调节机构应灵活，并应能调节到位。

检验方法：现场调节试验，观察检查。

检查数量：每个检验批抽查10%，并不少于10件(处)。

8.4 门窗节能工程

8.4.1 门窗工程的施工质量一般规定有哪些?

答:(1) 本节适用于建筑外门窗节能工程的质量验收,包括金属门窗、塑料门窗、木质门窗、各种复合门窗、特种门窗、天窗以及门窗玻璃安装等节能工程。

(2) 建筑门窗进场后,应对其外观、品种、规格及附件等进行检查验收,对质量证明文件进行核查。

(3) 建筑外门窗工程施工中,应对门窗框与墙体接缝处的保温填充做法进行隐蔽工程验收,并应有隐蔽工程验收记录和必要的图像资料。

(4) 建筑外门窗工程的检验批应按下列规定划分:

1) 同一厂家的同一品种、类型、规格的门窗及门窗玻璃每 100 樘划分为一个检验批,不足 100 樘也为一个检验批。

2) 同一厂家的同一品种、类型和规格的特种门每 50 樘划分为一个检验批,不足 50 樘也为一个检验批。

3) 对于异形或有特殊要求的门窗,检验批的划分应根据其特点和数量,由监理(建设)单位和施工单位协商确定。

(5) 建筑外门窗工程的检查数量应符合下列规定:

1) 建筑门窗每个检验批应抽查 5%,并不少于 3 樘,不足 3 樘时应全数检查;高层建筑的外窗,每个检验批应抽查 10%并不少于 6 樘,不足 6 樘时应全数检查。

2) 特种门每个检验批应抽查 50%,并不少于 10 樘,不足 10 樘时应全数检查。

8.4.2 门窗工程质量的主要控制项目有何规定?

答:(1) 建筑外门窗的品种、规格应符合设计要求和相关标准的规定。

检验方法：观察、尺量检查；核查质量证明文件。

检查数量：按第 8.4.1 条第(5)款执行；质量证明文件应按照其出厂检验批进行核查。

(2) 建筑外窗的气密性、保温性能、中空玻璃露点、玻璃遮阳系数和可见光透射比应符合设计要求。

检验方法：核查质量证明文件和复验报告。

检查数量：全数核查。

(3) 建筑外窗进入施工现场时，应按地区类别对其下列性能进行复验，复验应为见证取样送检：

1) 严寒、寒冷地区：气密性、传热系数和中空玻璃露点；

2) 夏热冬冷地区：气密性、传热系数、玻璃遮阳系数、可见光透射比、中空玻璃露点；

3) 夏热冬暖地区：气密性、玻璃遮阳系数、可见光透射比、中空玻璃露点。

检验方法：随机抽样送检；核查复验报告。

检查数量：同一厂家同一品种同一类型的产品各抽查不少于 3 樘(件)。

(4) 建筑门窗采用的玻璃品种应符合设计要求。中空玻璃应采用双道密封。

检验方法：观察检查；核查质量证明文件。

检查数量：按第 8.4.1 条第(5)款执行。

(5) 金属外门窗隔断热桥措施应符合设计要求和产品标准的规定，金属副框的隔断热桥措施应与门窗框的隔断热桥措施相当。

检验方法：随机抽样，对照产品设计图纸，剖开或拆开检查。

检查数量：同一厂家同一品种、类型的产品各抽查不少于 1 樘。金属副框的隔断热桥措施按检验批抽查 30%。

(6) 严寒、寒冷、夏热冬冷地区的建筑外窗，应对其气密性做现场实体检验，检测结果应满足设计要求。

检验方法：随机抽样现场检验。

检查数量：同一厂家同一品种、类型的产品各抽查不少于

3樘。

(7) 外门窗框或副框与洞口之间的间隙应采用弹性闭孔材料填充饱满，并使用密封胶密封；外门窗框与副框之间的缝隙应使用密封胶密封。

检验方法：观察检查；核查隐蔽工程验收记录。

检查数量：全数检查。

(8) 严寒、寒冷地区的外门安装，应按照设计要求采取保温、密封等节能措施。

检验方法：观察检查。

检查数量：全数检查。

(9) 外窗遮阳设施的性能、尺寸应符合设计和产品标准要求；遮阳设施的安装应位置正确、牢固，满足安全和使用功能的要求。

检验方法：核查质量证明文件；观察、尺量、手扳检查。

检查数量：按第8.4.1条第(5)款执行；安装牢固程度全数检查。

(10) 特种门的性能应符合设计和产品标准要求；特种门安装中的节能措施，应符合设计要求。

检验方法：核查质量证明文件；观察、尺量检查。

检查数量：全数检查。

(11) 天窗安装的位置、坡度应正确，封闭严密，嵌缝处不得渗漏。

检验方法：观察、尺量检查；淋水检查。

检查数量：按第8.4.1条第(5)款执行。

8.4.3 门窗工程质量的一般项目有何规定？

答：(1) 门窗扇密封条和玻璃镶嵌的密封条，其物理性能应符合相关标准的规定。密封条安装位置应正确，镶嵌牢固，不得脱槽，接头处不得开裂。关闭门窗时密封条应接触严密。

检验方法：观察检查。

检查数量：全数检查。

(2) 门窗镀(贴)膜玻璃的安装方向应正确，中空玻璃的均压管应密封处理。

检验方法：观察检查。

检查数量：全数检查。

(3) 外门窗遮阳设施调节应灵活，能调节到位。

检验方法：现场调节试验检查。

检查数量：全数检查。

8.5 屋面节能工程

8.5.1 屋面工程的施工质量一般规定有哪些?

答：(1) 本节适用于建筑屋面节能工程，包括采用松散保温材料、现浇保温材料、喷涂保温材料、板材、块材等保温隔热材料的屋面节能工程的质量验收。

(2) 屋面保温隔热工程的施工，应在基层质量验收合格后进行。施工过程中应及时进行质量检查、隐蔽工程验收和检验批验收，施工完成后应进行屋面节能分项工程验收。

(3) 屋面保温隔热工程应对下列部位进行隐蔽工程验收，并应有详细的文字记录和必要的图像资料：

1) 基层；

2) 保温层的敷设方式、厚度；板材缝隙填充质量；

3) 屋面热桥部位；

4) 隔汽层。

(4) 屋面保温隔热层施工完成后，应及时进行找平层和防水层的施工，避免保温隔热层受潮、浸泡或受损。

8.5.2 屋面工程质量的主要控制项目有何规定?

答：(1) 用于屋面节能工程的保温隔热材料，其品种、规格应符合设计要求和相关标准的规定。

检验方法：观察、尺量检查；核查质量证明文件。

检查数量：按进场批次，每批随机抽取 3 个试样进行检查；质量证明文件应按照其出厂检验批进行核查。

(2) 屋面节能工程使用的保温隔热材料，其导热系数、密度、抗压强度或压缩强度、燃烧性能应符合设计要求。

检验方法：核查质量证明文件及进场复验报告。

检查数量：全数检查。

(3) 屋面节能工程使用的保温隔热材料，进场时应对其导热系数、密度、抗压强度或压缩强度、燃烧性能进行复验，复验应为见证取样送检。

检验方法：随机抽样送检，核查复验报告。

检查数量：同一厂家同一品种的产品各抽查不少于 3 组。

(4) 屋面保温隔热层的敷设方式、厚度、缝隙填充质量及屋面热桥部位的保温隔热做法，必须符合设计要求和有关标准的规定。

检验方法：观察、尺量检查。

检查数量：每 $100m^2$ 抽查一处，每处 $10m^2$，整个屋面抽查不得少于 3 处。

(5) 屋面的通风隔热架空层，其架空高度、安装方式、通风口位置及尺寸应符合设计及有关标准要求。架空层内不得有杂物。架空面层应完整，不得有断裂和露筋等缺陷。

检验方法：观察、尺量检查。

检查数量：每 $100m^2$ 抽查一处，每处 $10m^2$，整个屋面抽查不得少于 3 处。

(6) 采光屋面的传热系数、遮阳系数、可见光透射比、气密性应符合设计要求。节点的构造做法应符合设计和相关标准的要求。采光屋面的可开启部分应按 第 8.4 节的要求验收。

检验方法：核查质量证明文件；观察检查。

检查数量：全数检查。

(7) 采光屋面的安装应牢固，坡度正确，封闭严密，嵌缝处不得渗漏。

检验方法：观察、尺量检查；淋水检查；核查隐蔽工程验收记录。

检查数量：全数检查。

(8) 屋面的隔汽层位置应符合设计要求，隔汽层应完整、严密。

检验方法：对照设计观察检查；核查隐蔽工程验收记录。

检查数量：每 100m^2 抽查一处，每处 10m^2，整个屋面抽查不得少于 3 处。

8.5.3 屋面工程质量的一般项目有何规定？

答：(1) 屋面保温隔热层应按施工方案施工，并应符合下列规定：

1) 松散材料应分层敷设、按要求压实、表面平整、坡向正确。

2) 现场采用喷、浇、抹等工艺施工的保温层，其配合比应计量准确，搅拌均匀、分层连续施工，表面平整，坡向正确。

3) 板材应粘贴牢固、缝隙严密、平整。

检验方法：观察、尺量、称重检查。

检查数量：每 100m^2 抽查一处，每处 10m^2，整个屋面抽查不得少于 3 处。

(2) 金属板保温夹芯屋面应铺装牢固、接口严密、表面洁净、坡向正确。

检验方法：观察、尺量检查；核查隐蔽工程验收记录。

检查数量：全数检查。

(3) 坡屋面、内架空屋面当采用敷设于屋面内侧的保温材料做保温隔热层时，保温隔热层应有防潮措施，其表面应有保护层，保护层的做法应符合设计要求。

检验方法：观察检查；核查隐蔽工程验收记录。

检查数量：每 100m^2 抽查一处，每处 10m^2，整个屋面抽查不得少于3处。

8.6 地面节能工程

8.6.1 地面工程的施工质量一般规定有哪些？

答：(1) 本节适用于建筑地面节能工程的质量验收。包括底面接触室外空气、土壤或毗邻不采暖空间的地面节能工程。

(2) 地面节能工程的施工，应在主体或基层质量验收合格后进行。施工过程中应及时进行质量检查、隐蔽工程验收和检验批验收，施工完成后应进行地面节能分项工程验收。

(3) 地面节能工程应对下列部位进行隐蔽工程验收，并应有详细的文字记录和必要的图像资料：

1) 基层；

2) 被封闭的保温材料厚度；

3) 保温材料粘结；

4) 隔断热桥部位。

(4) 地面节能分项工程检验批划分应符合下列规定：

1) 检验批可按施工段或变形缝划分；

2) 当面积超过200m^2时，每200m^2可划分为一个检验批，不足200m^2也为一个检验批；

3) 不同构造做法的地面节能工程应单独划分检验批。

8.6.2 地面工程质量的主要控制项目有何规定？

答：(1) 地面节能工程的保温材料，其品种、规格应符合设计要求和相关标准的规定。

检验方法：观察、尺量或称重检查；核查质量证明文件。

检查数量：按进场批次，每批随机抽取3个试样进行检查；质量证明文件应按照其出厂检验批进行核查。

(2) 地面节能工程使用的保温材料，其导热系数、密度、抗压强度或压缩强度、燃烧性能应符合设计要求。

检验方法：核查质量证明文件和复验报告。

检查数量：全数核查。

(3) 地面节能工程采用的保温材料，进场时应对其导热系数、密度、抗压强度或压缩强度、燃烧性能进行复验，复验应为见证取样送检。

检验方法：随机抽样送检，核查复验报告。

检查数量：同一厂家同一品种的产品各抽查不少于3组。

(4) 地面节能工程施工前，应对基层进行处理，使其达到设计和施工方案的要求。

检验方法：对照设计和施工方案观察检查。

检查数量：全数检查。

(5) 地面保温层、隔离层、保护层等各层的设置和构造做法以及保温层的厚度应符合设计要求，并应按施工方案施工。

检验方法：对照设计和施工方案观察检查；尺量检查。

检查数量：全数检查。

(6) 地面节能工程的施工质量应符合下列规定：

1) 保温板与基层之间、各构造层之间的粘结应牢固，缝隙应严密；

2) 保温浆料应分层施工；

3) 穿越地面直接接触室外空气的各种金属管道应按设计要求，采取隔断热桥的保温措施。

检验方法：观察检查；核查隐蔽工程验收记录。

检查数量：每个检验批抽查2处，每处10m^2；穿越地面的金属管道处全数检查。

(7) 有防水要求的地面，其节能保温做法不得影响地面排水坡度，保温层面层不得渗漏。

检验方法：用长度500mm水平尺检查；观察检查。

检查数量：全数检查。

(8) 严寒、寒冷地区的建筑首层直接与土壤接触的地面、采暖地下室与土壤接触的外墙、毗邻不采暖空间的地面以及底面直接接触室外空气的地面应按设计要求采取保温措施。

检验方法：对照设计观察检查。

检查数量：全数检查。

(9) 保温层的表面防潮层、保护层应符合设计要求。

检验方法：观察检查。

检查数量：全数检查。

8.6.3 地面工程质量的一般项目有何规定?

答：采用地面辐射采暖的工程，其地面节能做法应符合设计要求，并应符合《地面辐射供暖技术规程》JGJ 142 的规定。

检验方法：观察检查。

检查数量：全数检查。

8.7 采暖节能工程

8.7.1 采暖工程的施工质量一般规定有哪些?

答：(1) 本节适用于温度不超过 95℃室内集中热水采暖系统节能工程施工质量的验收。

(2) 采暖系统节能工程的验收，可按系统、楼层等进行，并应符合第 8.1.4 条第(1)款的规定。

8.7.2 采暖工程质量的主要控制项目有何规定?

答：(1) 采暖系统节能工程采用的散热设备、阀门、仪表、管材、保温材料等产品进场时，应按设计要求对其类型、材质、规格及外观等进行验收，并应经监理工程师(建设单位代表)检查认可，且应形成相应的验收记录。各种产品和设备的质量证明文件和相关技术资料应齐全，并应符合国家现行有关标准和规定。

检验方法：观察检查；核查质量证明文件和相关技术资料。

检查数量：全数检查。

(2) 采暖系统节能工程采用的散热器和保温材料等进场时，应对其下列技术性能参数进行复验，复验应为见证取样送检：

1) 散热器的单位散热量、金属热强度；

2) 保温材料的导热系数、密度、吸水率。

检验方法：现场随机抽样送检；核查复验报告。

检查数量：同一厂家同一规格的散热器按其数量的1%进行见证取样送检，但不得少于2组；同一厂家同材质的保温材料见证取样送检的次数不得少于2次。

(3) 采暖系统的安装应符合下列规定：

1) 采暖系统的制式应符合设计要求；

2) 散热设备、阀门、过滤器、温度计及仪表应按设计要求；

3) 室内温度调控装置、热计量装置、水力平衡装置以及热力入口装置的安装位置和方向应符合设计要求，并便于观察和调试；

4) 温度调控装置和热计量装置安装后，采暖系统应能实现设计要求的分室(区)温度调控、分栋热计量和分户或分室(区)热量分摊的功能。

检验方法：观察检查。

检查数量：全数检查。

(4) 散热器及其安装应符合下列规定：

1) 每组散热器的规格、数量及安装方式应符合设计要求；

2) 散热器外表面应刷非金属性涂料。

检验方法：观察检查。

检查数量：按散热器组数抽查5%，不得少于5组。

(5) 散热器恒温阀及其安装应符合下列规定：

1) 恒温阀的规格、数量应符合设计要求；

2) 明装散热器恒温阀不应安装在狭小和封闭空间，其恒温阀阀头应水平安装，且不应被散热器、窗帘或其他障碍物遮挡；

3) 暗装散热器的恒温阀应采用外置式温度传感器，并应安装在空气流通且能正确反映房间温度的位置上。

检验方法：观察检查。

检查数量：按总数抽查5%，不得少于5个。

(6) 低温热水地面辐射供暖系统的安装除了应符合本条第(3)款的规定外，尚应符合下列规定：

1) 防潮层和绝热层的做法及绝热层的厚度应符合设计要求；

2) 室内温控装置的传感器应安装在避开阳光直射和有发热设备且距地1.4m处的内墙面上。

检验方法：防潮层和绝热层隐蔽前观察检查；用钢针刺入绝热层、尺量；观察检查、尺量室内温控装置传感器的安装高度。

检查数量：防潮层和绝热层按检验批抽查5处，每处检查不少于5点；温控装置按每个检验批抽查10个。

(7) 采暖系统热力入口装置的安装应符合下列规定：

1) 热力入口装置中各种部件的规格、数量，应符合设计；

2) 热计量装置、过滤器、压力表、温度计的安装位置、方向应正确，并便于观察、维护；

3) 水力平衡装置及各类阀门的安装位置、方向应正确，并便于操作和调试。安装完毕后，应根据系统水力平衡要求进行调试并做出标志。

检验方法：观察检查；核查进场验收记录和调试报告。

检查数量：全数检查。

(8) 采暖管道保温层和防潮层的施工应符合下列规定：

1) 保温层应采用不燃或难燃材料，其材质、规格及厚度等应符合设计要求；

2) 保温管壳的粘贴应牢固、铺设应平整；硬质或半硬质的保温管壳每节至少应用防腐金属丝或难腐织带或专用胶带进行捆扎或粘贴2道，其间距为300～350mm，且捆扎、粘贴应紧密，无滑动、松弛及断裂现象；

3) 硬质或半硬质保温管壳的拼接缝隙不应大于5mm，并用粘结材料勾缝填满；纵缝应错开，外层的水平接缝应设在侧下方；

4）松散或软质保温材料应按规定的密度压缩其体积，疏密应均匀；毡类材料在管道上包扎时，搭接处不应有空隙；

5）防潮层应紧密粘贴在保温层上，封闭良好，不得有虚粘、气泡、褶皱、裂缝等缺陷；

6）防潮层的立管应由管道的低端向高端敷设，环向搭接缝应朝向低端；纵向搭接缝应位于管道的侧面，并顺水；

7）卷材防潮层采用螺旋形缠绕的方式施工时，卷材的搭接宽度宜为 30～50mm；

8）阀门及法兰部位的保温层结构应严密，且能单独拆卸并不得影响其操作功能。

检验方法：观察检查；用钢针刺入保温层、尺量。

检查数量：按数量抽查 10%，且保温层不得少于 10 段、防潮层不得少于 10m、阀门等配件不得少于 5 个。

(9) 采暖系统应随施工进度对与节能有关的隐蔽部位或内容进行验收，并应有详细的文字记录和必要的图像资料。

检验方法：观察检查；核查隐蔽工程验收记录。

检查数量：全数检查。

(10) 采暖系统安装完毕后，应在采暖期内与热源进行联合试运转和调试。联合试运转和调试结果应符合设计要求，采暖房间温度相对于设计计算温度不得低于 2℃，且不高于 1℃。

检验方法：检查室内采暖系统试运转和调试记录。

检查数量：全数检查。

8.7.3 采暖工程施工质量的一般项目有何规定?

答：采暖系统过滤器等配件的保温层应密实、无空隙，且不得影响其操作功能。

检验方法：观察检查。

检查数量：按类别数量抽查 10%，且均不得少于 2 件。

8.8 通风与空调节能工程

8.8.1 通风与空调工程的施工质量一般规定有哪些?

答：(1) 本节适用于通风与空调系统节能工程施工质量的验收。

(2) 通风与空调系统节能工程的验收，可按系统、楼层等进行，并应符合第8.1.4条第(1)款的规定。

8.8.2 通风与空调工程质量的主要控制项目有何规定?

答：(1) 通风与空调系统节能工程所使用的设备、管道、阀门、仪表、绝热材料等产品进场时，应按设计要求对其类型、材质、规格及外观等进行验收，并应对下列产品的技术性能参数进行核查。验收与核查的结果应经监理工程师(建设单位代表)检查认可，并应形成相应的验收、核查记录。各种产品和设备的质量证明文件和相关技术资料应齐全，并应符合有关国家现行标准和规定。

1) 组合式空调机组、柜式空调机组、新风机组、单元式空调机组、热回收装置等设备的冷量、热量、风量、风压、功率及额定热回收效率;

2) 风机的风量、风压、功率及其单位风量耗功率;

3) 成品风管的技术性能参数;

4) 自控阀门与仪表的技术性能参数。

检验方法：观察检查；技术资料和性能检测报告等质量证明文件与实物核对。

检查数量：全数检查。

(2) 风机盘管机组和绝热材料进场时，应对其下列技术性能参数进行复验，复验应为见证取样送检。

1) 风机盘管机组的供冷量、供热量、风量、出口静压、噪声及功率;

2）绝热材料的导热系数、密度、吸水率。

检验方法：现场随机抽样送检；核查复验报告。

检查数量：同一厂家的风机盘管机组按数量复验2%，但不得少于2台；同一厂家同材质的绝热材料复验次数不得少于2次。

（3）通风与空调节能工程中的送、排风系统及空调风系统、空调水系统的安装，应符合下列规定：

1）各系统的制式，应符合设计要求；

2）各种设备、自控阀门与仪表应按设计要求安装齐全。不得随意增减和更换；

3）水系统各分支管路水力平衡装置、温控装置与仪表的安装位置、方向应符合设计要求，并便于观察、操作和调试；

4）空调系统应能实现设计要求的分室（区）温度调控功能。对设计要求分栋、分区或分户（室）冷、热计量的建筑物，空调系统应能实现相应的计量功能。

检验方法：观察检查。

检查数量：全数检查。

（4）风管的制作与安装应符合下列规定：

1）风管的材质、断面尺寸及厚度应符合设计要求；

2）风管与部件、风管与土建风道及风管间的连接应严密、牢固；

3）风管的严密性及风管系统的严密性检验和漏风量，应符合设计要求或现行国家标准《通风与空调工程施工质量验收规范》GB 50243的有关规定；

4）需要绝热的风管与金属支架的接触处、复合风管及需要绝热的非金属风管的连接和内部支撑加固等处，应有防热桥的措施，并应符合设计要求。

检验方法：观察、尺量检查；核查风管及风管系统严密性检验记录。

检查数量：按数量抽查10%，且不得少于1个系统。

（5）组合式空调机组、柜式空调机组、新风机组、单元式空调机组的安装应符合下列规定：

1）各种空调机组的规格、数量应符合设计要求；

2）安装位置和方向应正确，且与风管、送风静压箱、回风箱的连接应严密可靠；

3）现场组装的组合式空调机组各功能段之间连接应严密，并应做漏风量的检测，其漏风量应符合现行国家标准《组合式空调机组》GB/T 14294 的规定；

4）机组内的空气热交换器翅片和空气过滤器应清洁、完好，且安装位置和方向必须正确，并便于维护和清理。当设计未注明过滤器的阻力时，应满足粗效过滤器的初阻力≤50Pa(粒径≥5.0μm，效率：80%>E≥20%)；中效过滤器的初阻力≤80Pa(粒径≥1.0μm，效率：70%>E≥20%)的要求。

检验方法：观察检查；核查漏风量测试记录。

检查数量：按同类产品的数量抽查 20%，且不得少于 1 台。

(6) 风机盘管机组的安装应符合下列规定：

1）规格、数量应符合设计要求；

2）位置、高度、方向应正确，并便于维护、保养；

3）机组与风管、回风箱及风口的连接应严密、可靠；

4）空气过滤器的安装应便于拆卸和清理。

检验方法：观察检查。

检查数量：按总数抽查 10%，且不得少于 5 台。

(7) 通风与空调系统中风机的安装应符合下列规定：

1）规格、数量应符合设计要求；

2）安装位置及进、出口方向应正确，与风管的连接应严密、可靠。

检验方法：观察检查。

检查数量：全数检查。

(8) 带热回收功能的双向换气装置和集中排风系统中的排风热回收装置的安装应符合下列规定：

1）规格、数量及安装位置应符合设计要求；

2）进、排风管的连接应正确、严密、可靠；

3）室外进、排风口的安装位置、高度及水平距离应符合设计要求。

检验方法：观察检查。

检查数量：按总数抽检 20%，且不得少于 1 台。

(9) 空调机组回水管上的电动两通调节阀、风机盘管机组回水管上的电动两通(调节)阀、空调冷热水系统中的水力平衡阀、冷(热)量计量装置等自控阀门与仪表的安装应符合下列规定：

1）规格、数量应符合设计要求；

2）方向应正确，位置应便于操作和观察。

检验方法：观察检查。

检查数量：按类型数量抽查 10%，且均不得少于 1 个。

(10) 空调风管系统及部件的绝热层和防潮层施工应符合下列规定：

1）绝热层应采用不燃或难燃材料，其材质、规格及厚度等应符合设计要求；

2）绝热层与风管、部件及设备应紧密贴合，无裂缝、空隙等缺陷，且纵、横向的接缝应错开；

3）绝热层表面应平整，当采用卷材或板材时，其厚度允许偏差为 5mm；采用涂抹或其他方式时，其厚度允许偏差为 10mm；

4）风管法兰部位绝热层的厚度，不应低于风管绝热层厚度的 80%；

5）风管穿楼板和穿墙处的绝热层应连续不间断；

6）防潮层(包括绝热层的端部)应完整，且封闭良好，其搭接缝应顺水；

7）带有防潮层隔汽层绝热材料的拼缝处，应用胶带封严，粘胶带的宽度不应小于 50mm；

8）风管系统部件的绝热，不得影响其操作功能。

检验方法：观察检查；用钢针刺入绝热层、尺量检查。

检查数量：管道按轴线长度抽查 10%；风管穿楼板和穿墙处及

阀门等配件抽查10%，且不得少于2个。

(11) 水系统管道及配件的绝热层和防潮层施工，应符合下列规定：

1) 绝热层应采用不燃或难燃材料，其材质、规格及厚度等应符合设计要求；

2) 绝热管壳的粘贴应牢固、铺设应平整；硬质或半硬质的绝热管壳每节至少应用防腐金属丝或难腐织带或专用胶带进行捆扎或粘贴2道，其间距为300～350mm，且捆扎、粘贴应紧密，无滑动、松弛与断裂现象；

3) 硬质或半硬质绝热管壳的拼接缝隙，保温时不应大于5mm、保冷时不应大于2mm，并用粘结材料勾缝填满；纵缝应错开，外层的水平接缝应设在侧下方；

4) 松散或软质保温材料应按规定的密度压缩其体积，疏密应均匀；毡类材料在管道上包扎时，搭接处不应有空隙；

5) 防潮层与绝热层应结合紧密，封闭良好，不得有虚粘、气泡、褶皱、裂缝等缺陷；

6) 防潮层的立管应由管道的低端向高端敷设，环向搭接缝应朝向低端；纵向搭接缝应位于管道的侧面，并顺水；

7) 卷材防潮层采用螺旋形缠绕的方式施工时，卷材的搭接宽度宜为30～50mm；

8) 空调冷热水管穿楼板和穿墙处的绝热层应连续不间断且绝热层与穿楼板和穿墙处的套管之间应用不燃材料填实不得有空隙，套管两端应进行密封封堵；

9) 管道阀门、过滤器及法兰部位的绝热结构应能单独拆卸，且不得影响其操作功能。

检验方法：观察检查；用钢针刺入绝热层、尺量检查。

检查数量：按数量抽查10%，且绝热层不得少于10段、防潮层不得少于10m、阀门等配件不得少于5个。

(12) 空调水系统的冷热水管道与支、吊架之间应设置绝热衬垫，其厚度不应小于绝热层厚度，宽度应大于支、吊架支承面的宽度。衬垫的表面应平整，衬垫与绝热材料之间应填实无空隙。

检验方法：观察、尺量检查。

检查数量：按数量抽检5%，且不得少于5处。

(13) 通风与空调系统应随施工进度对与节能有关的隐蔽部位或内容进行验收，并应有详细的文字记录和必要的图像资料。

检验方法：观察检查；核查隐蔽工程验收记录。

检查数量：全数检查。

(14) 通风与空调系统安装完毕，应进行通风机和空调机组等设备的单机试运转和调试，并应进行系统的风量平衡调试。单机试运转和调试结果应符合设计要求；系统的总风量与设计风量的允许偏差不应大于10%，风口的风量与设计风量的允许偏差不应大于15%。

检验方法：观察检查；核查试运转和调试记录。

检验数量：全数检查。

8.8.3 通风与空调工程质量的一般项目有何规定?

答：(1) 空气风幕机的规格、数量、安装位置和方向应正确，纵向垂直度和横向水平度的偏差均不应大于2/1000。

检验方法：观察检查。

检查数量：按总数量抽查10%，且不得少于1台。

(2) 变风量末端装置与风管连接前宜做动作试验，确认运行正常后再封口。

检验方法：观察检查。

检查数量：按总数量抽查10%，且不得少于2台。

8.9 空调与采暖系统冷热源及管网节能工程

8.9.1 空调与采暖工程的施工质量一般规定有哪些?

答：(1) 本节适用于空调与采暖系统中冷热源设备、辅助设备及其管道和室外管网系统节能工程施工质量的验收。

(2) 空调与采暖系统冷热源设备、辅助设备及其管道和管网系统节能工程的验收，可分别按冷源和热源系统及室外管网进行，并应符合第 8.1.4 条第(1)款的规定。

8.9.2 空调与采暖工程质量的主要控制项目有何规定?

答：(1) 空调与采暖系统冷热源设备及其辅助设备、阀门、仪表、绝热材料等产品进场时，应按照设计要求对其类型、规格和外观等进行检查验收，并应对下列产品的技术性能参数进行核查。验收与核查的结果应经监理工程师(建设单位代表)检查认可，并应形成相应的验收、核查记录。各种产品和设备的质量证明文件和相关技术资料应齐全，并应符合国家现行有关标准和规定。

1) 锅炉的单台容量及其额定热效率；

2) 热交换器的单台换热量；

3) 电机驱动压缩机的蒸气压缩循环冷水(热泵)机组的额定制冷量(制热量)、输入功率、性能系数(*COP*)及综合部分负荷性能系数(*IPLV*)；

4) 电机驱动压缩机的单元式空气调节机、风管送风式和屋顶式空气调节机组的名义制冷量、输入功率及能效比(*EER*)；

5) 蒸汽和热水型溴化锂吸收式机组及直燃型溴化锂吸收式冷(温)水机组的名义制冷量、供热量、输入功率及性能系数；

6) 集中采暖系统热水循环水泵的流量、扬程、电机功率及耗电输热比(*EHR*)；

7) 空调冷热水系统循环水泵的流量、扬程、电机功率及输送能效比(*ER*)；

8) 冷却塔的流量及电机功率；

9) 自控阀门与仪表的技术性能参数。

检验方法：观察检查；技术资料和性能检测报告等质量证明文件与实物核对。

检查数量：全数核查。

(2) 空调与采暖系统冷热源及管网节能工程的绝热管道、绝热材料进场时，应对绝热材料的导热系数、密度、吸水率等技术性能参数进行复验，复验应为见证取样送检。

检验方法：现场随机抽样送检；核查复验报告。

检查数量：同一厂家同材质的绝热材料复验次数不得少于2次。

(3) 空调与采暖系统冷热源设备和辅助设备及其管网系统的安装，应符合下列规定：

1) 管道系统的制式，应符合设计要求；

2) 各种设备、自控阀门与仪表应按设计要求安装齐全，不得随意增减和更换；

3) 空调冷(热)水系统，应能实现设计要求的变流量或定流量运行；

4) 供热系统应能根据热负荷及室外温度变化实现设计要求的集中质调节、量调节或质—量调节相结合的运行。

检验方法：观察检查。

检查数量：全数检查。

(4) 空调与采暖系统冷热源和辅助设备及其管道和室外管网系统，应随施工进度对与节能有关的隐蔽部位或内容进行验收，并应有详细的文字记录和必要的图像资料。

检验方法：观察检查；核查隐蔽工程验收记录。

检查数量：全数检查。

(5) 冷热源侧的电动两通调节阀、水力平衡阀及冷(热)量计量装置等自控阀门与仪表的安装，应符合下列规定：

1) 规格、数量应符合设计要求；

2) 方向应正确，位置应便于操作和观察。

检验方法：观察检查。

检查数量：全数检查。

(6) 锅炉、热交换器、电机驱动压缩机的蒸气压缩循环冷水(热泵)机组、蒸汽或热水型溴化锂吸收式冷水机组及直燃型溴化锂吸收式冷(温)水机组等设备的安装，应符合下列要求：

1) 规格、数量应符合设计要求；

2) 安装位置及管道连接应正确。

检验方法：观察检查。

检查数量：全数检查。

(7) 冷却塔、水泵等辅助设备的安装应符合下列要求：

1) 规格、数量应符合设计要求；

2) 冷却塔设置位置应通风良好，并应远离厨房排风等高温气体；

3) 管道连接应正确。

检验方法：观察检查。

检查数量：全数检查。

(8) 空调冷热源水系统管道及配件绝热层和防潮层的施工要求，可按第 8.8.2 条第(11)款的规定执行。

(9) 当输送介质温度低于周围空气露点温度的管道，采用非闭孔绝热材料作绝热层时，其防潮层和保护层应完整，且封闭良好。

检验方法：观察检查。

检查数量：全数检查。

(10) 冷热源机房、换热站内部空调冷热水管道与支、吊架之间绝热衬垫的施工可按第 8.8.2 条第(12)款执行。

(11) 空调与采暖系统冷热源和辅助设备及其管道和管网系统安装完毕后，系统试运转及调试必须符合下列规定：

1) 冷热源和辅助设备必须进行单机试运转及调试；

2) 冷热源和辅助设备必须同建筑物室内空调或采暖系统进行联合试运转及调试；

3) 联合试运转及调试结果应符合设计要求，且允许偏差或规定值应符合表 8-2 的有关规定。当联合试运转及调试不在制冷期或采暖期时，应先对表 8-2 中序号 2、3、5、6 四个项目进行检测，并在第一个制冷期或采暖期内，带冷(热)源补做序号 1、4 两个项目的检测。

联合试运转及调试检测项目与允许偏差或规定值 **表 8-2**

序号	检 测 项 目	允许偏差或规定值
1	室内温度	冬季不得低于设计计算温度 2℃，且不应高于 1℃；夏季不得高于设计计算温度 2℃，且不应低于 1℃
2	供热系统室外管网的水力平衡度	0.9～1.2
3	供热系统的补水率	≤0.5%
4	室外管网的热输送效率	＞0.92
5	空调机组的水流量	≤20%
6	空调系统冷热水、冷却水总流量	≤10%

检验方法：观察检查；核查试运转和调试记录。检验数量：全数检查。

8.9.3 空调与采暖工程质量的一般项目有何规定？

答：空调与采暖系统的冷热源设备及其辅助设备、配件的绝热，不得影响其操作功能。

检验方法：观察检查。

检查数量：全数检查。

8.10 配电与照明节能工程

8.10.1 配电与照明工程的施工质量一般规定有哪些？

答：(1) 本节适用于建筑节能工程配电与照明的施工质量验收。

(2) 建筑配电与照明节能工程验收的检验批划分应按 第 8.1.4 条第(1)款的规定执行。当需要重新划分检验批时，可按照系统、楼层、建筑分区划分为若干个检验批。

(3) 建筑配电与照明节能工程的施工质量验收，应符合规范和《建筑电气工程施工质量验收规范》GB 50303 的有关规定、已批准的设计图纸、相关技术规定和合同约定内容的要求。

8.10.2 配电与照明工程质量的主要控制项目有何规定？

答：(1) 照明光源、灯具及其附属装置的选择必须符合设计要求，进场验收时应对下列技术性能进行核查，并经监理工程师(建设单位代表)检查认可，形成相应的验收、核查记录。质量证明文件和相关技术资料应齐全，并应符合国家现行有关标准和规定。

1) 荧光灯灯具和高强度气体放电灯灯具的效率不应低于表 8-3 的规定。

荧光灯灯具和高强度气体放电灯灯具的效率允许值　　表 8-3

灯具出光口形式	开敞式	保护罩(玻璃或塑料)		格栅	格栅或透光罩
		透明	磨砂、棱镜		
荧光灯灯具	75%	65%	55%	60%	
高强度气体放电灯灯具	75%			60%	60%

2) 管型荧光灯镇流器能效限定值应不小于表 8-4 的规定。

镇流器能效限定值　　表 8-4

标称功率(W)		18	20	22	30	32	36	40
镇流器能效因数(*BEF*)	电感型	3.154	2.952	2.770	2.232	2.146	2.030	1.992
	电子型	4.778	4.370	3.998	2.870	2.678	2.402	2.270

3) 照明设备谐波含量限值应符合表 8-5 的规定。

照明设备谐波含量的限值　　表 8-5

谐波次数 n	基波频率下输入电流百分比数表示的最大允许谐波电流(%)
2	2
3	30×λ[注]
5	10
7	7
9	5
11≤n≤39(仅有奇次谐波)	3

注：λ 是电路功率因数。

检验方法：观察检查；技术资料和性能检测报告等质量证明文件与实物核对。

检查数量：全数核查。

(2) 低压配电系统选择的电缆、电线截面不得低于设计值。进场时应对其截面和每芯导体电阻值进行见证取样送检。每芯导体电阻值应符合表 8-6 的规定。

不同标称截面的电缆、电线每芯导体最大电阻值　　表 8-6

标称截面(mm^2)	20℃时导体最大电阻(Ω/km)圆铜导体(不镀金属)
0.5	36.0
0.75	24.5
1.0	18.1
1.5	12.1
2.5	7.41
4	4.61
6	3.08
10	1.83
16	1.15
25	0.727
35	0.524
50	0.387
70	0.268
95	0.193
120	0.153
150	0.124
185	0.0991
240	0.0754
300	0.0601

检验方法：进场时抽样送检，验收时核查检验报告。

检查数量：同厂家各种规格总数的 10%，且不少于 2 个规格。

(3) 工程安装完成后应对低压配电系统进行调试，调试合格后应对低压配电电源质量进行检测。其中：

1) 供电电压允许偏差：三相供电电压允许偏差为标称系统电压的±7%；单相 220V 为+7%、-10%。

2) 公共电网谐波电压限值为：380V 的电网标称电压，电压总谐波畸变率(*THDu*)为 5%，奇次(1～25 次)谐波含有率为 4%，偶次(2～24 次)谐波含有率为 2%。

3) 谐波电流不应超过表 8-7 中规定的允许值。

谐波电流允许值 **表 8-7**

标准电压(kV)	基准短路容量(MVA)	谐波次数及谐波电流允许值(*A*)											
		2	3	4	5	6	7	8	9	10	11	12	13
0.38	10	78	62	39	62	26	44	19	21	16	28	13	24
		谐波次数及谐波电流允许值(*A*)											
		14	15	16	17	18	19	20	21	22	23	24	25
		11	12	9.7	18	8.6	16	7.8	8.9	7.1	14	6.5	12

4) 三相电压不平衡度允许值为 2%，短时不得超过 4%。

检验方法：在已安装的变频和照明等可产生谐波的用电设备均可投入的情况下，使用三相电能质量分析仪在变压器的低压侧测量。

检查数量：全部检测。

(4) 在通电试运行中，应测试并记录照明系统的照度和功率密度值。

1) 照度值不得小于设计值的 90%；

2) 功率密度值应符合《建筑照明设计标准》GB 50034 中的规定。

检验方法：在无外界光源的情况下，检测被检区域内平均照度和功率密度。

检查数量：每种功能区检查不少于 2 处。

8.10.3 配电与照明工程一般项目施工质量有何规定?

答:(1) 母线与母线或母线与电器接线端子，当采用螺栓搭接连接时，应采用力矩扳手拧紧，制作应符合《建筑电气工程施工质量验收规范》GB 50303 标准中有关规定。

检验方法：使用力矩扳手对压接螺栓进行力矩检测。

检查数量：母线按检验批抽查 10%。

(2) 交流单芯电缆或分相后的每相电缆宜品字型(三叶型)敷设，且不得形成闭合铁磁回路。

检验方法：观察检查。

检查数量：全数检查。

(3) 三相照明配电干线的各相负荷宜分配平衡，其最大相负荷不宜超过三相负荷平均值的 115%，最小相负荷不宜小于三相负荷平均值的 85%。

检验方法：在建筑物照明通电试运行时开启全部照明负荷，使用三相功率计检测各相负载电流、电压和功率。

检查数量：全部检查。

8.11 监测与控制节能工程

8.11.1 监测与控制工程的施工质量一般规定有哪些?

答:(1) 本节适用于建筑节能工程监测与控制系统的施工质量验收。

(2) 监测与控制系统施工质量的验收应执行《智能建筑工程质量验收规范》GB 50339 相关章节的规定。

(3) 监测与控制系统验收的主要对象应为采暖、通风与空气调节和配电与照明所采用的监测与控制系统，能耗计量系统以及建筑能源管理系统。

建筑节能工程所涉及的可再生能源利用、建筑冷热电联供系统、能源回收利用以及其他与节能有关的建筑设备监控部分的验收，应参照本节的相关规定执行。

(4) 监测与控制系统的施工单位应依据国家相关标准的规定，对施工图设计进行复核。当复核结果不能满足节能要求时，应向设计单位提出修改建议，由设计单位进行设计变更，并经原节能设计审查机构批准。

(5) 施工单位应依据设计文件制定系统控制流程图和节能工程施工验收大纲。

(6) 监测与控制系统的验收分为工程实施和系统检测两个阶段。

(7) 工程实施由施工单位和监理单位随工程实施过程进行，分别对施工质量管理文件、设计符合性、产品质量、安装质量进行检查，及时对隐蔽工程和相关接口进行检查，同时，应有详细的文字和图像资料，并对监测与控制系统进行不少于 168h 的不间断试运行。

(8) 系统检测内容应包括对工程实施文件和系统自检文件的复核，对监测与控制系统的安装质量、系统节能监控功能、能源计量及建筑能源管理等进行检查和检测。

系统检测内容分为主控项目和一般项目，系统检测结果是监测与控制系统的验收依据。

(9) 对不具备试运行条件的项目，应在审核调试记录的基础上进行模拟检测，以检测监测与控制系统的节能监控功能。

8.11.2 监测与控制工程质量的主要控制项目有何规定?

答：(1) 监测与控制系统采用的设备、材料及附属产品进场时，应按照设计要求对其品种、规格、型号、外观和性能等进行检查验收，并应经监理工程师(建设单位代表)检查认可，且应形成相应的质量记录。各种设备、材料和产品附带的质量证明文件和相关技术资料应齐全，并应符合国家现行有关标准和规定。

检验方法：进行外观检查；对照设计要求核查质量证明文件和

相关技术资料。

检查数量：全数检查。

(2) 监测与控制系统安装质量应符合以下规定：

1) 传感器的安装质量应符合《自动化仪表工程施工及验收规范》GB 50093 的有关规定；

2) 阀门型号和参数应符合设计要求，其安装位置、阀前后直管段长度、流体方向等应符合产品安装要求；

3) 压力和差压仪表的取压点、仪表配套的阀门安装应符合产品要求；

4) 流量仪表的型号和参数、仪表前后的直管段长度等应符合产品要求；

5) 温度传感器的安装位置、插入深度应符合产品要求；

6) 变频器安装位置、电源回路敷设、控制回路敷设应符合设计要求；

7) 智能化变风量末端装置的温度设定器安装位置应符合产品要求；

8) 涉及节能控制的关键传感器应预留检测孔或检测位置，管道保温时应做明显标注。

检验方法：对照图纸或产品说明书目测和尺量检查。

检查数量：每种仪表按 20%抽检，不足 10 台全部检查。

(3) 对经过试运行的项目，其系统的投入情况、监控功能、故障报警连锁控制及数据采集等功能，应符合设计要求。

检验方法：调用节能监控系统的历史数据、控制流程图和试运行记录，对数据进行分析。

检查数量：检查全部进行过试运行的系统。

(4) 空调与采暖的冷热源、空调水系统的监测控制系统应成功运行，控制及故障报警功能应符合设计要求。

检验方法：在中央工作站使用检测系统软件，或采用在直接数字控制器或冷热源系统自带控制器上改变参数设定值和输入参数值，检测控制系统的投入情况及控制功能；在工作站或现场模拟故障，检测故障监视、记录和报警功能。

检查数量：全部检测。

(5) 通风与空调监测控制系统的控制功能及故障报警功能应符合设计要求。

检验方法：在中央工作站使用检测系统软件，或采用在直接数字控制器或通风与空调系统自带控制器上改变参数设定值和输入参数值，检测控制系统的投入情况及控制功能；在工作站或现场模拟故障，检测故障监视、记录和报警功能。

检查数量：按总数的 20%抽样检测，不足 5 台全部检测。

(6) 监测与计量装置的检测计量数据应准确，并符合系统对测量准确度的要求。

检验方法：用标准仪器仪表在现场实测数据，将此数据分别与直接数字控制器和中央工作站显示数据进行比对。

检查数量：按 20%抽样检测，不足 10 台全部检测。

(7) 供配电的监测与数据采集系统应符合设计要求。

检验方法：试运行时，监测供配电系统的运行工况，在中央工作站检查运行数据和报警功能。

检查数量：全部检测。

(8) 照明自动控制系统的功能应符合设计要求，当设计无要求时应实现下列控制功能：

1) 大型公共建筑的公用照明区应采用集中控制并应按照建筑使用条件和天然采光状况采取分区、分组控制措施，并按需要采取调光或降低照度的控制措施；

2) 旅馆的每间(套)客房应设置节能控制型开关；

3) 居住建筑有天然采光的楼梯间、走道的一般照明，应采用节能自熄开关；

4) 房间或场所设有两列或多列灯具时，应按下列方式控制：

① 所控灯列与侧窗平行；

② 电教室、会议室、多功能厅、报告厅等场所，按靠近或远离讲台分组。

检验方法：

① 现场操作检查控制方式；

② 依据施工图，按回路分组，在中央工作站上进行被检回路的开关控制，观察相应回路的动作情况；

③ 在中央工作站改变时间表控制程序的设定，观察相应回路的动作情况；

④ 在中央工作站采用改变光照度设定值、室内人员分布等方式，观察相应回路的控制情况；

⑤ 在中央工作站改变场景控制方式，观察相应的控制情况。

检查数量：现场操作检查为全数检查，在中央工作站上检查按照明控制箱总数的5%检测，不足5台全部检测。

(9) 综合控制系统应对以下项目进行功能检测，检测结果应满足设计要求：

1) 建筑能源系统的协调控制；

2) 采暖、通风与空调系统的优化监控。

检验方法：采用人为输入数据的方法进行模拟测试，按不同的运行工况检测协调控制和优化监控功能。

检查数量：全部检测。

(10) 建筑能源管理系统的能耗数据采集与分析功能，设备管理和运行管理功能，优化能源调度功能，数据集成功能应符合设计要求。

检验方法：对管理软件进行功能检测。

检查数量：全部检查。

8.11.3 检测监测与控制工程质量的一般项目有何规定？

答：检测监测与控制系统的可靠性、实时性、可维护性等系统性能，主要包括下列内容：

(1) 控制设备的有效性，执行器动作应与控制系统的指令一致，控制系统性能稳定符合设计要求；

(2) 控制系统的采样速度、操作响应时间、报警反应速度应符合设计要求；

(3) 冗余设备的故障检测正确性及其切换时间和切换功能应符合设计要求；

(4) 应用软件的在线编程(组态)、参数修改、下载功能、设备及网络故障自检测功能应符合设计要求；

(5) 控制器的数据存储能力和所占存储容量应符合设计要求；

(6) 故障检测与诊断系统的报警和显示功能应符合设计要求；

(7) 设备启动和停止功能及状态显示应正确；

(8) 被控设备的顺序控制和连锁功能应可靠；

(9) 应具备自动控制/远程控制/现场控制模式下的命令冲突检测功能；

(10) 人机界面及可视化检查。

检验方法：分别在中央工作站、现场控制器和现场利用参数设定、程序下载、故障设定、数据修改和事件设定等方法，通过与设定的显示要求对照，进行上述系统的性能检测。

检查数量：全部检测。

8.12 建筑节能工程现场检验

8.12.1 围护结构现场实体检验工程的施工质量一般规定有哪些？

答：(1) 建筑围护结构施工完成后，应对围护结构的外墙节能构造和严寒、寒冷、夏热冬冷地区的外窗气密性进行现场实体检测。当条件具备时，也可直接对围护结构的传热系数进行检测。

(2) 外墙节能构造的现场实体检验方法见第 8.13.12 条。其检验目的是：

1) 验证墙体保温材料的种类是否符合设计要求；

2) 验证保温层厚度是否符合设计要求；

3) 检查保温层构造做法是否符合设计和施工方案要求。

(3) 严寒、寒冷、夏热冬冷地区的外窗现场实体检测应按照国家现行有关标准的规定执行。其检验目的是验证建筑外窗气密性是否符合节能设计要求和国家有关标准的规定。

(4) 外墙节能构造和外窗气密性的现场实体检验，其抽样数量可以在合同中约定，但合同中约定的抽样数量不应低于本规范的要求。当无合同约定时应按照下列规定抽样：

1) 每个单位工程的外墙至少抽查 3 处，每处一个检查点；当一个单位工程外墙有 2 种以上节能保温做法时，每种节能做法的外墙应抽查不少于 3 处；

2) 每个单位工程的外窗至少抽查 3 樘。当一个单位工程外窗有 2 种以上品种、类型和开启方式时，每种品种、类型和开启方式的外窗应抽查不少于 3 樘。

(5) 外墙节能构造的现场实体检验应在监理(建设)人员见证下实施，可委托有资质的检测机构实施，也可由施工单位实施。

(6) 外窗气密性的现场实体检测应在监理(建设)人员见证下抽样，委托有资质的检测机构实施。

(7) 当对围护结构的传热系数进行检测时，应由建设单位委托具备检测资质的检测机构承担；其检测方法、抽样数量、检测部位和合格判定标准等可在合同中约定。

(8) 当外墙节能构造或外窗气密性现场实体检验出现不符合设计要求和标准规定的情况时，应委托有资质的检测机构扩大一倍数量抽样，对不符合要求的项目或参数再次检验。仍然不符合要求时应给出“不符合设计要求”的结论。

对于不符合设计要求的围护结构节能构造应查找原因，对因此造成的对建筑节能的影响程度进行计算或评估，采取技术措施予以弥补或消除后重新进行检测，合格后方可通过验收。

对于建筑外窗气密性不符合设计要求和国家现行标准规定的，应查找原因进行修理，使其达到要求后重新进行检测，合格后方可通过验收。

8.12.2 系统节能性能检测工程质量的主要控制项目有何规定?

答:(1)采暖、通风与空调、配电与照明工程安装完成后,应进行系统节能性能的检测,且应由建设单位委托具有相应检测资质的检测机构检测并出具报告。受季节影响未进行的节能性能检测项目,应在保修期内补做。

(2)采暖、通风与空调、配电与照明系统节能性能检测的主要项目及要求见表8-8,其检测方法应按国家现行有关标准规定执行。

系统节能性能检测主要项目及要求 **表 8-8**

序号	检测项目	抽样数量	允许偏差或规定值
1	室内温度	居住建筑每户抽测卧室或起居室1间,其他建筑按房间总数抽测10%	冬季不得低于设计计算温度2℃,且不应高于1℃; 夏季不得高于设计计算温度2℃,且不应低于1℃
2	供热系统室外管网的水力平衡度	每个热源与换热站均不少于1个独立的供热系统	0.9~1.2
3	供热系统的补水率	每个热源与换热站均不少于1个独立的供热系统	0.5%~1%
4	室外管网的热输送效率	每个热源与换热站均不少于1个独立的供热系统	>0.92
5	各风口的风量	按风管系统数量抽查10%,且不得少于1个系统	≤15%
6	通风与空调系统的总风量	按风管系统数量抽查10%,且不得少于1个系统	≤10%
7	空调机组的水流量	按系统数量抽查10%,且不得少于1个系统	≤20%
8	空调系统冷热水、冷却水总流量	全数	≤10%
9	平均照度与照明功率密度	按同一功能区不少于2处	≤10%

(3) 系统节能性能检测的项目和抽样数量也可以在工程合同中约定，必要时可增加其他检测项目，但合同中约定的检测项目和抽样数量不应低于规范的规定。

8.13 节能分部工程质量验收

8.13.1 建筑节能分部工程的质量验收有何规定?

答：建筑节能分部工程的质量验收，应在检验批、分项工程全部验收合格的基础上，进行外墙节能构造实体检验，严寒、寒冷和夏热冬冷地区的外窗气密性现场检测，以及系统节能性能检测和系统联合试运转与调试，确认建筑节能工程质量达到验收条件后方可进行。

8.13.2 建筑节能工程验收的程序和组织有何规定?

答：建筑节能工程验收的程序和组织应遵守《建筑工程施工质量验收统一标准》GB 50300 的要求，并应符合下列规定：

(1) 节能工程的检验批验收和隐蔽工程验收应由监理工程师主持，施工单位相关专业的质量检查员与施工员参加；

(2) 节能分项工程验收应由监理工程师主持，施工单位项目技术负责人和相关专业的质量检查员、施工员参加；必要时可邀请设计单位相关专业的人员参加；

(3) 节能分部工程验收应由总监理工程师(建设单位项目负责人)主持，施工单位项目经理、项目技术负责人和相关专业的质量检查员、施工员参加；施工单位的质量或技术负责人应参加；设计单位节能设计人员应参加。

8.13.3 建筑节能工程的检验批质量验收合格有何规定?

答：建筑节能工程的检验批质量验收合格，应符合下列规定：

(1) 检验批应按主控项目和一般项目验收；

(2) 主控项目应全部合格；

(3) 一般项目应合格；当采用计数检验时，至少应有90%以上的检查点合格，且其余检查点不得有严重缺陷；

(4) 应具有完整的施工操作依据和质量验收记录。

8.13.4 建筑节能分项工程质量验收合格有何规定?

答：建筑节能分项工程质量验收合格，应符合下列规定：

(1) 分项工程所含的检验批均应合格；

(2) 分项工程所含检验批的质量验收记录应完整。

8.13.5 建筑节能分部工程质量验收合格有何规定?

答：建筑节能分部工程质量验收合格，应符合下列规定：

(1) 分项工程应全部合格；

(2) 质量控制资料应完整；

(3) 外墙节能构造现场实体检验结果应符合设计要求；

(4) 严寒、寒冷和夏热冬冷地区的外窗气密性现场实体检测结果应合格；

(5) 建筑设备工程系统节能性能检测结果应合格。

8.13.6 建筑节能工程验收时对资料核查有何要求?

答：建筑节能工程验收时应对下列资料核查，并纳入竣工技术档案：

(1) 设计文件、图纸会审记录、设计变更和洽商；

(2) 主要材料、设备和构件的质量证明文件、进场检验记录、进场核查记录、进场复验报告、见证试验报告；

(3) 隐蔽工程验收记录和相关图像资料；

(4) 分项工程质量验收记录；必要时应核查检验批验收记录；

(5) 建筑围护结构节能构造现场实体检验记录；

(6) 严寒、寒冷和夏热冬冷地区外窗气密性现场检测报告；

(7) 风管及系统严密性检验记录；

(8) 现场组装的组合式空调机组的漏风量测试记录；
(9) 设备单机试运转及调试记录；
(10) 系统联合试运转及调试记录；
(11) 系统节能性能检验报告；
(12) 其他对工程质量有影响的重要技术资料。

8.13.7 建筑节能工程分部、分项工程和检验批的质量验收表格有哪些？

答：建筑节能工程分部、分项工程和检验批的质量验收表有：
(1) 分部工程质量验收表；
(2) 分项工程质量验收表；
(3) 检验批质量验收表。

8.13.8 建筑节能工程进场材料和设备的复验项目有哪些？

答：建筑节能工程进场材料和设备的复验项目应符合表8-9的规定。

建筑节能工程进场材料和设备的复验项目　　表8-9

序号	分项工程	复验项目
1	墙体节能工程	1. 保温材料的导热系数、密度、抗压强度或压缩强度； 2. 粘结材料的粘结强度； 3. 增强网的力学性能、抗腐蚀性能
2	幕墙节能工程	1. 保温材料：导热系数、密度； 2. 幕墙玻璃：可见光透射比、传热系数、遮阳系数、中空玻璃露点； 3. 隔热型材：抗拉强度、抗剪强度
3	门窗节能工程	1. 严寒、寒冷地区：气密性、传热系数和中空玻璃露点； 2. 夏热冬冷地区：气密性、传热系数，玻璃遮阳系数、可见光透射比、中空玻璃露点； 3. 夏热冬暖地区：气密性，玻璃遮阳系数、可见光透射比、中空玻璃露点

续表

序号	分项工程	复验项目
4	屋面节能工程	保温隔热材料的导热系数、密度、抗压强度或压缩强度
5	地面节能工程	保温材料的导热系数、密度、抗压强度或压缩强度
6	采暖节能工程	1. 散热器的单位散热量、金属热强度； 2. 保温材料的导热系数、密度、吸水率
7	通风与空调节能工程	1. 风机盘管机组的供冷量、供热量、风量、出口静压、噪声及功率； 2. 绝热材料的导热系数、密度、吸水率
8	空调与采暖系统冷、热源及管网节能工程	绝热材料的导热系数、密度、吸水率
9	配电与照明节能工程	电缆、电线截面和每芯导体电阻值

8.13.9 建筑节能分部、分项工程和检验批的质量验收表怎样填写？

答：建筑节能分部工程质量验收应按表 8-10 的规定填写。

建筑节能分部工程质量验收表 **表 8-10**

<table>
<tr><td>工程名称</td><td colspan="2"></td><td>结构类型</td><td></td><td>层数</td><td></td></tr>
<tr><td>施工单位</td><td colspan="2"></td><td>技术部门负责人</td><td></td><td>质量部门负责人</td><td></td></tr>
<tr><td>分包单位</td><td colspan="2"></td><td>分包单位负责人</td><td></td><td>分包技术负责人</td><td></td></tr>
<tr><td>序号</td><td colspan="3">分项工程名称</td><td>验收结论</td><td>监理工程师签字</td><td>备注</td></tr>
<tr><td>1</td><td colspan="3">墙体节能工程</td><td></td><td></td><td></td></tr>
<tr><td>2</td><td colspan="3">幕墙节能工程</td><td></td><td></td><td></td></tr>
<tr><td>3</td><td colspan="3">门窗节能工程</td><td></td><td></td><td></td></tr>
<tr><td>4</td><td colspan="3">屋面节能工程</td><td></td><td></td><td></td></tr>
<tr><td>5</td><td colspan="3">地面节能工程</td><td></td><td></td><td></td></tr>
<tr><td>6</td><td colspan="3">采暖节能工程</td><td></td><td></td><td></td></tr>
<tr><td>7</td><td colspan="3">通风与空调节能工程</td><td></td><td></td><td></td></tr>
</table>

续表

8	空调与采暖系统的冷热源及管网节能工程			
9	配电与照明节能工程			
10	监测与控制节能工程			
质量控制资料				
外墙节能构造现场实体检验				
外窗气密性现场实体检测				
系统节能性能检测				
验收结论				
其他参加验收人员：				
验收单位	分包单位：	项目经理： 年 月 日		
	施工单位：	项目经理； 年 月 日		
	设计单位；	项目负责人： 年 月 日		
	监理(建设)单位：	总监理工程师： (建设单位项目负责人) 年 月 日		

8.13.10 建筑节能分项工程质量验收汇总表怎样填写?

答：建筑节能分项工程质量验收汇总应按表 8-11 的规定填写。

分项工程质量验收汇总表 **表 8-11**

工程名称			检验批数量		
设计单位			监理单位		
施工单位		项目经理		项目技术负责人	
分包单位		分包单位负责人		分包项目经理	
序号	检验批部位、区段、系统	施工单位检查评定结果		监理(建设)单位验收结论	
1					
2					

续表

3			
4			
5			
6			
7			
8			
9			
10			
11			
12			
13			
14			
15			

施工单位检查结论： 项目专业质量（技术）负责人 年 月 日	验收结论： 监理工程师： （建设单位项目专业技术负责人） 年 月 日

8.13.11 建筑节能工程检验批/分项工程质量验收表怎样填写？

答：建筑节能工程检验批/分项工程质量验收应按表 8-12 的规定填写。

检验批/分项工程质量验收表 编号： 表 8-12

<table>
<tr><td>工程名称</td><td></td><td>分项工程名称</td><td colspan="2"></td><td>验收部位</td><td></td></tr>
<tr><td>施工单位</td><td colspan="2"></td><td>专业工长</td><td></td><td>项目经理</td><td></td></tr>
<tr><td colspan="2">施工执行标准名称及编号</td><td colspan="5"></td></tr>
<tr><td>分包单位</td><td></td><td>分包项目经理</td><td></td><td></td><td>施工班组长</td><td></td></tr>
<tr><td colspan="2">验收规范规定</td><td colspan="3">施工单位检查评定记录</td><td colspan="2">监理（建设）单位验收记录</td></tr>
<tr><td rowspan="10">主控项目</td><td>1 第 条</td><td colspan="3"></td><td colspan="2" rowspan="10"></td></tr>
<tr><td>2 第 条</td><td colspan="3"></td></tr>
<tr><td>3 第 条</td><td colspan="3"></td></tr>
<tr><td>4 第 条</td><td colspan="3"></td></tr>
<tr><td>5 第 条</td><td colspan="3"></td></tr>
<tr><td>6 第 条</td><td colspan="3"></td></tr>
<tr><td>7 第 条</td><td colspan="3"></td></tr>
<tr><td>8 第 条</td><td colspan="3"></td></tr>
<tr><td>9 第 条</td><td colspan="3"></td></tr>
<tr><td>10 第 条</td><td colspan="3"></td></tr>
<tr><td rowspan="4">一般项目</td><td>1 第 条</td><td colspan="3"></td><td colspan="2" rowspan="4"></td></tr>
<tr><td>2 第 条</td><td colspan="3"></td></tr>
<tr><td>3 第 条</td><td colspan="3"></td></tr>
<tr><td>4 第 条</td><td colspan="3"></td></tr>
<tr><td colspan="2">施工单位检查
评定结果</td><td colspan="5">项目专业质量检查员：
（项目技术负责人） 年 月 日</td></tr>
<tr><td colspan="2">监理（建设）
单位验收结论</td><td colspan="5">监理工程师：
（建设单位项目专业技术负责人） 年 月 日</td></tr>
</table>

8.13.12 外墙节能构造钻芯检验方法有何规定?

答：外墙节能构造钻芯检验方法有以下规定：

(1) 本方法适用于检验带有保温层的建筑外墙其节能构造是否符合设计要求。

(2) 钻芯检验外墙节能构造应在外墙施工完工后、节能分部工程验收前进行。

(3) 钻芯检验外墙节能构造的取样部位和数量，应遵守下列要求：

1) 取样部位应由监理(建设)与施工双方共同确定，不得在外墙施工前预先确定；

2) 取样部位应选取节能构造有代表性的外墙上相对隐蔽的部位，并宜兼顾不同朝向和楼层；取样部位必须确保钻芯操作安全，且应方便操作；

3) 外墙取样数量为一个单位工程每种节能保温做法至少取 3 个芯样。取样部位宜均匀分布，不宜在同一个房间外墙上取 2 个或 2 个以上芯样。

(4) 钻芯检验外墙节能构造应在监理(建设)人员见证下实施。

(5) 钻芯检验外墙节能构造可采用空心钻头，从保温层一侧钻取直径 70mm 的芯样。钻取芯样深度为钻透保温层到达结构层或基层表面，必要时也可钻透墙体。

当外墙的表层坚硬不易钻透时，也可局部剔除坚硬的面层后钻取芯样。但钻取芯样后应恢复原有外墙的表面装饰层。

(6) 钻取芯样时应尽量避免冷却水流入墙体内及污染墙面。从空心钻头中取出芯样时应谨慎操作，以保持芯样完整。当芯样严重破损难以准确判断节能构造或保温层厚度时，应重新取样检验。

(7) 对钻取的芯样，应按照下列规定进行检查：

1) 对照设计图纸观察、判断保温材料种类是否符合设计要求；必要时也可采用其他方法加以判断；

2）用分度值为1mm的钢尺，在垂直于芯样表面(外墙面)的方向上量取保温层厚度，精确到1mm；

3）观察或剖开检查保温层构造做法是否符合设计和施工方案要求。

(8) 在垂直于芯样表面(墙面)的方向上实测芯样保温层厚度，当实测芯样厚度的平均值达到设计厚度的95％及以上且最小值不低于设计厚度的90％时，应判定保温层厚度符合设计要求；否则，应判定保温层厚度不符合设计要求。

(9) 实施钻芯检验外墙节能构造的机构应出具检验报告。检验报告的格式可参照表8-13样式。检验报告至少应包括下列内容：

1）抽样方法、抽样数量与抽样部位；

2）芯样状态的描述；

3）实测保温层厚度，设计要求厚度；

4）按照第8.12.1条第(2)款的检验目的给出是否符合设计要求的检验结论；

5）附有带标尺的芯样照片并在照片上注明每个芯样的取样部位；

6）监理(建设)单位取样见证人的见证意见；

7）参加现场检验的人员及现场检验时间；

8）检测发现的其他情况和相关信息。

(10) 当取样检验结果不符合设计要求时，应委托具备检测资质的见证检测机构增加一倍数量再次取样检验。仍不符合设计要求时应判定围护结构节能构造不符合设计要求。此时应根据检验结果委托原设计单位或其他有资质的单位重新验算房屋的热工性能，提出技术处理方案。

(11) 外墙取样部位的修补，可采用聚苯板或其他保温材料制成的圆柱形塞填充并用建筑密封胶密封。修补后宜在取样部位挂贴注有“外墙节能构造检验点”的标志牌。

外墙节能构造钻芯检验报告　　表 8-13

外墙节能构造检验报告				报告编号	
				委托编号	
				检测日期	
工程名称					
建设单位			委托人/联系电话		
监理单位			检测依据		
施工单位			设计保温材料		
节能设计单位			设计保温层厚度		
检验结果	检验项目	芯样 1	芯样 2	芯样 3	
	取样部位	轴线/层	轴线/层	轴线/层	
	芯样外观	完整/基本 完整/破碎	完整/基本 完整/破碎	完整/基本 完整/破碎	
	保温材料种类				
	保温层厚度	mm	mm	mm	
	平均厚度	mm			
	围护结构 分层做法	1. 基层； 2. 3. 4. 5.	1. 基层； 2. 3. 4. 5.	1. 基层； 2. 3. 4. 5.	
	照片编号				
结论：				见证意见： 1. 抽样方法符合规定； 2. 现场钻芯真实； 3. 芯样照片真实； 4. 其他： 见证人：	
批　准		审　核		检　验	
检验单位	（印章）			报告日期	

9 建筑工程验收标准

9.1 建筑工程质量验收基本规定

9.1.1 建筑工程质量如何控制?

答：建筑工程应按下列规定进行施工质量控制：

建筑工程采用的主要材料、半成品、成品、建筑构配件、器具和设备应进行现场验收。凡涉及安全、功能的有关产品，应按各专业工程质量验收规范规定进行复验，并应经监理工程师(建设单位技术负责人)检查认可。

各工序应按施工技术标准进行质量控制，每道工序完成后，应进行检查。

相关各专业工种之间，应进行交接检验，并形成记录。未经监理工程师(建设单位技术负责人)检查认可，不得进行下道工序施工。

9.1.2 建筑工程质量验收有何规定?

答：建筑工程施工质量应按下列要求进行验收：

(1) 建筑工程施工质量应符合标准 GB 50300—2001 和相关专业验收规范的规定；

(2) 建筑工程施工应符合工程勘察、设计文件的要求；

(3) 参加工程施工质量验收的各方人员应具备规定的资格；

(4) 工程质量的验收均应在施工单位自行检查评定的基础上进行；

(5) 隐蔽工程在隐藏前应由施工单位通知有关单位进行验收，并应形成验收文件；

(6) 涉及结构安全的试块、试件以及有关材料，应按规定进行见证取样检测；

(7) 检验批的质量应按主控项目和一般项目验收；

(8) 对涉及结构安全和使用功能的重要分部工程应进行抽样检测；

(9) 承担见证取样检测及有关结构安全检测的单位应具有相应资质；

(10) 工程的观感质量应由验收人员通过现场检查，并应共同确认。

9.1.3 检验批的质量检验怎样进行?

答：检验批的质量检验，应根据检验项目的特点在下列抽样方案中进行选择：

(1) 计量、计数或计量—计数等抽样方案；

(2) 一次、二次或多次抽样方案；

(3) 根据生产连续性和生产控制稳定性情况，尚可采用调整型抽样方案；

(4) 对重要的检验项目当可采用简易快速的检验方法时，可选用全数检验方案；

(5) 经实践检验有效的抽样方案。

9.2 建筑工程质量验收的划分

9.2.1 建筑工程质量验收划分有何规定?

答：建筑工程质量验收应划分为单位(子单位)工程、分部(子分部)工程、分项工程和检验批。

9.2.2 单位工程划分有何规定?

答：单位工程的划分应按下列原则确定：

（1）具备独立施工条件并能形成独立使用功能的建筑物及构筑物为一个单位工程。

（2）建筑规模较大的单位工程，可将其能形成独立使用功能的部分为一个子单位工程。

9.2.3　分部工程的划分如何确定？

答：分部工程的划分应按下列原则确定：

（1）分部工程的划分应按专业性质、建筑部位确定。

（2）当分部工程较大或较复杂时，可按材料种类、施工特点、施工程序、专业系统及类别等划分为若干子分部工程。

9.2.4　分项工程的划分有何规定？

答：分项工程应按主要工种、材料、施工工艺、设备类别等进行划分。

9.2.5　分项工程的检验有何规定？

答：分项工程可由一个或若干检验批组成，检验批可根据施工及质量控制和专业验收需要按楼层、施工段、变形缝等进行划分。

9.2.6　室外工程的划分有何规定？

答：室外工程可根据专业类别和工程规模划分单位（子单位）工程。

9.3　建筑工程质量验收

9.3.1　检验批质量应符合哪些规定？

答：检验批合格质量应符合下列规定：

（1）主控项目和一般项目的质量经抽样检验合格；

（2）具有完整的施工操作依据、质量检查记录。

9.3.2 分项工程质量验收有何规定?

答：分项工程质量验收合格应符合下列规定：

（1）分项工程所含的检验批均应符合合格质量的规定；

（2）分项工程所含的检验批的质量验收记录应完整。

9.3.3 分部工程质量验收有何规定?

答：分部(子分部)工程质量验收合格应符合下列规定：

（1）分部(子分部)工程所含分项工程的质量均应验收合格；

（2）质量控制资料应完整；

（3）地基与基础、主体结构和设备安装等分部工程有关安全及功能的检验和抽样检测结果应符合有关规定；

（4）观感质量验收应符合要求。

9.3.4 单位工程质量验收有何规定?

答：单位(子单位)工程质量验收合格应符合下列规定：

（1）单位(子单位)工程所含分部(子分部)工程的质量均应验收合格；

（2）质量控制资料应完整；

（3）单位(子单位)工程所含分部工程有关安全和功能的检测资料应完整；

（4）主要功能项目的抽查结果应符合相关专业质量验收规范的规定；

（5）观感质量验收应符合要求。

9.3.5 建筑工程质量不符合要求时应怎样处理?

答：当建筑工程质量不符合要求时，应按下列规定进行处理：

（1）经返工重做或更换器具、设备的检验批，应重新进行验收；

（2）经有资质的检测单位检测鉴定能够达到设计要求的检验

批，应予以验收；

(3) 经有资质的检测单位检测鉴定达不到设计要求、但经原设计单位核算认可能够满足结构安全和使用功能的检验批，可予以验收；

(4) 经返修或加固处理的分项、分部工程，虽然改变外形尺寸但仍能满足安全使用要求，可按技术处理方案和协商文件进行验收。

9.3.6 建筑工程质量的验收程序和人员怎样组成？

答：(1) 检验批及分项工程应由监理工程师(建设单位项目技术负责人)组织施工单位项目专业质量(技术)负责人等进行验收(不能代替班组自检)。

(2) 分部工程应由总监理工程师(建设单位项目负责人)组织施工单位项目负责人和技术、质量负责人等进行验收；地基与基础、主体结构分部工程的勘察、设计单位工程项目负责人和施工单位技术、质量部门负责人也应参加相关分部工程验收。

(3) 单位工程完工后，施工单位应自行组织有关人员进行检查评定，并向建设单位提交工程验收报告。

(4) 建设单位收到工程验收报告后，应由建设单位(项目)负责人组织施工(含分包单位)、设计、监理等单位(项目)负责人进行单位(子单位)工程验收。

(5) 单位工程有分包单位施工时，分包单位对所承包的工程项目应按标准 GB 50300—2001 规定的程序检查评定，总包单位应派人参加。分包工程完成后，应将工程有关资料交总包单位。

(6) 当参加验收各方对工程质量验收意见不一致时，可请当地建设行政主管部门或工程质量监督机构协调处理。

(7) 单位工程质量验收合格后，建设单位应在规定时间内将工程竣工验收报告和有关文件，报建设行政管理部门备案。

(8) 通过反修或加固处理仍不能满足安全使用要求的分部工程、单位(子单位)工程，严禁验收。

9.3.7 施工现场质量管理检查记录内容有哪些？

答：施工现场质量管理检查记录应由施工单位按表 9-1 填写，总监理工程师(建设单位项目负责人)进行检查，并做出检查结论。

施工现场质量管理检查记录　　　开工日期：　　　**表 9-1**

<table>
<tr><td>工程名称</td><td></td><td colspan="2">施工许可证(开工证)</td><td colspan="2"></td></tr>
<tr><td>建设单位</td><td></td><td colspan="2">项目负责人</td><td colspan="2"></td></tr>
<tr><td>设计单位</td><td></td><td colspan="2">项目负责人</td><td colspan="2"></td></tr>
<tr><td>监理单位</td><td></td><td colspan="2">总监理工程师</td><td colspan="2"></td></tr>
<tr><td>施工单位</td><td></td><td>项目经理</td><td></td><td>项目技术负责人</td><td></td></tr>
<tr><td>序号</td><td colspan="3">项　　目</td><td colspan="2">内　　容</td></tr>
<tr><td>1</td><td colspan="3">现场质量管理制度</td><td colspan="2"></td></tr>
<tr><td>2</td><td colspan="3">质量责任制</td><td colspan="2"></td></tr>
<tr><td>3</td><td colspan="3">主要专业工种操作上岗证</td><td colspan="2"></td></tr>
<tr><td>4</td><td colspan="3">分包方资质与对分包单位的管理制度</td><td colspan="2"></td></tr>
<tr><td>5</td><td colspan="3">施工图审查情况</td><td colspan="2"></td></tr>
<tr><td>6</td><td colspan="3">地质勘察资料</td><td colspan="2"></td></tr>
<tr><td>7</td><td colspan="3">施工组织设计、施工方案及审批</td><td colspan="2"></td></tr>
<tr><td>8</td><td colspan="3">施工技术标准</td><td colspan="2"></td></tr>
<tr><td>9</td><td colspan="3">工程质量检验制度</td><td colspan="2"></td></tr>
<tr><td>10</td><td colspan="3">搅拌站及计量设置</td><td colspan="2"></td></tr>
<tr><td>11</td><td colspan="3">现场材料、设备存放与管理</td><td colspan="2"></td></tr>
<tr><td>12</td><td colspan="3"></td><td colspan="2"></td></tr>
<tr><td colspan="6">检查结论：

总监理工程师
（建设单位项目负责人）　　　年　月　日</td></tr>
</table>

9.3.8 建筑工程分部(子分部)工程、分项工程划分有哪些?

答：建筑工程的分部(子分部)工程、分项工程可按表9-2划分。

建筑工程分部工程、分项工程划分　　表9-2

序号	分部工程	子分部工程	分项工程
1	地基与基础	无支护土方	土方开挖、土方回填
		有支护土方	排桩、降水、排水、地下连续墙、锚杆、土钉墙、水泥土桩、沉井与沉箱，钢筋混凝土支撑
		地基处理	灰土地基，砂和砂石地基，碎砖三合土地基、土工合成材料地基，粉煤灰地基，重锤夯实地基，强夯地基，振冲地基，砂桩地基，预压地基，高压喷射注浆地基，土和灰土挤密桩地基，注浆地基，水泥粉煤灰碎石桩地基，夯实水泥土桩地基
		桩基	锚杆静压桩及静力压桩，预应力离心管桩，钢筋混凝土预制桩，钢桩，混凝土灌注桩(成孔、钢筋笼、清孔、水下混凝土灌注)
		地下防水	防水混凝土，水泥砂浆防水层，卷材防水层，涂料防水层，细部构造，喷锚支护，复合式衬砌，地下连续墙，盾构法隧道；渗排水、盲沟排水，隧道、坑道排水；预注浆、后注浆，衬砌裂缝注浆
		混凝土基础	模板、钢筋、混凝土，后浇带混凝土，混凝土结构缝处理
		砌体基础	砖砌体，混凝土砌块砌体，配筋砌体，石砌体
		劲钢(管)混凝土	劲钢(管)焊接，劲钢(管)与钢筋的连接，混凝土
		钢结构	焊接钢结构、栓接钢结构，钢结构制作，钢结构安装，钢结构涂装
2	主体结构	混凝土结构	模板，钢筋，混凝土，预应力、现浇结构，装配式结构
		劲钢(管)混凝土结构	劲钢(管)焊接，螺栓连接，劲钢(管)与钢筋的连接，劲钢(管)制作、安装，混凝土
		砌体结构	砖砌体，混凝土小型空心砌块砌体，石砌体，填充墙砌体，配筋砖砌体

续表

序号	分部工程	子分部工程	分项工程
2	主体结构	钢结构	钢结构焊接，紧固件连接，钢零部件加工，单层钢结构安装，多层及高层钢结构安装，钢结构涂装，钢构件组装，钢构件预拼装，钢网架结构安装，压型金属板
		木结构	方木和原木结构，胶合木结构，轻型木结构，木构件防护
		网架和索膜结构	网架制作，网架安装，索膜安装，网架防火，防腐涂料
3	建筑装饰装修	地面	整体面层：基层，水泥混凝土面层，水泥砂浆面层，水磨石面层，防油渗面层，水泥钢（铁）屑面层，不发火（防爆的）面层；板块面层：基层、砖面层（陶瓷锦砖、缸砖、陶瓷地砖和水泥花砖面层），大理石面层和花岗岩面层，预制板块面层（预制水泥混凝土、水磨石板块面层），料石面层（条石、块石面层），塑料板面层，活动地板面层，地毯面层；木竹面层：基层、实木地板面层（条材、块材面层），实木复合地板面层（条材、块材面层），中密度（强化）复合地板面层（条材面层），竹地板面层
		抹灰	一般抹灰，装饰抹灰，清水砌体勾缝
		门窗	木门窗制作与安装，金属门窗安装，塑料门窗安装，特种门安装，门窗玻璃安装
		吊顶	暗龙骨吊项，明龙骨吊顶
		轻质隔墙	板材隔墙，骨架隔墙，活动隔墙，玻璃隔墙
		饰面板（砖）	饰面板安装，饰面砖粘贴
		幕墙	玻璃幕墙，金属幕墙，石材幕墙
		涂饰	水性涂料涂饰，溶剂型涂料涂饰，美术涂饰
		裱糊与软包	裱糊、软包
		细部	橱柜制作与安装，窗帘盒、窗台板和暖气罩制作与安装，门窗套制作与安装，护栏和扶手制作与安装，花饰制作与安装
4	建筑屋面	卷材防水屋面	保温层，找平层，卷材防水层，细部构造
		涂膜防水屋面	保温层，找平层，涂膜防水层，细部构造
		刚性防水屋面	细石混凝土防水层，密封材料嵌缝，细部构造
		瓦屋面	平瓦屋面，油毡瓦屋面，金属板屋面，细部构造
		隔热屋面	架空屋面，蓄水屋面，种植屋面

续表

序号	分部工程	子分部工程	分项工程
5	建筑给水、排水及采暖	室内给水系统	给水管道及配件安装，室内消火栓系统安装，给水设备安装，管道防腐，绝热
		室内排水系统	排水管道及配件安装，雨水管道及配件安装
		室内热水供应系统	管道及配件安装，辅助设备安装，防腐，绝热
		卫生器具安装	卫生器具安装，卫生器具给水配件安装，卫生器具排水管道安装
		室内采暖系统	管道及配件安装，辅助设备及散热器安装，金属辐射板安装，低温热水地板辐射采暖系统安装，系统水压试验及调试，防腐，绝热
		室外给水管网	给水管道安装，消防水泵接合器及室外消火栓安装，管沟及井室
		室外排水管网	排水管道安装，排水管沟与井池
		室外供热管网	管道及配件安装，系统水压试验及调试，防腐，绝热
		建筑中水系统及游泳池系统	建筑中水系统管道及辅助设备安装，游泳池水系统安装
		供热锅炉及辅助设备安装	锅炉安装，辅助设备及管道安装，安全附件安装，烘炉，煮炉和试运行，换热站安装，防腐，绝热
6	建筑电气	室外电气	架空线路及杆上电气设备安装，变压器、箱式变电所安装，成套配电柜、控制柜、(屏、台)和动力、照明配电箱(盘)及控制柜安装、电线、电缆导管和线槽敷设，电线、电缆穿管和线槽敷设，电缆头制作、导线连接和线路电气试验，建筑物外部装饰灯具、航空障碍标志灯和庭院路灯安装，建筑照明通电试运行，接地装置安装
		变配电室	变压器、箱式变电所安装，成套配电柜、控制柜(屏、台)和动力、照明配电箱(盘)安装，裸母线、照明配电箱(盘)安装，裸母线、封闭母线、插接式母线安装，电缆沟内和电缆竖井内电缆敷设，电缆头制作、导线连接和线路电气试验，接地装置安装，避雷引下线和变配电室接地干线敷设

续表

序号	分部工程	子分部工程	分 项 工 程
6	建筑电气	供电干线	裸母线、封闭母线、插接式母线安装，桥架安装和桥架内电缆敷设，电缆沟内和电缆竖井内电缆敷设，电线、电缆导管和线槽敷设，电线、电缆导管和线槽敷设，电线、电缆穿管和线槽敷线，电缆头制作、导线连接和线路电气试验
		电气动力	成套配电柜、控制柜、(屏、台)和动力、照明配电箱(盘)及控制柜安装，低压电动机、电加热器及电动执行机构检查、接线、低压电气动力设备检测、试验和空载试运行，桥架安装和桥架内电缆敷设，电线、电缆导管和线槽敷设，电线、电缆穿管和线槽敷设，电缆头制作、导线连接和线路电气试验，插座、开关，风扇安装
		电气照明安装	成套配电柜、控制柜、(屏、台)和动力、照明配电箱(盘)及控制柜安装，电线、电缆导管和线槽敷设，电线、电缆穿管和线槽敷线，槽板配线，钢索配线，电缆头制作、导线连接和线路电气试验，普通灯具安装，专用灯具安装，插座、开关、风扇安装，建筑照明通电试运行
		备用和不间断电源安装	成套配电柜、控制柜、(屏、台)和动力、照明配电箱(盘)安装，柴油发电机组安装，不间断电源的其他功能单元安装，裸母线、封闭母线，插接式母线安装，电线、电缆导管和线槽敷设，电缆头制作、导线连接和线路电气试验，接地装置安装
		防雷及接地安装	接地装置安装，避雷引下线和变配电室接地干线敷设，建筑物等电位连接，接闪器安装
7	智能建筑	通信网络系统	通信系统，卫星及有线电视系统，公共广播系统
		办公自动化系统	计算机网络系统，信息平台及办公自动化应用软件，网络安全系统
		建筑设备监控系统	空调与通风系统，变配电系统，照明系统，给排水系统，热源和热交换系统，中央管理工作站与操作分站，子系统通信接口
		火灾报警及消防联动系统	火灾和可燃气体探测系统，火灾报警控制系统，消防联动系统
		安全防范系统	电视监控系统，入侵报警系统，巡更系统，出入口控制(门禁)系统，停车管理系统

续表

序号	分部工程	子分部工程	分项工程
7	智能建筑	综合布线系统	缆线敷设和终接，机柜，机架，配线架的安装，信息插座和光缆芯线终端的安装
		智能化集成系统	集成系统网络，实时数据库，信息安全，功能接口
		电源与接地	智能建筑电源，防雷及接地
		环境	空间环境，室内空调环境，视觉照明环境，电磁环境
		住宅(小区)智能化系统	火灾自动报警及消防联动系统，安全防范系统(含电视监控系统、入侵报警系统、巡更系统、门禁系统、楼宇对讲系统、住户对讲呼救系统、停车管理系统)，物管理系统(多表现场计量及与远程传输系统、建筑设备监控系统、公共广播系统，小区网络及信息服务系统、物业办公自动化系统)，智能家庭信息平台
8	通风与空调	送排风系统	风管与配件制作，部件制作，风管系统安装，空气处理设备安装，消声设备制作与安装，风管与设备防腐，风机安装，系统调试
		防排烟系统	风管与配件制作，部件制作，风管系统安装，防排烟风口、常闭正压风口与设备安装，风管与设备防腐，风机安装，系统调试
		除尘系统	风管与配件制作，部件制作，风管系统安装，除尘器与排污设备安装，风管与设备防腐，风机安装，系统调试
		空调风系统	风管与配件制作，部件制作，风管系统安装，空气处理设备安装，消声设备制作与安装，风管与设备防腐，风机安装，风管与设备绝热，系统调试
		净化空调系统	风管与配件制作，部件制作，风管系统安装，空气处理设备安装，消声设备制作与安装，风管与设备防腐，风机安装，风管与设备绝热，高效过滤器安装，系统调试
		制冷设备系统	制冷机组安装，制冷剂管道及配件安装，制冷附属设备安装，管道及设备的防腐与绝热，系统调试
		空调水系统	管道冷热(媒)水系统安装，冷却水系统安装，冷凝水系统安装，阀门及部件安装，冷却塔安装，水泵及附属设备安装，管道与设备的防腐与绝热，系统调试

续表

序号	分部工程	子分部工程	分 项 工 程
9	电梯	电力驱动的曳引式或强制式电梯安装工程	设备进场验收，土建交接检验，驱动主机，导轨，门系统，轿厢，对重(平衡重)，安全部件，悬挂装置，随行电缆，补偿装置，电气装置，整机安装验收
		液压电梯安装工作	设备进场验收，土建交接检验，液压系统，导轨，门系统，轿厢，平衡重，安全部件，悬挂装置，随行电缆，电气装置，整机安装验收
		自动扶梯、自动人行道安装工程	设备进场验收，土建交接检验，整机安装验收

9.3.9 室外工程划分内容有哪些?

答：室外单位(子单位)工程和分部工程可按表 9-3 划分。

室外工程划分　　表 9-3

单位工程	子单位工程	分部(子分部)工程
室外建筑环境	附属建筑	车棚，围墙，大门，挡土墙，垃圾收集站
	室外环境	建筑小品，道路，亭台，连廊，花坛，场坪绿化
室外安装	给排水与采暖	室外给水系统，室外排水系统，室外供热系统
	电气	室外供电系统，室外照明系统

9.3.10 检验批质量验收记录内容有哪些?

答：检验批的质量验收记录由施工项目专业质量检查员填写，监理工程师(建设单位项目专业技术负责人)组织项目专业质量检查员等进行验收，并按表 9-4 记录。

检验批质量验收记录 表 9-4

<table>
<tr><td>工程名称</td><td colspan="2"></td><td>分项工程名称</td><td></td><td>验收部位</td><td></td></tr>
<tr><td>施工单位</td><td colspan="3"></td><td>专业工长</td><td></td><td>项目经理</td><td></td></tr>
<tr><td colspan="3">施工执行标准名称及编号</td><td colspan="5"></td></tr>
<tr><td>分包单位</td><td colspan="2"></td><td>分包项目经理</td><td></td><td>施工班组长</td><td></td></tr>
<tr><td rowspan="11">主控项目</td><td colspan="2">质量验收规范的规定</td><td colspan="2">施工单位检查评定记录</td><td colspan="3">监理(建设)单位验收记录</td></tr>
<tr><td>1</td><td></td><td colspan="2"></td><td colspan="3"></td></tr>
<tr><td>2</td><td></td><td colspan="2"></td><td colspan="3"></td></tr>
<tr><td>3</td><td></td><td colspan="2"></td><td colspan="3"></td></tr>
<tr><td>4</td><td></td><td colspan="2"></td><td colspan="3"></td></tr>
<tr><td>5</td><td></td><td colspan="2"></td><td colspan="3"></td></tr>
<tr><td>6</td><td></td><td colspan="2"></td><td colspan="3"></td></tr>
<tr><td>7</td><td></td><td colspan="2"></td><td colspan="3"></td></tr>
<tr><td>8</td><td></td><td colspan="2"></td><td colspan="3"></td></tr>
<tr><td>9</td><td></td><td colspan="2"></td><td colspan="3"></td></tr>
<tr><td>10</td><td></td><td colspan="2"></td><td colspan="3"></td></tr>
<tr><td></td><td>1</td><td></td><td colspan="2"></td><td colspan="3"></td></tr>
<tr><td></td><td>2</td><td></td><td colspan="2"></td><td colspan="3"></td></tr>
<tr><td></td><td>3</td><td></td><td colspan="2"></td><td colspan="3"></td></tr>
<tr><td></td><td>4</td><td></td><td colspan="2"></td><td colspan="3"></td></tr>
<tr><td colspan="2">施工单位检查结果评定</td><td colspan="6">项目专业质量检查员： 年 月 日</td></tr>
<tr><td colspan="2">监理(建设)单位验收结论</td><td colspan="6">监理工程师
(建设单位项目专业技术负责人) 年 月 日</td></tr>
</table>

9.3.11 分项工程质量验收记录内容有哪些?

答：分项工程质量应由监理工程师(建筑单位项目专业技术负责人)组织项目专业技术负责人等进行验收，并按表 9-5 记录。

分项工程质量验收记录 **表 9-5**

<table>
<tr><td>工程名称</td><td></td><td>结构类型</td><td></td><td>检验批数</td><td></td></tr>
<tr><td>施工单位</td><td></td><td>项目经理</td><td></td><td>项目技术负责人</td><td></td></tr>
<tr><td>分包单位</td><td></td><td>分包单位负责人</td><td></td><td>分包项目经理</td><td></td></tr>
<tr><td>序号</td><td>检验批部位、区段</td><td>施工单位检查评定结果</td><td colspan="3">监理（建设）单位验收结论</td></tr>
<tr><td>1</td><td></td><td></td><td colspan="3"></td></tr>
<tr><td>2</td><td></td><td></td><td colspan="3"></td></tr>
<tr><td>3</td><td></td><td></td><td colspan="3"></td></tr>
<tr><td>4</td><td></td><td></td><td colspan="3"></td></tr>
<tr><td>5</td><td></td><td></td><td colspan="3"></td></tr>
<tr><td>6</td><td></td><td></td><td colspan="3"></td></tr>
<tr><td>7</td><td></td><td></td><td colspan="3"></td></tr>
<tr><td>8</td><td></td><td></td><td colspan="3"></td></tr>
<tr><td>9</td><td></td><td></td><td colspan="3"></td></tr>
<tr><td>10</td><td></td><td></td><td colspan="3"></td></tr>
<tr><td>11</td><td></td><td></td><td colspan="3"></td></tr>
<tr><td>12</td><td></td><td></td><td colspan="3"></td></tr>
<tr><td>13</td><td></td><td></td><td colspan="3"></td></tr>
<tr><td>14</td><td></td><td></td><td colspan="3"></td></tr>
<tr><td>15</td><td></td><td></td><td colspan="3"></td></tr>
<tr><td>16</td><td></td><td></td><td colspan="3"></td></tr>
<tr><td>17</td><td></td><td></td><td colspan="3"></td></tr>
<tr><td>18</td><td></td><td></td><td colspan="3"></td></tr>
<tr><td>19</td><td></td><td></td><td colspan="3"></td></tr>
<tr><td>检查结论</td><td>项目专业
技术负责人

年 月 日</td><td>验收结论</td><td colspan="3">监理工程师
（建设单位项目专业技术负责人）

年 月 日</td></tr>
</table>

9.3.12 分部(子分部)工程质量验收记录内容有哪些?

答：分部(子分部)工程质量应由总监理工程师(建设单位项目专业负责人)组织施工项目经理和有关勘察、设计单位项目负责人进行验收，并按表 9-6 记录。

________分部(子分部)工程验收记录　　　　表 9-6

<table>
<tr><td>工程名称</td><td colspan="2"></td><td>结构类型</td><td></td><td>层　　数</td><td></td></tr>
<tr><td>施工单位</td><td colspan="2"></td><td>技术部门负责人</td><td></td><td>质量部门负责人</td><td></td></tr>
<tr><td>分包单位</td><td colspan="2"></td><td>分包单位负责人</td><td></td><td>分包技术负责人</td><td></td></tr>
<tr><td>序号</td><td>子分项工程名称</td><td>检验批数</td><td>施工单位检查评定</td><td colspan="3">验收意见</td></tr>
<tr><td>1</td><td></td><td></td><td></td><td colspan="3" rowspan="7"></td></tr>
<tr><td>2</td><td></td><td></td><td></td></tr>
<tr><td>3</td><td></td><td></td><td></td></tr>
<tr><td>4</td><td></td><td></td><td></td></tr>
<tr><td>5</td><td></td><td></td><td></td></tr>
<tr><td>6</td><td></td><td></td><td></td></tr>
<tr><td>7</td><td></td><td></td><td></td></tr>
<tr><td colspan="2">质量控制资料</td><td></td><td></td><td colspan="3"></td></tr>
<tr><td colspan="2">安全和功能检验(检测)报告</td><td></td><td></td><td colspan="3"></td></tr>
<tr><td colspan="2">观感质量验收</td><td colspan="5"></td></tr>
<tr><td rowspan="5">验收单位</td><td>分包单位</td><td colspan="5">项目经理　　年　月　日</td></tr>
<tr><td>施工单位</td><td colspan="5">项目经理　　年　月　日</td></tr>
<tr><td>勘察单位</td><td colspan="5">项目负责人　　年　月　日</td></tr>
<tr><td>设计单位</td><td colspan="5">项目负责人　　年　月　日</td></tr>
<tr><td colspan="2">监理(建设)单位</td><td colspan="4">总监理工程师
(建设单位项目专业负责人)　　年　月　日</td></tr>
</table>

9.3.13 单位(子单位)工程质量竣工验收记录内容有哪些?

答：单位(子单位)工程质量验收应按表 9-7 记录，表 9-7 为单位工程质量验收的汇总表与表 9-6 和表 9-7～表 9-10 配合使用。表

9-8为单位(子单位)工程质量控制资料核查记录，表 9-9 为单位(子单位)工程安全和功能检验资料核查及主要功能抽查记录，表 9-10 为单位(子单位)工程观感质量检查记录。表 9-7 验收记录由施工单位填写，验收结论由监理(建设)单位填写。综合验收结论由参加验收各方共同商定，建设单位填写，应对工程质量是否符合设计和规范要求及总体质量水平做出评价。

单位(子单位)工程质量竣工验收记录　　　　表 9-7

<table>
<tr><td colspan="2">工程名称</td><td></td><td>结构类型</td><td colspan="2"></td><td colspan="2">层数/建筑面积</td><td></td></tr>
<tr><td colspan="2">施工单位</td><td></td><td>技术部门负责人</td><td colspan="2"></td><td colspan="2">开工日期</td><td></td></tr>
<tr><td colspan="2">项目经理</td><td></td><td>分包单位负责人</td><td colspan="2"></td><td colspan="2">竣工日期</td><td></td></tr>
<tr><td>序号</td><td colspan="2">项　目</td><td colspan="3">验收记录</td><td colspan="3">验收结论</td></tr>
<tr><td>1</td><td colspan="2">分部工程</td><td colspan="3">共　分部，经查　分部
符合标准及设计要求　分部</td><td colspan="3"></td></tr>
<tr><td>2</td><td colspan="2">质量控制资料核查</td><td colspan="3">共　项，经审查符合要求
项，经核定符合规范要求　项</td><td colspan="3"></td></tr>
<tr><td>3</td><td colspan="2">安全和主要使用功能核查及抽查结果</td><td colspan="3">共抽查　项，符合要求
项，共抽查　项，符合要求　项，经返工处理符合要求　项</td><td colspan="3"></td></tr>
<tr><td>4</td><td colspan="2">观感质量验收</td><td colspan="3">共抽查　项，符合要求
项，不符合要求　项</td><td colspan="3"></td></tr>
<tr><td>5</td><td colspan="2">综合验收结论</td><td colspan="3"></td><td colspan="3"></td></tr>
<tr><td>6</td><td colspan="2"></td><td colspan="3"></td><td colspan="3"></td></tr>
<tr><td rowspan="2">验收单位</td><td colspan="2">建设单位</td><td colspan="2">监理单位</td><td colspan="2">施工单位</td><td colspan="2">设计单位</td></tr>
<tr><td colspan="2">(公章)

单位(项目)负责人
年　月　日</td><td colspan="2">(公章)

总监理工程师
年　月　日</td><td colspan="2">(公章)

单位负责人
年　月　日</td><td colspan="2">(公章)

单位(项目)
负责人
年　月　日</td></tr>
</table>

单位(子单位)工程质量控制资料核查记录　　表 9-8

工程名称			施工单位		
序号	项目	资料名称	份数	核查意见	核查人
1	建筑与结构	图纸会审、设计变更、洽商记录			
2		工程定位测量、放线记录			
3		原材料出厂合格证书及进场检(试)验报告			
4		施工试验报告及见证检测报告			
5		隐蔽工程验收表			
6		施工记录			
7		预制构件、预拌混凝土合格证			
8		地基、基础、主体结构检验及抽样检测资料			
9		分项、分部工程质量验收记录			
10		工程质量事故调查处理资料			
11		新材料、新工艺施工记录			
12					
1	给排水与采暖	图纸会审、设计变更、洽商记录			
2		材料、配件出厂合格证书及进场检(试)验报告			
3		管道、设备强度试验、严密性试验记录			
4		隐蔽工程验收表			
5		系统清洗、灌水、通水、通球试验记录			
6		施工记录			
7		分项、分部工程质量验收记录			
8					

续表

1	建筑电气	图纸会审、设计变更、洽商记录			
2		材料、设备出厂合格证及技术文件及进场检(试)验报告			
3		设备调试记录			
4		接地、绝缘电阻测试记录			
5		隐蔽工程验收表			
6		施工记录			
7		分项、分部工程质量验收报告			
8					
1	通风与空调	图纸会审、设计变更、洽商记录			
2		材料、设备、出厂合格证书及进场检(试)验记录			
3		制冷、空调、水管道强度试验、严密性试验记录			
4		隐蔽工程验收表			
5		制冷设备运行调试记录			
6		通风、空调系统调试记录			
7		施工记录			
8		分项、分部工程质量验收记录			
9					
1	电梯	土建布置图纸会审、设计变更、洽商记录			
2		设备出厂合格证书及开箱检验记录			
3		隐蔽工程验收表			
4		施工记录			
5		接地、绝缘电阻测试记录			
6		负荷试验、安全装置检查记录			
7		分项、分部工程质量验收记录			
8					

续表

<table>
<tr><td>1</td><td rowspan="8">建筑智能化</td><td>图纸会审、设计变更、洽商记录、竣工图及设计说明</td><td></td><td></td><td rowspan="8"></td></tr>
<tr><td>2</td><td>材料、设备出厂合格证及技术文件及进场检(试)验报告</td><td></td><td></td></tr>
<tr><td>3</td><td>隐蔽工程验收表</td><td></td><td></td></tr>
<tr><td>4</td><td>系统功能测定及设备调试记录</td><td></td><td></td></tr>
<tr><td>5</td><td>系统技术、操作和维护手册</td><td></td><td></td></tr>
<tr><td>6</td><td>系统管理、操作人员培训记录</td><td></td><td></td></tr>
<tr><td>7</td><td>系统检测报告</td><td></td><td></td></tr>
<tr><td>8</td><td>分项、分部工程质量验收报告</td><td></td><td></td></tr>
<tr><td colspan="6">结论：
施工单位项目经理　年　月　日　　总监理工程师
（建设单位项目负责人）　年　月　日</td></tr>
</table>

单位(子单位)工程安全和功能检验资料核查及主要功能抽查记录

表 9-9

<table>
<tr><td colspan="2">工程名称</td><td></td><td>施工单位</td><td colspan="3"></td></tr>
<tr><td>序号</td><td>项目</td><td colspan="2">资料名称</td><td>份数</td><td>核查意见</td><td>核查人</td></tr>
<tr><td>1</td><td rowspan="10">建筑与结构</td><td colspan="2">屋面淋水试验记录</td><td></td><td></td><td rowspan="10"></td></tr>
<tr><td>2</td><td colspan="2">地下室防水效果检查记录</td><td></td><td></td></tr>
<tr><td>3</td><td colspan="2">有防水要求的地面蓄水试验记录</td><td></td><td></td></tr>
<tr><td>4</td><td colspan="2">建筑物垂直度、标高、全高测量记录</td><td></td><td></td></tr>
<tr><td>5</td><td colspan="2">抽气(风)道检查记录</td><td></td><td></td></tr>
<tr><td>6</td><td colspan="2">幕墙及外窗气密性、水密性、耐风压检测报告</td><td></td><td></td></tr>
<tr><td>7</td><td colspan="2">建筑物沉降观测测量记录</td><td></td><td></td></tr>
<tr><td>8</td><td colspan="2">节能保温测试记录</td><td></td><td></td></tr>
<tr><td>9</td><td colspan="2">室内环境检测报告</td><td></td><td></td></tr>
<tr><td>10</td><td colspan="2"></td><td></td><td></td></tr>
</table>

续表

1	给排水与采暖	给水管道通水试验记录			
2		暖气管道、散热器压力试验记录			
3		卫生器具满水试验记录			
4		消防管道、燃气管道压力试验记录			
5		排水干管道通球试验记录			
6					
1	电气	照明全负荷试验记录			
2		大型灯具牢固性试验记录			
3		避雷接地电阻测试记录			
4		线路、插座、开关接地检验记录			
5					
1	通风与空调	通风、空调系统试运行记录			
2		风量、温度测试记录			
3		洁净室洁净度测试记录			
4		制冷机组试运行调试记录			
5					
1	电梯	电梯运行记录			
2		电梯安全装置检测报告			
1	智能建筑	系统试运行记录			
2		系统电源及接地检测报告			
3					

结论：

施工单位项目经理　年　月　日　　　总监理工程师（建设单位项目负责人）　年　月　日

注：抽查项目由验收组协商确定。

单位(子单位)工程观感质量检查记录 **表 9-10**

工程名称		施工单位	

序号	项目		抽查质量状况										质量评价		
													好	一般	差
1	建筑与结构	室外墙面													
2		变形缝													
3		水落管，屋面													
4		室内墙面													
5		室内顶棚													
6		室内地面													
7		楼梯、踏步、护栏													
8		门窗													
1	给排水与采暖	管道接口、坡度、支架													
2		卫生器具、支架、阀门													
3		检查口、扫除口、地漏													
4		散热器、支架													
1	建筑电气	配电箱、盘、板、接线盒													
2		设备器具、开关、插座													
3		防雷、接地													
1	通风与空调	风管、支架													
2		风口、风阀													
3		风机、空调设备													
4		阀门、支架													
5		水泵、冷却塔													
6		绝热													
1		运行、平层、开关门													
2		层门、信号系统													
3		机房													

续表

1		机房设备安装及布局													
2		现场设备安装													
3															
观感质量综合评价															
检查结论	施工单位项目经理　年　月　日　总监理工程师 （建设单位项目负责人）　年　月　日														

注：质量评价为差的项目，应进行返修。